2019年第3辑

北京金融评论

BEIJING JINRONG PINGLUN

《北京金融评论》编辑部 编

中国金融出版社

责任编辑：张翠华
责任校对：孙　蕊
责任印制：丁淮宾

图书在版编目（CIP）数据

北京金融评论．2019年第3辑/《北京金融评论》编辑部编．—北京：中国金融出版社，2019.11
ISBN 978-7-5220-0416-7

Ⅰ.①北…　Ⅱ.①北…　Ⅲ.①金融—文集　Ⅳ.①F83-53

中国版本图书馆CIP数据核字（2019）第293238号

北京金融评论．2019年第3辑
Beijing Jinrong Pinglun. 2019 Nian Di-san Ji

出版发行　中国金融出版社
社址　北京市丰台区益泽路2号
市场开发部　(010)63266347，63805472，63439533（传真）
网上书店　http://www.chinafph.com
(010)63286832，63365686（传真）
读者服务部　(010)66070833，62568380
邮编　100071
经销　新华书店
印刷　北京市松源印刷有限公司
尺寸　185毫米×260毫米
印张　13.75
字数　260千
版次　2019年11月第1版
印次　2019年11月第1次印刷
定价　38.00元
ISBN 978-7-5220-0416-7

学术委员会及编委会名单

Academic Committee and Editorial List

学术委员会（按姓氏首字母排序）

编委会

前　言

Preface

2019年是新中国成立70周年，也是决胜全面建成小康社会第一个百年奋斗目标的关键之年。放眼全球，世界经济正面临百年未有之大变革；着眼国内，我国发展仍处于并将长期处于重要战略机遇期。面对稳中有变、变中有忧的内外部形势，推动高质量发展是遵循经济发展规律，引领我国经济迈上新台阶的必然要求。

金融活，经济活；金融稳，经济稳；经济兴，金融兴；经济强，金融强。经济是肌体，金融是血脉，两者共生共荣。做好新时期金融工作，保持经济平稳健康发展，就要坚持以供给侧结构性改革为主线，以高质量服务、高质量发展为重点，提高金融服务实体经济的能力和水平；就要完善金融监管，打好防范化解重大风险的攻坚战，守住不发生系统性金融风险的底线；就要进一步深化金融体制改革和制度建设，积极稳妥地推进金融业对外开放，为经济社会健康发展注入源源不竭的动力。

新起点踏上新征程，新时代铸就新梦想。在这中国经济转型发展的重要关口，我们每个人都肩负着历史的重任。时代的发展要求我们开拓创新，锐意进取，凝智聚力，攻坚克难。错综复杂的内外部形势要求我们具备崭新的思路和全新的视野，进一步探索新时期经济金融理论，以助推我国经济高质量发展，实现中华民族的伟大复兴。

心怀凌云志，取道唯精勤。新的一年，《北京金融评论》将继续秉持“评论传播思想，思想指导实践”的宗旨，密切关注金融改革难点及热点问题，实现学术研究与实务探讨的有效结合。我们将进一步推进征稿约稿工作，加强与作者沟通，精心打磨每一篇文章，为推动新时代经济金融发展和学术研究作出积极贡献，以优异的成绩向新中国七十华诞献上厚礼！

目　录
Contents

高管论坛

加强支付机构监管，推动支付行业高质量发展若干思考 ………… 姚　力（3）

观点荟萃

REITs 视角下的雄安新区住房租赁资产证券化业务 ………… 韩　祎（11）

调查显示：广东金融支持全域旅游发展取得成效 ………… 刘志嘉（22）

关于建设反洗钱大数据分析系统的思考 ………… 赵　清　宋　然（25）

商业银行农村市场普惠金融业务发展策略建议 ………… 高　博（31）

大数据技术在反洗钱可疑交易分析监测领域应用探析 ………… 刘丽洪　朱　彤（39）

金融监管

贸易投资便利化背景下外汇非现场检查方法研究 ………… 杨　兵（47）

关于示范区宏观审慎管理框架下的跨境资金流动风险预警机制的研究 ………… 赫　义　王　越　徐　莉（55）

政务服务互联网化的探索与思考
——以外汇管理领域为中心 ………… 徐式媛　周斐斐　陈晓丽（73）

国 际 借 鉴

日元国际化实践及对我国的启示
…………………………………………………………………… 何迎新（87）
全球永续债发行经验及启示
…………………………………………………………………… 单建军（95）

观 察 思 考

互联网对家庭消费行为的影响
——基于 CFPS 数据的微观视角分析
……………………………… 吕　宁　方崇颖　司正方圆　田勤昌（107）
房价波动、房地产信贷与经济增长动态时变互动关系研究
——基于 TVP－VAR 模型的廊坊区域实证检验
………………………………………… 崔洪利　孙　月　唐　旭（118）
英格兰与威尔士地区经济周期与生育率之间的关系
…………………………………………………………………… 何　姗（128）
系统性风险贡献度对商业银行信贷供给影响研究
…………………………………………………………………… 刘志洋（143）
共享理念下的首都旅游业发展研究
——以民宿产业为例
…………………………………………………… 左　今　叶芷函（157）

业 务 交 流

新时代商业银行机构业务联动效能提升研究
——以农行安徽省分行为例
………………………………………… 中国农业银行安徽分行课题组（167）
互联网背景下银行业发展趋势探析
…………………………………………………… 罗昊京　赵景兰（182）
行政调查适用问题研究
——以人民银行工作履职为视角
…………………………………………………… 唐　超　蔡义博（187）

对加强我国本外币汇率政策协调的探究

…………………………………………………………………… 张大龙（193）

金融科技的发展趋势及我国银行业的应对措施

…………………………………………………………………… 陈　志（201）

高管论坛

加强支付机构监管，推动支付行业高质量发展若干思考

姚　力[①]

中国支付行业技术革新、飞速发展以及与服务业的高度融合，使得非银行支付机构（以下简称支付机构）提供的支付服务在改善民生、服务实体经济等方面作出了巨大贡献，但同时也逐渐暴露出其野蛮式、粗放式增长带来的违规展业、经营风险大等问题。为坚决防范金融风险，监管部门重拳出击，严惩违规行为，整肃行业秩序，同时积极为行业可持续、高质量发展提供支持和服务，但实践中却遇到了规范性文件滞后、监管能力不足等挑战。为此，本文阐述并分析了支付机构发展现状及问题，梳理监管面临的挑战，并为监管提出可行性建议。

一、辖内支付机构经营发展现状及存在的主要问题

支付机构促进了支付行业的快速发展，然而其粗放式发展模式带来的经营问题逐渐显现，体现在：一是合规意识较弱。二是风险管控较差，不能全面落实监管要求。三是经营过于冒进，为抢占市场不择手段。四是出现恶意违规。五是中小机构实力弱，难以实现可持续、高质量发展。六是支付市场竞争激烈，寡头垄断之下部分支付机构发展空间被挤占。

① 作者简介：姚力，现任中国人民银行营业管理部副主任。本文仅代表个人学术观点，与所在单位无关。

二、问题原因分析

（一）发展时间短、粗放式经营，客观上决定了支付机构难以承载金融机构严苛的合规展业要求

人民银行对支付机构持牌经营管理始于2011年，发展历史不足十年，其中大部分支付机构发源于技术类公司。与历史悠久、资金实力雄厚、经营规范的银行业金融机构相比，支付机构普遍合规能力、风险监测能力、内控管理较差，缺乏合规意识，不能全面落实监管要求。此外，资本实力、从业人员素质、研发能力也明显较弱，客观上制约了支付机构做精做强。

（二）以赚取短期利益为主，支付机构主观上忽略风险

部分支付机构一味追求高额利润、“赚快钱”，盲目“跑马圈地”，只顾眼前利益，缺乏对自身发展的基础投入，缺乏对行业发展的冷静思考和客观判断，为获取收益不惜冒险为违规经营商户提供支付服务。自2018年以来，全国各地针对支付机构的投诉举报普遍激增，反映出机构存在网络支付接口被跳转、未尽职开展商户管理、为非法交易平台提供支付结算服务、未能确保交易真实、完整、可追溯性等违规问题。

（三）支付行业竞争过度、市场饱和

近年来，支付行业趋向饱和，市场垄断和竞争双突出。根据《中国支付清算行业运行报告（2018）》，“微信支付”和“支付宝”交易量占总体支付业务的90%以上，寡头垄断已经形成。其他200余家支付机构难以实现市场突破，有限的商户资源造成了机构之间目标客户相同，行业集中度高，产品同质化问题严重，市场高度饱和，中小支付机构的生存和发展空间被不断挤压，一些机构铤而走险从事高利润违规行为，另一些机构则业务发展停滞，经营难以为继，面临业务转型。

（四）支付机构业务发展定位不明

尽管《非银行支付机构网络支付业务管理办法》（中国人民银行公告〔2015〕第43号）明确支付机构应当遵循主要为社会提供小额、快捷、便民小微支付服务的宗旨，但一方面银行同样面临零售市场的拓展需求，另一方面，支付机构追求利润最大化的需要，使其在没有强制性金额及支付场景限制的情况下，不会遵循原则

性规定，主动拒绝大额交易支付服务。支付机构业务与银行中间业务存在交集和竞争关系。

三、辖区内支付机构监管现状及挑战

面对情形越来越复杂的支付机构业务，监管面临诸多挑战，主要体现在以下几方面。

（一）现行作为监管依据的规范性文件层级不够

现行关于支付机构的规范性文件最高层级立法是部门规章，其他具体业务监管规范仅为人民银行发文，普遍层级较低。《行政处罚法》规定部门规章只能设定警告及3万元以下罚款的行政处罚种类，不仅处罚措施少、力度轻，而且无法设定撤销行政许可的行政种类；《立法法》规定部门规章不得设定减损公民、法人和其他组织权利或增加其义务的规范。因此，目前低层级的规范性文件实际约束了人民银行的监管能力。

（二）较之快速发展的支付业务，规范性文件更新滞后

现行立法多项规定已经不适应支付业务发展要求，存在立法空白及规则模糊地带，客观上为不规范经营带来空间。体现为，一是支付各类产品不断融合创新，已不局限于规范性文件中对支付业务的分类；二是支付业务参与方不仅包括支付机构，还包括聚合支付服务商等“第四方”机构、清算机构等；三是刷脸支付等新兴支付手段缺乏明确的监管依据；四是支付市场合理化需求与现有规范性文件强制性规定矛盾等。

（三）传统监管手段无法应对依托互联网技术的支付业务发展，监管理念亟待更新

互联网技术以科技创新、大数据、云计算、人工智能等技术为代表，在支付行业的广泛应用深刻改变了支付行业的经营方式和经营理念，最突出表现为业务量剧增、服务速度迅捷以及产品多样化、个性化设置。仅2019年第二季度，北京地区支付机构交易量已超56亿笔，金额超3.2万亿元；服务速度以秒计算，以网银在线公司为例，其2019年“618购物节”期间业务受理峰值达8 000笔/秒，交易结算资金到账时间缩短至90秒内，信用卡还款缩至10秒以内；丰富、个性化的支付产品体现为对客户需求的精准设置。

面对海量、复杂的数据及产品，电子系统化管理模式，以及业务参与方角色众多、杂糅，人民银行仍依靠传统依托人工查账、现场视察的监管手段无法高效实施监管。高技术含量的被监管对象成为传统监管重要挑战之一，监管理念、监管手段和监管技术革新势在必行。

四、建议意见

（一）建议提高规范性文件层级至法律法规层面，完善现行立法，加快监管政策更新

一是全面提升《非金融机构支付服务管理办法》等规范性文件立法层级，赋予人民银行撤销行政许可的权力，完善支付机构退出机制；二是整合多业务线条立法为统一立法，设定各类业务共同遵守的原则，为不同类别业务融合提供监管依据；三是就“断直连”后业务特点，重新界定支付机构与银行合作规范及职责划分，进一步规范备付金管理要求；四是修订现行立法中不合理强制性要求，确立同质监管、行为监管原则，避免产生监管利差；五是面对支付手段、产品和业务模式不断创新，应及时制定相应的技术标准和行业规范，弥补立法滞后不足。

（二）建立数据驱动监管理念，开展科技监管

目前，人民银行总行正在探索建立基于大数据技术的非现场监管系统，通过对支付机构海量数据的监测、分析，发现支付风险、违规展业情况。在此有益尝试的基础上，还应进一步建立数据驱动监管理念。所谓数据驱动监管理念，其根本特质是，基于各环节大数据积累和支撑，通过风控规则设置、机器学习模型训练等方式，分析整合数据后形成的自动化监管辅助决策机制。监管不仅将数据限于被分析对象，还使其成为辅助决策的工具，进而从事后监管转向实现事前预警风险、事中干预事态发展的前置性监管。

（三）监管中引入容错、纠错理念

行业创新与监管滞后通常是一对难以调和的矛盾，如何既守住防范金融风险底线，又促进行业发展，关键在于寻找二者之间的平衡。对支付机构的监管也充分体现了对这种平衡的需求，既对其违规行为管到位、见成效，又不能将机构“管到死”，遏制其发展。对此，监管工作中应当考虑容错因素。以防范系统性金融风险

为底线，并不是“严防死守”所有风险，从严监管不等于限制新兴业务发展空间。监管实施中应当为支付机构探索性试错留有一定余地，相应地，应当赋予监管机构适当灵活性的自由裁量权与监管手段，真正体现“监管与服务、严管与厚爱、激励与约束”的监管原则。

观点荟萃

REITs视角下的雄安新区住房租赁资产证券化业务

韩 祎[①]

摘要：党的十九大和中央经济工作会议明确提出，要建立多主体供给、多渠道保障、租购并举的住房制度，坚持“房住不炒”的总体思路。有鉴于此，近年来多部委及地方政府出台一系列规章政策或支持措施，对于租购并举的多层次新型住房体系的实施路径、保障措施、审批绿色通道、金融创新支持等方面予以全面构建。雄安新区在成立伊始即定位于我国新型城镇化的示范单位，将成为“租购并举”住房体系率先垂范的创新基地。创新的住房体系格局催生创新的金融服务业态，资产证券化特别是REITs的应用与此种租赁为主的住房体系具有天然的融合性，在雄安新区推广住房租赁资产证券化业务大有可为。

关键词：雄安新区　租购并举　REITs　资产证券化

习近平总书记在党的十九大报告中明确提出：“要坚持房子是用来住的、不是用来炒的定位，要加快建立多主体供给、多渠道保障、租购并举的住房制度，让全体人民住有所居。”在此大背景下，住房租赁已成为国内房地产领域新的增长点。作为改革先行区，雄安新区将创新住房建设体系和发展路径，全面落实“房住不炒”的重要理念，构建多层次的住房供应体系，加快建成中国住房建设样板城市。在住房租赁市场如何突破传统金融服务桎梏，探索行之有效的融资新路径就成为现阶段破题的关键。作为天然贴合住房租赁资金需求的直接融资工具，资产证券化成为最受市场关注的产品，2017年以来银行间和交易所市场已有多个住房租赁资产证券化项目发行，涉及多种基础资产类型。本文将以房地产投资信托基金（REITs）为视角，对住房租赁资产证券化业务进行阐述，对雄安新区开展住房资产证券化业

① 作者简介：韩祎，现供职于中国农业银行总行。

务的可行性和必要性进行分析，展示雄安新区开展住房租赁资产证券化业务的方案构想和实施意义，分析开展此项业务的困难并试图给予政策建议。

一、住房租赁资产证券化业务概述

（一）住房租赁资产证券化的相关概念

资产证券化（ABS），是指以基础资产所产生的现金流为偿付支持，通过结构化等方式进行信用增级，在此基础上发行资产支持证券的业务活动。

住房租赁资产证券化是指由租赁企业利用其持有的不动产在未来产生的现金流（如房屋租金和不动产增值等）作为基础资产，通过结构化或者增信机构进行信用增级，发行资产支持证券进行证券化融资的一种方式。

目前，我国住房租赁资产证券化业务主要包括以下类型：第一类是在证券交易所挂牌的资产支持证券，包括收益权 ABS、CMBS（商业房地产抵押贷款支持证券）和类 REITs；第二类是在银行间市场发行的 ABN（资产支持票据）。其中，REITs 作为一种资本市场与房地产市场有效结合的产物，正日益成为当前我国住房租赁资产证券化市场的主流模式。

房地产投资信托基金是一种以发行收益凭证的方式向合格的投资者募集资金作为基金产品，由专业投资管理房地产项目或业务的机构来管理运作该基金，以获取稳定现金流收益和长期资本增值的基金形态。

我国目前已发行的房地产投资信托基金之所以被称为类 REITs 模式，因其与国外通行的 REITs 模式有以下差异：

1. 国内类 REITs 严格意义上讲多为抵押融资工具，产品到期后标的物的所有权通常由原始权益人回购或转让给第三方。而成熟市场的 REITs 产品多为永续权益类，通常伴随原不动产权利人对于不动产的转让。

2. 多数已推出 REITs 的国家或地区在 REITs 的组建以及投资者层面均有税收减免政策。而在中国，类 REITs 产品存在税负过高和双重征税的问题，缺乏税收优惠的制度设计。

3. 募集形式存在差异。国外多数 REITs 产品是面向公开市场投资人的公募产品。国内的类 REITs 产品目前多采用私募方式定向发行份额，流动性较低。

4. 在交易模式或组织架构上，国内一般以契约型基金为主，国外是以公司型基金为主。

（二）我国住房租赁资产证券化业务的成功范例

1. 首单房企租赁住房 REITs、首单储架式 REITs 产品——中联前海开源—保利地产租赁住房一号第一期资产支持专项计划

2018 年 3 月 13 日，中联前海开源—保利地产租赁住房一号第一期资产支持专项计划（以下简称保利租赁住房 REITs 一期）成功发行，以保利地产自持租赁住房作为底层物业资产，发行规模 17.17 亿元。本单产品的成功发行，验证了以 REITs 打通租赁住房企业退出渠道、构建租赁住房完整商业模式闭环的可行性。保利租赁住房 REITs 的“储架发行”机制，间接实现了公募 REITs 的扩募功能，是我国 REITs 发展史上里程碑式产品。

（1）交易结构（见图 1）。① 本单产品采用“专项计划 + 私募基金”的双 SPV 的模式。首先，通过设立私募投资基金，保利地产实缴基金出资 100 万元，认购取得全部基金份额。然后，专项计划于设立日受让全部基金份额，并实缴剩余基金出资 16.69 亿元，间接持有项目公司的股权、基于项目公司股东身份向项目公司发放委托贷款及向项目公司增资。

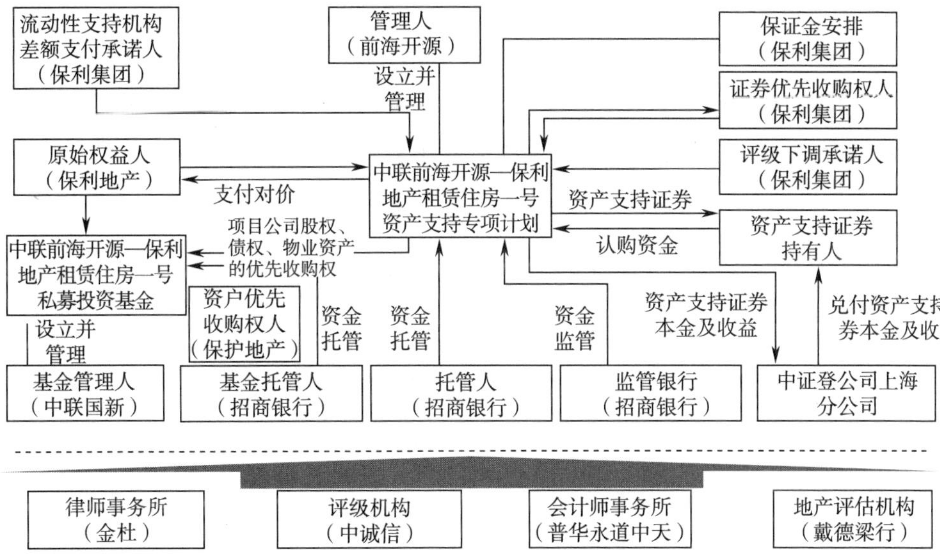

图 1　保利租赁住房 REITs 一期交易结构

（2）信用增级。本单产品采用的信用增级方式有：

物业资产租金收入及权利维持费超额覆盖；

① 图片来自微信公众号：REITs 行业研究。

优先级和次级资产支持证券分级，优先级和次级的比例达到89.5%:10.5%；

评级下调承诺，如果信用评级机构对优先级资产支持证券评级低于AA+级（含），保利集团将按照支付通知所列示的时间及金额在规定时间内偿付优先级资产支持证券持有人未分配的本金及预期收益的现金；

物业资产抵押和保证金机制；

保利集团提供差额支付承诺等。

2. 首单公共租赁人才租赁住房类REITs产品——深创投安居集团人才租赁住房资产支持专项计划

2018年5月9日，深创投安居集团人才租赁住房资产支持专项计划（以下简称深创投人才安居专项计划）获得深圳证券交易所评审通过，该产品以深圳市属人才公寓作为标的资产，是国内首单以公共租赁型住房作为底层资产的REITs产品，获200亿元储架额度。

据了解，此次深创投人才安居专项计划由深创投不动产基金管理（深圳）有限公司（以下简称深创投不动产）作为总协调人及基金管理人，由深圳市人才安居集团有限公司（以下简称安居集团）作为原始权益人发起设立，标的资产均为深圳市住房保障部门统一配租、安居集团统一管理的人才租赁住房。该产品期限为19年期，分为优先级、中间级和次级证券，其中优先级和中间级均获得AAA级评级，发行后将在深交所挂牌转让。

深创投人才安居专项计划搭建以人才租赁住房资产作为底层资产的资产证券化平台，进一步丰富人才住房投融资模式，也开创了全国公共租赁住房类REITs的先河，是对加快推进租赁住房领域的“资产资本化、资本证券化”的有益尝试，必将对雄安新区人才引进和公共租赁住房体系建设模式产生良好的带动和示范效用。

二、雄安新区开展住房租赁资产证券化业务的可行性和必要性

（一）雄安新区开展住房租赁资产证券化业务的可行性

1. 多重政策利好助力雄安新区开展住房租赁资产证券化业务

近年来，多部委及地方政府出台了一系列规章政策或支持措施，对于国家租购并举的多层次新型住房体系的实施路径、保障措施、审批绿色通道、金融创新支持等方面予以全面构建，部分规范性文件明确将雄安新区列入政策重点支持和保障区域，助力雄安新区在住房租赁资产证券化业务领域成为先行先试的典范。

具体规范性文件及其要点内容见表1。

表1　有关住房租赁的相关规定

文件名称	发布机构	发布时间	主要内容
《国务院办公厅关于加快培育和发展住房租赁市场的若干意见》（国办发〔2016〕39号）	国务院办公厅	2016年5月	鼓励金融机构按照依法合规、风险可控、商业可持续的原则，向住房租赁企业提供金融支持。在具体金融产品方面明确支持住房租赁企业开展债券和不动产证券化，并特别提出要稳步推进房地产投资信托基金（REITs）试点
《关于在人口净流入的大中城市加快发展住房租赁市场的通知》（建房〔2017〕153号）	住房和城乡建设部、国家发展和改革委员会等九部委	2017年7月	鼓励地方政府出台优惠政策，积极支持并推动发展房地产投资信托基金（REITs）
《关于推进住房租赁资产证券化相关工作的通知》（证监发〔2018〕30号）	中国证监会住房和城乡建设部	2018年4月	优先支持大中城市、雄安新区等国家政策重点支持区域、利用集体建设用地建设租赁住房试点城市的住房租赁项目及国家政策鼓励的其他租赁项目开展资产证券化。 重点支持住房租赁企业发行以其持有不动产物业作为底层资产的权益类资产证券化产品，积极推动多类型具有债权性质的资产证券化产品，试点发行房地产投资信托基金（REITs）
《关于保险资金参与长租市场有关事项的通知》（银保监发〔2018〕26号）	中国银行保险监督管理委员会	2018年5月	保险公司通过直接投资，保险资产管理机构通过发起设立债权投资计划、股权投资计划、资产支持计划、保险私募基金参与长租市场，所投资的长期租赁住房项目应满足的条件之一为“处于北京、上海、雄安新区以及人口净流入的大中试点城市”

此外，在2018年的全国人大会议期间，全国人大代表、中国人民银行石家庄中心支行行长陈建华向十三届全国人大一次会议提交了《关于完善房地产投资信托基金有关配套支持政策的建议》，建议可参考国际成熟经验，支持REITs试点工作开展，并在雄安新区先行先试。

2. 雄安新区住房体系与住房租赁资产证券化业务的天然契合性

在2018年4月20日印发的《河北雄安新区规划纲要》中提出，雄安新区将改革创新住房制度，坚持房子是用来住的、不是用来炒的定位，建立多主体供给、多渠道保障、租购并举的住房制度。雄安新区管委会有关负责人也表示，新区必须着力打造贯彻落实新发展理念的创新发展示范区，坚决不搞土地财政，不走房地产主导的城市发展老路，努力探索城市开发建设运营新模式，构建新的住房保障体系。① 可以预见，雄安新区未来的住房体系将呈现以租赁住房和共有产权房为主，商品房为辅的多层次的住房供应体系，致力打造全国新型城镇化建设的样本和范例，使新区全体居民共享住房改革成果。

一方面，在此种“以租为主”的“雄安模式”住房体系下，房地产行业将从侧重于开发建设，转型到侧重于对物业资产本身的商业运作和经营管理的发展路径，提升不动产资产保值增值的空间。另外，对于雄安新市民而言，租赁将成为落脚雄安初始阶段的不二选择，必将带动租赁市场的爆发式增长。综合以上因素，雄安新区基础物业资产的租金和房地产增值等必将带来稳定、可靠且较长期限的收入，充分符合REITs对于基础资产的要求。另一方面，REITs虽然在国外已具有几十年的成熟运作，而在我国仍属方兴未艾的新兴事物，相关的制度环境和市场土壤仍需培育，适宜选择比较成熟、相对优势的，包括租赁住房、成熟的商业物业，以及一些优质的基础设施项目作为试点。从目前的市场情况来看，城镇租赁用地住房、集体土地租赁住房和公租房是较为适合发行租赁住房REITs产品的基础资产。② 因此，雄安新区住房体系与REITs具有天然契合性，两者的碰撞和融合必将成为金融服务实体经济的成功范例。

（二）雄安新区开展住房租赁资产证券化业务的必要性

1. 雄安新区住房租赁市场发展的实际需要

雄安新区作为北京非首都功能疏解的集中承载地，将带来产业和人口的双重聚集效应。首先，从人口净流入总量来看，据悉，雄安新区将重点吸纳高端高新产业，并承接从北京疏解的非首都功能的产业，例如高等院校、科研机构、行政事业机构以及企业总部等相关部门。根据中国社会科学院京津冀协同发展智库课题组报告，雄安新区初期将聚集100万人左右，远期人口规模控制在500万人左右。而目前，雄安新区现有人口113.2万人，远期预计还将有近400万人口涌入，数量较为可观。其次，从人口密度来看，《河北雄安新区规划纲要》中明确提出，将合理控制人口密度，新区规划建设区按1万人/平方公里控制。人口多，密度小，势必需要更多的承载空间。同时，结合雄安新市民高新高端产业职业的特征，其对于居住品质的追求也将更加苛刻。可以预见，雄安新区对于房屋租赁的数量和质量的需求都将有大幅度的增长，雄安三县存量租赁房源市场将远远不能满足新区发展的建设需求，住

① 资料来源：中华人民共和国中央人民政府网：www.gov.cn，雄安新区探索住房租赁管理新模式2018-02-11。

② 刘洋.2018年上半年中国REITs研究报告［R］.REITs行业研究，2018-07-04。

房租赁市场建设发展大有可为。

2. 新型住房租赁体系需要创新的投融资模式

雄安新区肩负着在中国经济和社会转型期探索一条新型城镇化发展道路样板的重任，新区将不再依赖房地产经济及由此衍生出来的土地财政，并将摒弃靠投资拉动和要素投入的传统路径依赖。雄安发展的驱动力将不再是靠各类融资来支撑的高投资率，而是投资率和投资资本收益率之间更为均衡的组合，是一个以更高的投资资本收益率为特点的全新的经济微观基础。①

而具体到雄安新区的住房市场而言，其得以有效建立并稳健运行的关键一环是解决资金的来源，而雄安新型的住房租赁模式需要配套投融资模式的创新。当务之急是需要探索一条可持续的投融资模式和市场化的资金配置方法。在国外已发展60余年的成熟房地产金融产品REITs，将成为构建雄安新区住房租赁全新业态完整商业模式闭环的有效工具之一。通过金融市场发行REITs产品用于公共租赁住房的建设、运营，以公共租赁住房的租金收益偿付REITs产品投资人本息，可以探索出以社会资金支持公共租赁住房产业化发展、构建新型住房保障体系的道路。

三、雄安新区开展住房租赁资产证券化业务的方案构想和实施意义

（一）雄安新区开展住房租赁资产证券化业务的方案构想

（1）新区政府以出租或作价入股方式提供土地使用权。

（2）新区政府通过招投标程序选择开发商，由开发商投资建设。住房建成采取租赁的形式，租赁价格按照市场原则确定。

（3）原始权益人即开发商投资认购私募基金份额，私募基金间接取得项目公司控制权。值得注意的是，在《商业银行委托贷款管理办法》试行后，现有的私募基金以“股权+委托贷款”的形式控制项目公司的模式将无法复制，可考虑私募基金综合运用股权、夹层、可转债、符合资本弱化限制的股东借款、信托贷款等工具投向项目公司。

（4）认购人通过与计划管理人签订《认购协议》，将认购资金以专项资产管理方式委托计划管理人管理，计划管理人设立并管理专项计划。

（5）计划管理人根据专项计划文件的约定，向原始权益人认购该私募基金的全

① 刘俏．雄安新区，中国经济与社会转型的破题之作？［J］．商业周刊/中文版，2017（7）．

部基金份额。

（6）专项资产管理计划必要时可以考虑引入内部分级、外部增信等增信措施（见图2）。

（7）专项计划存续期间，可以通过直接或间接处置私募基金份额、项目公司股权，在相关政策出台后，通过发行公募 REITs 产品市场化出售契约基金份额或项目公司股权或基础物业产权等方式实现退出。

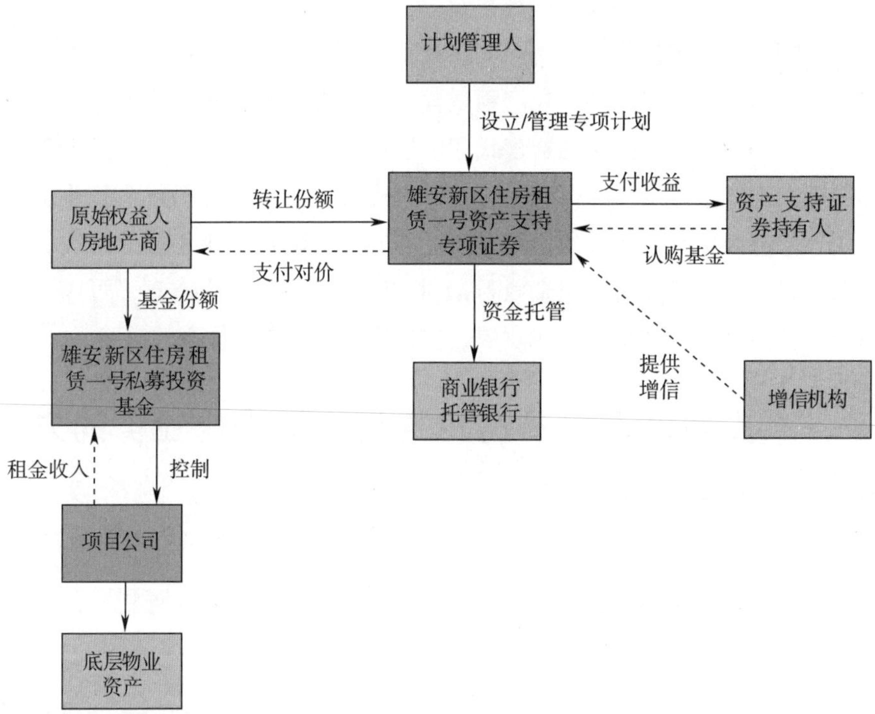

资料来源：刘洋. 2018 年上半年中国 REITs 研究报告［R］. REITs 行业研究. 2018－07－04.

图2　雄安新区住房租赁 REITs 项目交易结构设想方案

（二）雄安新区开展住房租赁资产证券化业务的意义

1. 贯彻落实党的十九大精神的重要举措

雄安新区率先垂范住房租赁资产证券化业务，是贯彻落实“房住不炒”这一功能定位的重要举措，是完善租购并举制度的重要内容，是解决雄安新市民住房问题、加快推进新型城镇化的重要方式，是实现全面建成小康社会“住有所居”目标民生工程的重要内涵。

2. 金融服务实体经济的有益尝试

在雄安新区开展住房租赁资产证券化业务，是金融服务实体经济和供给侧改革的重要抓手，是构建多层次资本市场体系的重要途径；有助于落实“三去一降一补”的宏观政策，盘活公共和个人存量租赁住房资产，提高宏观经济运行效率。拓展长期资本形成机制，改善融资供给效率，为PPP及基础设施投资提供可行的金融实施方案。

3. 推动雄安新区资本市场和住房租赁市场的供给侧改革

雄安新区开展住房资产证券化业务，一方面有利于化解信贷市场的期限错配和高杠杆风险，增强全社会的风险分担能力，降低系统性金融风险[①]；另一方面有助于房地产企业实现轻资产化转型，盘活住房租赁存量资产、加快资金回收、提高资金使用效率，有利于降低住房租赁企业的杠杆率，改善房地产企业的财务状况，推动住房租赁市场供给侧改革，促进形成金融和房地产的良性互动。

4. 有助于缓解房产企业融资难问题

房地产行业是资金密集型行业，融资一直是房地产企业发展的核心问题。2016年以来，房地产调控政策不断走强，银行信贷渠道管控趋严，房产企业发债收紧，非标投资频受打压，房地产行业通过传统渠道融资受限。作为天然贴合住房租赁资金需求的直接融资工具，资产证券化业务直接、高效，能够缓解中国金融体系中直接融资比例过低问题，为房产企业提供了有效的资金解决方案。

5. 满足投资者多元化投资需求

在大资管时代，产品同质化问题依然严重。雄安新区开展住房资产证券化业务，有助于形成差异化、多层级的投资产品线，丰富资本市场产品供给，为投资者提供以相对低廉的门槛投资商业物业资产的机会，满足投资者多元化的投资需求，拓宽投资人有效投资边界，有助于充分吸收民间资金，引导社会资金参与住房租赁市场建设，使得社会投资者共享新区发展溢出和改革红利，共享优质物业的价值提升和运营收益，体现金融的公平性和普惠性。

6. 助力培育雄安新区住房租赁市场新业态

住房租赁资产证券化，摒弃传统商业地产一次性销售回款的短视性经营理念，融资对价的支付来自于基础资产的租金等收入来源，使得房地产商专注于长期性、品质感的住房租赁管理，有助于提升雄安新区租赁住房建设、培育和发展雄安新区住房租赁市场的长效机制。

此外，住房租赁资产证券化包含一整套尽调、估值、披露、监管等流程，在雄安新区住房租赁资产证券化发展的过程中，势必带动住房租赁市场信息披露的规范化水平，进而提升住房租赁市场的公平性和透明度。

① 北京大学光华管理学院．中国公募REITs发展白皮书［R］．2017－07－06.

四、雄安新区开展 REITs 业务实施中的困难和对策建议

（一）法制环境不健全，建议加快 REITs 立法的顶层设计

综观其他 REITs 发展较快国家和地区的经验，美国通过国内税法规定了成立 REITs 需要满足的各方面要求，中国香港、新加坡等市场则是采用 REITs 专项立法来正式推出标准 REITs 产品。从法律立法角度来看，我国的国家计划纲领性文件、国务院及部门规范性文件中陆续提出支持、推进 REITs 试点，将 REITs 作为金融工具应用于房地产企业转型、住房租赁市场培育发展等领域，但迄今为止尚未出台正式的关于 REITs 法律法规或监管指引。建议充分借鉴资产证券化的成熟机制和模式，立足于全局高度谋划，加强监管协调，尽快补齐监管空白，对 REITs 载体的法律地位、设立条件、物业估值、投资要求、分红比例、各参与方权责、信息披露、税收优惠、退出机制、监管协调等内容做出统一规定，将 REITs 规则落实到实操细节层面。

（二）解决税负过重痛点，建议配套出台 REITs 相关税收优惠政策

按照各国税法相关规定，REITs 可以免缴部分税种，个人投资者持有 REITs 期间的资本利得也可能享有一定的税收优惠政策。而在中国，类 REITs 的税收成本比较高，存在税负过高和双重征税的问题（按中国现行税制，商业地产的租金收入需缴 6% 或 11% 的增值税和一定比例的房产税，以及 25% 的所得税。收入分红后个人还要缴纳所得税；而涉及物业资产的转让，需要缴纳高额的资产转让所得税和土地增值税）。在缺乏税收优惠的情况下，如何达到过去 30 年来国际 REITs 分红收益率 7% ~8% 的平均水平，是市场初期的一个问题。① 税负问题已然成为 REITs 特别是过户型 REITs 产品发展中的桎梏。建议在雄安新区开展 REITs 试点期间尽快配套落地相关税收优惠政策，如降低 REITs 经营环节税负，对 REITs 交易结构内的资管产品免征增值税等，在各个层级视情况赋予 REITs 和投资者相关税收优惠。

（三）新区建设开局阶段，资产估值难题亟待破解

估值方法之所以重要，是因为它关系到能否对商业物业进行合理定价，更关系

---

① 北京大学光华管理学院．中国公募 REITs 发展白皮书［R］. 2017 - 07 - 06.

到能否有效保障投资者权益，因此，是不动产证券化业务的重中之重。根据《中国证监会 住房城乡建设部关于推进住房租赁资产证券化相关工作的通知》（证监发〔2018〕30号）的要求，房地产估价机构对住房租赁资产证券化底层不动产物业进行评估时，应以收益法作为最主要的评估方法，严格按照房地产资产证券化物业评估有关规定出具房地产估价报告。而在收益法的运用过程中，结合我国实践以及三大国际评级机构资产证券化业务中的实务操作，将会考虑物业历史租金水平、未来租金增长率、房屋质量和位置、市场同类租金水平、历史和现在的空置率等要素确定。雄安新区目前正在蓝图规划阶段，相关历史及同类参考数据难以获得。此外，鉴于新区“千年大计，国家大事”的政治站位，发展的前景不可限量，都对当前阶段不动产资产估值的准确性提出了挑战。建议在雄安新区试点REITs业务时酌情考虑简化相关估值标准或明确可参考依据，提高估值的可操作性。

调查显示：广东金融支持全域旅游发展取得成效

刘志嘉[①]

摘要：2018 年 7 月，广东省人民政府出台《广东省促进全域旅游发展实施方案》（粤府办〔2018〕27 号），提出要将全域旅游作为推动全省经济社会发展的重要抓手。为了解方案出台后广东金融支持全域旅游发展情况，人民银行广州分行对省内 6 个地市[②]的 28 家金融机构[③]进行调查。结果显示，广东金融通过出台制度细化对旅游业的支持、运用货币政策工具支持涉农和小微涉旅企业融资、创新涉旅金融产品和服务、加强旅游区支付建设提升旅游支付体验感，推动全域旅游发展取得成效。

关键词：全域旅游　金融支持　做法

一、主要做法

一是出台制度细化对旅游业的支持。2019 年 7 月，人民银行广州分行联合 15 部门印发《广东省乡村旅游提质升级行动实施方案（2019—2020 年）》，提出一系列措施支持全域旅游发展，明确加大对旅游贷款的支持力度。如建行清远分行认定旅游行业属于普惠口径的中小微企业，享受普惠金融特色金融产品的利率优惠，优先保障其贷款额度。珠海横琴华通金融租赁有限公司明确旅游行业为 2019 年积极进

① 刘志嘉，供职于中国人民银行韶关市中心支行。

② 广东省内获得国家级或省级的旅游示范区城市包括：广州、深圳、珠海、中山、韶关、惠州、梅州、河源、湛江、肇庆、汕头、清远、潮州。本调查随机选取国家级全域旅游示范区创建单位珠海、韶关、惠州，以及省级全域旅游示范区创建单位汕头、清远、潮州为调查对象。

③ 228 家金融机构包括 1 家政策性银行、5 家国有商业银行、1 家股份制商业银行、2 家农信社、16 家农商行、2 家新型农村中小型金融机构和 1 家融资租赁公司。

入类行业。对于优质项目，租赁年限可适度延长，并予以优先审批，优先安排放款资金。

二是运用货币政策工具支持涉农和小微涉旅企业融资。人民银行广州分行鼓励政策性银行对旅游扶贫带动示范效应显著的项目给予贷款利率优惠。对于发放全域旅游贷款较多的金融机构给予再贷款、再贴现额度倾斜，引导全域旅游贷款利率下行，提高符合条件企业可融资额度。鼓励金融机构运用支农、支小再贷款、再贴现等货币政策工具支持全域旅游建设。如翁源农商行利用支小再贷款对翁源兰花种植提供3 000万元额度支持兰花生态旅游基地建设。农业发展银行珠海分行运用抵押补充贷款信贷资金支持滨海旅游设施建设，授信4.46亿元贷款助推珠海三角岛整体开发项目。

三是创新涉旅金融产品和服务。如建行清远分行创新担保方式，接受农村土地承包经营权与农村住房财产权抵押、景点门票收费质押，支持旅游景点建设；同时创新推出“民宿装修贷”等个人类装修分期贷款，为当地旅游行业提供更多优质的金融服务。潮州等地金融机构通过网上平台，推广富有当地特色的旅游线路、农特产品、酒店预订等，提供折扣优惠，实现旅游服务增值。工商银行潮州分行在“融e购”电商平台，推介潮州陶瓷、茶叶、肉丸等当地优质产品和特色小吃，进一步扩大潮州市特色文化旅游产品销售渠道和知名度。

四是加强旅游区支付建设，提升旅游支付体验感。如人民银行广州分行积极推动移动支付在港珠澳大桥、粤澳莲花大桥等重点跨境领域应用，鼓励金融机构为商户提供实时入账服务，满足旅客在本地及跨境旅行中的便捷移动支付服务需求。韶关中支结合辖区实际制定韶关市《移动支付便民工程实施方案》，全方位激励各机构加快便民工程推广应用步伐。潮州农商行主动接洽商户，为涉旅企业提供快捷高效的收单服务，畅通滨海旅游业结算渠道。

二、取得成效

一是信贷投放总量稳步增加，缓解乡村旅游资金需求。数据显示，2019年6月末，6市旅游产业贷款余额357.85亿元，同比增长151.86%。2019年上半年，6市累计发放旅游产业贷款63.38亿元，同比增长186.52%。如工行清远分行共为清远5个旅游项目提供项目融资，审批额度达43亿元，累计完成投放4亿元，较好满足了旅游项目贷款需求。

二是降低了旅游企业减少融资成本。调查显示，2019年6月，全域旅游企业获得加权平均利率为6.09%，分别低于全省1~3年（含）、3~5年（含）贷款利率

1.75 个和 2.01 个百分点，最优惠贷款利率为 4.28%。如新丰农商行授信新丰云天海公司 1 600 万元额度并可在 3 年内循环使用，执行 5.22% 的优惠利率，使该公司每年可节约近 50 万元利息支出。

三是促进了旅游收入增加和旅游产业发展。2019 年上半年，6 地市共接待游客 15 193.71 万人次，旅游收入达 1 437.49 亿元，分别同比大幅增长 12.43% 和 15.23%（见表 1）。其中，过夜游客 7 007.46 万人次，同比增长 13.44%。

表 1　　6 地市 2019 年上半年年接待游客和实现旅游收入情况表

单位：万人次，亿元，%

项目 / 地区	接待游客		实现旅游收入	
	2019 年上半年	同比增长	2019 年上半年	同比增长
韶关	2 385.6	10.1	215.67	12.28
珠海	2 260.54	17.71	239.52	20.89
惠州	3 248	10.6	214	13.8
汕头	1 753	9.28	243	10.35
清远	4 452.7	10.5	356.8	11.8
潮州	1 093.87	27.8	168.5	29.7
汇总	15 193.71	12.43	1 437.49	15.23

数据来源：6 地市文化广电旅游局。

关于建设反洗钱大数据分析系统的思考

赵 清 宋 然[①]

习近平总书记在十九届中央政治局第十三次集体学习时指出，防范化解金融风险特别是防止发生系统性金融风险是金融工作的根本性任务。要运用现代科技手段和支付结算机制，适时动态监管线上线下、国际国内的资金流向流量，使所有资金流动都置于金融监管机构的监督视野之内。习近平总书记的重要讲话为推动我国金融业高质量发展提供了重要依据。在央行职责框架内，反洗钱是维护金融安全的重要工具，是控制金融体系风险的重要制度安排。但当前，面对快速发展的金融业务、不断涌现的支付结算工具创新，反洗钱监管手段的滞后性异常突出。特别是2019年FATF对中国互评估报告也指出我国监管手段落后、监管有效性不足的问题。以反洗钱大数据建设为切入点，改进监管手段对于提高反洗钱监管有效性具有极其重要的意义。这也是落实习总书记指示精神，找问题、抓痛点，提升反洗钱履职能力和水平的务实举措和重要课题。

一、系统建设的必要性

（一）大数据系统建设是立足反洗钱工作本质，增强反洗钱核心价值的必然要求

反洗钱是围绕着“追踪资金”理念（Follow the Money）建立起来的机制和制度体系。在《反洗钱法》以及相关法律法规、规章制度框架下，央行作为反洗钱行政主管部门，有权通过现场检查、反洗钱调查、要求义务机构报送大额和可疑交易信息等手段获取义务机构相关数据，进行监管活动或对资金进行分析监测。因此，反洗钱工作的本质是追踪资金，反洗钱的核心价值在于以资金为主的海量数据。这就

① 作者简介：赵清、宋然，均供职于中国人民银行营业管理部。

对数据加工及其工具提出了必然要求。而依托大数据技术建立的信息化系统能够高效地归集、统计、分析这些海量数据，能够最大化地发挥反洗钱的核心价值并发扬光大。

（二）大数据系统建设是强化反洗钱监管，提升监管有效性的必要途径

反洗钱监管以“风险为本”为根本原则，这就要求监管部门要掌握管辖范围内金融行业及机构履行反洗钱义务情况以及业务开展过程中的潜在风险状况，这对监管的预警性、全面性以及穿透性提出了客观要求。这也是FATF组织对反洗钱工作的核心要求。而全面掌握辖区风险状况并实施预警性监管，就必须利用反洗钱大数据信息。通过运用云计算、大数据、人工智能等技术对反洗钱数据信息进行监测、加工、分析，不仅在监管对象和业务方面能够真正实现监管全覆盖，还能有效实施穿透式监管，构建涵盖事前、事中、事后的完整监管链条，做到风险信息的早监测、早发现、早处置。这也是落实FATF提出的整改要求，全面提高监管有效性的必要举措。

（三）大数据系统是助力金融风险防控，更充分发挥央行反洗钱职能作用的重要保障

反洗钱的根本目标是防控洗钱和恐怖融资风险，遏制、打击洗钱等违法犯罪活动。在此目标下，以金融机构客户资金交易信息为核心的反洗钱大数据，不仅是金融机构履行反洗钱义务情况的反映，更是经济金融运行情况的反映；不仅是监测洗钱风险的核心手段，更是监测金融风险状况的重要手段。在防范化解金融风险方面，反洗钱和反恐怖融资工作在事前预警、事中监测及事后追踪方面具有无可替代的优势和作用。因此，无论在当前打好防范化解重大金融风险攻坚战的形势下，还是央行在实施宏观调控、防控金融风险长远发展过程中，充分利用反洗钱大数据，掌握经济周期波动、金融市场变化等信息，可以为宏观调控、预警和防范风险事件提供有效支持，从而最大化地发挥央行反洗钱职能作用。

二、当前反洗钱数据运用方面存在的问题

（一）地域特性导致义务机构种类繁杂、数量众多，反洗钱监管手段缺乏、有效性不足

近年来，除传统金融机构外，反洗钱义务主体逐渐扩展到非银行支付机构、

保险专业代理公司、保险经纪公司等。作为首都，北京地区反洗钱义务机构类型多达20余种，总数量超过千家，人均负责监管机构过百家，监管任务过重和监管人员不足之间的矛盾日益突出。目前的监管方式主要包括现场检查和非现场监管。由于手段缺乏，监管方式仍以现场检查为主，即使近年加大了监管走访、现场评估等工作力度，现场监管覆盖率仍不足5%。而非现场监管掌握的信息有限，主要是义务机构报送反洗钱内控制度、年度报告及报表等，监管工作无法达到全覆盖，无法真正掌握辖内义务机构反洗钱义务履行情况以及金融行业和义务机构洗钱风险状况。

（二）反洗钱数据未充分有效利用且缺少统计分析工具，影响监管的针对性及监管效率

反洗钱监管主要是对义务机构的客户信息及交易数据进行甄别与分析。目前非现场监管如分类评级以定性为主，而对于其他非现场收集的信息，如义务机构报送的重点可疑交易报告信息，监管部门及公检法机关的案例和协查信息等，由于缺少先进的技术手段，监管人员可利用的筛查工具极为有限，甄别手段较单一，客户信息、交易对手等无法与历史数据进行关联。特别是在数据量巨大或关联关系复杂等特定场景下，案件侦破效率及对洗钱线索的后续追踪均受到一定限制。另外，尽管目前现场检查采取了定量数据分析手段，但取数周期长且只是机构一段时间的业务数据，缺乏事前预警和持续监测作用，难以全面、准确、及时地掌握义务机构风险情况，影响风险监管的针对性和监管效率。

（三）缺乏健全的反洗钱数据统计分析数据库，监管存在一定滞后性

目前，由于缺乏相应的反洗钱数据和信息统计系统，监管部门不能全面、系统、持续地收集能够反映义务机构经营情况、面临的洗钱/恐怖融资风险状况及发展趋势等方面的数据和信息，这必然造成反洗钱监管存在一定滞后性，事前预警更无从谈起。目前，虽有义务机构报送的大额交易和可疑交易数据，但数据之间关联性不高且相对分散，难以发现潜在的风险点。同时受“分行业、分模块”的反洗钱监管特性限制，行业间数据信息的内涵定义和标准也并不完全统一，记载字段和格式存在差别，部分重要数据信息存在缺失，处于碎片化、局部化状态。上述问题均在一定程度上限制了对风险机构、风险业务、风险客户的判断，直接导致监测结果相对滞后。

三、系统建设的可行性

（一）人民银行制定的现场检查数据提取规范为建立反洗钱大数据分析系统奠定基础

2018 年以来，人民银行相继下发了银行机构、证券公司、期货公司、保险公司及非银行支付机构的现场检查数据提取规范。其目的是从客户、业务、产品等多个维度收集义务机构数据，实现跨行业、跨机构的全面数据提取。在此基础上，数据提取规范还根据行业特性从字段名称、类型和长度、字段释义、填写规则等方面进行了统一和明确，针对机构数据信息不全、字段不完整情况，要求从上游系统接入相关数据表，进一步扩大数据来源，确保了检查数据提取质量。全面、完整、规范的数据提取为反洗钱大数据分析系统提供了有力数据来源保障。

（二）大数据、人工智能等技术的发展应用为反洗钱大数据分析系统提供技术支持

近年来，数据挖掘、云计算平台等技术的飞速发展，机器学习、神经网络等人工智能领域的学术研究成果已经被转化成产品和应用。大数据分析方法着眼于从海量的数据中寻找数据内部关联与逻辑关系，并归纳出特定主体或交易行为的规律与特征。人工智能使机器能够在很大程度上模拟人的功能，呈现出技术平台开源化、"智能感知"向"智能认知"方向迈进的趋势。目前，面对国内外严峻的反洗钱监管形势，义务机构已加大技术投入，北京地区大部分银行开展了大数据应用。有些银行将人工智能技术应用于可疑交易分析甄别，通过分析客户的异常行为，判断潜在的风险及合规性问题，实现对高风险客户的精准识别和高效管控。这些技术及其应用为监管者提供了借鉴，并显示出改进监管手段的紧迫性。目前，北京地区已启动大数据平台建设，也为反洗钱大数据分析系统的建设奠定了基础。

（三）国内外金融监管部门已开始运用大数据、人工智能等手段，助力监管取得积极成效

根据金融稳定委员会（FSB）报告以及相关行业情况，大数据、人工智能技术已开始在部分国家金融监管部门应用，主要集中于识别异常交易和风险主体。通过使用人工智能技术识别异常交易和风险主体，监测和预测市场波动、流动性风险、金融压力、房价、工业生产、GDP 以及失业率，发现影响金融稳定的潜在风险。国

际上，目前一些监管机构如澳大利亚证券及投资委员会（ASIC）、新加坡货币管理局（MAS）、日本外汇管理局、东京证券交易所及美国证券交易委员会都在使用人工智能进行可疑交易识别工作，以发现操纵市场等不当行为。我国证监会查获的首例跨境操纵市场案，也是基于某交易所通过监控发现沪股通标的股票成交、股价涨势存在明显异常，运用大数据方法对历史资料进行关联匹配映射分析，最终发现香港的证券账户与开立在内地的某些证券账户有操纵市场的重大嫌疑。

四、系统建设目标及主要功能

（一）系统建设目标

落实反洗钱“风险为本”监管原则，整合各类反洗钱监管资源，使机构上报的各类信息与监管信息形成系统的资源信息库；通过大数据分析方式，深入完整了解义务机构的业务活动，准确识别和预警机构、行业洗钱和恐怖融资风险，形成事前、事中、事后全流程、持续性的监管链条，达到“未到现场，便知三分”的效果，进而不断提高反洗钱监管的针对性和有效性。同时，建立与行内其他部门以及司法执法机构、行业主管部门和监管部门等外部单位的数据资源共享体系，助力金融风险防范，维护金融稳定，充分发挥反洗钱在维护国家金融安全、打击违法犯罪方面的作用。

（二）系统主要功能

反洗钱大数据分析系统主要由数据收集与治理、风险评估与预警、可疑交易分析与洗钱线索处理、行内外数据共享四部分构成。

1. 数据收集与治理。以现场检查数据提取规范为基础，定期收集机构的交易数据，将银行、证券期货业、保险业及非银行支付机构等数据集中起来，依托大数据技术及统计方法，对机构数据进行初步筛查，以非现场方式检查机构的反洗钱义务履行情况，锁定风险后再有针对性地开展现场检查。实现监管方式从经验导向到数据导向的转变，实现监管全覆盖与精准管理的有机结合，提高监管针对性和有效性。

2. 风险评估与预警。建立大数据分析模型，从机构、客户、业务等多个维度收集数据，并运用与数据相适应的统计方法，嵌入指标模型，对机构风险状态既能动态监控，又能静态评估；既能从历史角度总览机构某个风险指标的变化趋势，又能准确分析机构当前面临的全面风险状态，实现对机构洗钱风险的实时监控和预警，解决监管部门对机构风险信息不对称的问题。在此基础上，实现对辖内银行、证券、保险、支付机构等行业风险状况的监测与评估，从而形成完整、系统的行业、机构监管画像和监管档案，大幅提升对辖区洗钱风险应对措施的及时性和针对性。

3. 可疑交易分析与洗钱线索处理。以义务机构上报的重点可疑交易报告、客户资金流水信息为基础，利用大数据技术对客户交易行为进行短期和中长期预测，形成完整的客户数据图谱，实现对客户洗钱风险的前瞻性评估。同时在传统的专家规则基础上，以机器学习技术分析可疑交易，精确定位可疑线索，持续对洗钱线索进行追踪，进一步提高案件侦破效率。例如，可引入知识图谱技术，将数据中的信息提炼整理，锁定目标有针对性地开展行政调查；引入 NLP 技术和文字识别技术，提供反洗钱监测工作的预警分析等需求，形成初步分析报告等。

4. 行内外数据共享。当前，对义务机构的监管主要分行业进行，以反洗钱数据收集治理为切入点，建立全口径的数据分析系统，可满足不同使用者查询、检索、分析、共享需求。动态监测预警、持续识别评估机构洗钱风险状况和发展趋势的同时，为人民银行的宏观分析、政策制定提供数据支持。同时，与外部单位，公安、国安、税务、海关、金融监管等部门建立数据共享体系，发挥反洗钱穿透式监测对资金流向的梳理与追踪，对可疑交易的发现与锁定，对金融风险的识别与印证作用，形成打击违法犯罪合力，维护国家金融安全与稳定。

商业银行农村市场普惠金融业务发展策略建议

高 博[①]

摘要：经过数年的发展，我国农村普惠金融业务在社会各界的共同努力下取得了一定成就。但由于农村地区经济基础薄弱，市场环境不稳定，信用体系不完善，普惠金融的发展迟缓，从上到下传导执行不充分，“最后一公里”的落实任重道远。为此，本文立足于普惠金融的实践经验，通过对农村金融市场现状的研究，系统分析了商业银行在开展农村普惠金融业务过程中所遇到的问题，并提出相应的发展策略建议，从而给商业银行提供参考与借鉴。

关键词：农村金融　商业银行　普惠金融　发展策略

一、农村市场普惠金融发展环境分析

近年来，我国农村市场金融服务相比过去有了长足的进步。根据2017年国家统计局数据，2017年末全国主要农村金融机构（农村信用社、农村合作银行、农村商业银行）人民币贷款余额149 820亿元，比年初增加15 602亿元。截至2018年6月末，银行业金融机构共计4 571家，其中农村金融机构共计3 903家，占我国银行业金融机构总数的85.4%。农村金融机构数目和贷款余额都处于逐年增长态势，增长率超过城市商业银行，这些数据都反映出农村需求主体迫切的融资需求。但从根本上来看，我国农村金融市场发展环境依然存在着诸多问题，突出表现在以下四个方面。

---

① 作者简介：高博，现供职于中国建设银行股份有限公司北京市分行。

（一）农村金融体制环境需健全

目前，我国农村金融体制呈现两线并行的特点，一方面以农发行、邮储银行、农业银行及农信社等金融机构为主流，另一方面以小额贷款公司、个人借贷等民间金融机构为非主流。前者是服务于农村市场的主要金融机构，需要借贷主体有较稳定的资金收入、信用记录或资产抵押，收入不稳定的农户往往不易满足，而后者影子银行面临着监管不充分，流程不规范的问题，风险极高，难以跟上农村经营主体及农户对资金日益增长的需求。与此同时，农村中小企业面临着各种不合理门槛和限制，妨碍了市场的充分竞争，在安全、环保等领域的监督机构容易对农村中小企业采取“一刀切”的处置措施，引导转型的机制缺失，抑制了当地民营企业的发展。

（二）农村保险市场发展需提升

对于农户、个体工商户、中小微企业来说，农业的经营通常面临巨大的自然风险和市场风险，抵押担保物是制约其获得贷款的“瓶颈”所在，因此，作为避险工具的农业保险就成为促进农村经济平稳发展、推动农村金融市场深化的重要工具。2007—2016 年，我国农村发展农业保险取得了较大发展，保费收入从 51.8 亿元增长到 417.12 亿元，增长了 7 倍，基本覆盖了农、林、牧、渔各个领域。但是我国农业保险还是以传统的政府财政补贴为主，这部分资金占农业保险总保费收入的 80% 以上。就目前的情况来看，我国商业性保险公司的农业保险产品较单一，市场发展不规范，农户尚未形成购买保险的正确意识。再加上农业保险难以估计盈亏情况，赔付率较高，给商业性保险公司带来的盈利不足。

（三）农村市场信用体系需建立

目前，我国农村居民受到教育资源限制和部分落后的传统观念影响，企业家能力水平和对新兴市场的接受程度表现出较大差异。同时，农村企业经营状况良莠不齐，不确定性大，再加上相关评估制度尚未建立或完善，商业银行难以对企业发展潜力做出评价。此外，农村市场信用制度尚处于发展初期，违约现象屡有发生。这些都需要信用文化的建立完善，做好金融知识培训工作，深入了解农村金融市场需求，缩小供需盲区。

（四）农村金融机构发展需加强

由于农村市场客户集聚性不强，交通不便，银行分支机构延伸有限，导致开展业务成本极高，再加上农村的基础设施建设项目和民营企业经营资金需求量大、持续时间长，缺乏有效的担保主体和还款来源，因此普惠金融业务发展遇到了不少困难。近年来，互联网金融的兴起给农村金融市场的支付结算带来了新的发展契机，发展缓慢的融资理财需求也有了新的解决方式，金融机构利用移动网点、村口银行、手机银行等多种方式给服务农村金融带来了新的便利，解决了部分成本问题。

二、银行普惠金融业务农村市场推动现状

为推动农村普惠金融发展，中央农村经济会议和中央一号文件多次提出了增加金融供给、扩大需求和支持创新的具体改革措施，这些举措取得了良好的发展成果。

（一）农村市场基础金融服务覆盖面不断扩大

近年来，银行网点在乡镇地区的覆盖面逐年扩大。截至2017年底，我国银行业金融机构共有营业网点22.76万个，相比2013年增加了1.8万个，网点乡镇覆盖率达到了95.99%，基本实现了“乡乡通”（见表1）。

表1　　2013—2017年银行业金融机构网点数量　　单位：万个

年份	2013	2014	2015	2016	2017
网点数量	21	21.6	22.4	22.7	22.8

资料来源：银保监会统计数据。

在银行网点和保险网点数量不断上升的同时，行政村的基础金融服务覆盖面也在不断扩大。截至2017年底，全国共有ATM 96万台，POS机3 100万台，比2013年分别增长了84.7%和193.3%。

表2　　2013—2017年银行业金融自助设备数量　　单位：万个

年份	2013	2014	2015	2016	2017
ATM自助设备数量	52	60	89	91	96
POS机数量	1 400	1 600	2 200	2 400	3 100

资料来源：银保监会统计数据。

（二）“三农”领域金融支持力度不断加大

在基础金融服务覆盖面扩大的背景下，我国“三农”领域信贷总量不断上升。截至2017年底，我国银行业涉农贷款余额达30万亿元，相比2013年足足上升了8万亿元。与此同时，农户贷款余额也从2013年的4万亿元增长了1倍（见表3）。

表3 银行业金融机构涉农贷款情况 单位：万亿元

年份	2013	2014	2015	2016	2017
涉农贷款余额	21	23	26	28	30
农户贷款余额	4	5	6	7	8

资料来源：银保监会统计数据。

从结构上来看，大型商业银行和政策性银行是涉农贷款的“主力军”，二者在全银行业涉农贷款占比分别达到了28%和21%。在前期涉农贷款得到了国家政策的大力支持后，工作重点逐渐向引导农户自主盈利（见表4）。

表4 最新涉农贷款分机构情况

银行类型	涉农贷款占比
大型商业银行	28%
政策性及国家开发银行	21%
股份制银行	9%
城市商业银行	8%
农村中小金融机构	31%
邮储银行	3%

资料来源：银保监会统计数据。

（三）金融扶贫攻坚取得显著初步成效

随着我国全面建成小康社会高速发展步伐的不断推进，我国金融扶贫攻坚取得了显著的成效。扶贫开发的信贷力度不断加大，银行小额信贷业务发展迅速。截至2017年底，我国扶贫开发项目贷款余额达2 316.01亿元，银行业金融机构对贫困户发放的扶贫小额信贷余额达2 496亿元，支持的贫困户达607万户，户均贷款4万元。银行业金融机构按照中央政策导向推进精准扶贫，为贫困户建立档案，改善信贷环境，提供公平的信贷机会。

表5 建档立卡贫困户扶贫小额信贷情况 单位：亿元、万户

年份	2016	2017
贷款余额	1 600	2 496
已发放贫困户户数	420	607

资料来源：银保监会统计数据。

（四）普惠金融服务效率不断提升，融资成本有所降低

近年来，银行等金融机构积极发展金融科技业务，开拓网络市场，提供线上信贷服务，使得金融服务效率大大得到了提升，如建设银行依靠互联网运营模式，实现完全线上的“小微快贷”贷款模式。与此同时，银行业持续减费让利，降低普惠金融融资成本。数据显示，2017 年银行业对客户全年减费让利总金额约 366 亿元。

三、商业银行发展农村普惠金融业务问题探讨

（一）金融产品服务有限，支农功能不强

目前，普惠金融产品和服务较有限，支农功能不强。农户的需求和保证情况千差万别，许多产品虽然覆盖范围广，但是难以对应农户落地，不能满足农村市场的许多金融需求。此外，风险偏高是农村市场开展普惠金融面临的一道难题。囿于监管要求以及盈利性要求所限，银行在开展金融业务时，更倾向将“农业一体化企业”当作目标客户，对于缺乏有效抵押物、综合贡献率不高以及潜在违约风险较高的经营户，持保守业务态度。部分资源聚集企业能吸引到过量资金，但是亟须资金的发展初期企业更难融到资金。

（二）信息科技体系尚不成熟，依赖通信建设

农村普惠金融的主要服务对象是针对乡镇企业和农户，信贷业务呈现零售化趋势，同时该类客户地域分布极为广泛。因此，针对农村普惠金融业务单笔服务成本较高，盈利性不强。正基于上述难题，各金融机构希望通过对农户经营特征、经营周期性、交易行为、盈利能力、违约因素等各经营行为的监控与分析，为开展农村市场精准营销及风险管理提供业务支撑。目前而言，金融机构信息科技团队技术水平尚不成熟，可利用数据获取难，再加上农村市场通信网络覆盖程度尚待加强，依靠金融科技推动农村普惠金融市场任重道远。

（三）发展普惠金融的激励和约束机制有待健全

当前，银行针对农村普惠金融业务普遍缺乏应用性强、具有针对性的奖励及约束机制。尤其是针对农企、农户贷款的尽职免责制度不完善，这让许多银行市场人员在开展农户小额信贷业务及消费信贷过程中顾虑较多、积极性较低。许多信贷业务因为总、分行对收益率“硬指标”有严格要求而被迫放弃。同时，激励机制的持

续性也是影响普惠金融业务的重要因素，考核指标表面化，覆盖不全面，后期激励不足容易产生半调子工程，浪费资金和人力资源。

（四）金融扶贫不具备财务可持续性

目前，我国开展扶贫金融服务工作的主要部门是政府扶贫办公室下属的扶贫互助合作社和银行等金融机构，金融扶贫行为多为政策导向的精准扶贫，扶贫方式较为单一。在实施过程中，由于区域经济、人文环境差异化较大，导致大部分扶贫活动在财务上不可持续，制约了金融扶贫的长足发展。

四、商业银行农村普惠金融发展策略建议

（一）完善普惠金融服务体系

为更好地推动普惠金融业务发展，商业银行应加速完善自身普惠金融服务体系，建立行之有效的政策机制，通过构建由上而下、全行联动的普惠金融体系，充分调动全行各部门力量及行外可用资源，在组织机构设置、人员安排、资源配置、考核激励等方面予以规划。同时，针对农村普惠金融市场，商业银行需要建立科学、完善的尽职免责体系，以适应发展农村普惠金融业务的需要。

（二）与地方政府共建农村信用平台，完善农企、农户调查的机制

目前，商业银行普遍缺乏科学、有效检验农村客户还款能力的方式及模型，贷款不良率居高不下。为此，商业银行可牵头与地方政府层面对接，汇集政府及公用事业等部门信息，通过对农户户籍、房产、土地信息、历史信用记录、人口流动等信息的收集建立农村信息数据库，并通过建立模型的方式为本行贷款审查、贷款管理、贷款回收、追讨坏账等业务环节提供数据支撑。同时，商业银行可根据数据库建立完善科学的农户调查机制，通过判断农户投资、生产、收入、生活消费情况，交叉检验农户还款能力，从而有效避免授信风险。

（三）建立新型合作金融组织，推进农村金融创新

为实现农村普惠金融市场渗透，商业银行在农村偏远地区可积极探索农村市场银行代理模式。在该模式下，商业银行可与农村地区供销社、卫生门诊、便利店等机构开展农村新型金融合作实践。通过为农户提供“存贷汇缴投”于一体的综合金

融服务，打破地理限制，解决农村地区物理网点不足的问题。同时，银行还可以依托供销社、合作社对农户经营活动的了解，建立农村新型合作金融组织，该组织为农户贷款提供还款保证，银行提供资金支持。

（四）创新担保方式，推动农村小额信贷业务拓展

农村地区地广人稀，经营土地分散，地形地貌不同、种植物有较大差别，这种差别对农户经济效益和银行抵押物价值及还款能力产生巨大影响。为此，如何科学评估农村土地经营权价值及经济效益变动就成为了银行信贷评估的难点之一。针对此难点，商业银行可通过引入第三方评估机构的方式，科学评估土地经营权抵押评估及经济绩效变动问题，同时加大与农村保险机构的合作深度及广度，进一步推进银行金融服务和保险产品的融合度，开发与农村市场高贴合度的银保联结产品。

（五）运用金融科技构建普惠金融，加强农村市场信息产品教育

商业银行可充分利用信息技术发展农村普惠金融业务，通过技术手段解决金融服务地理限制、服务成本高的问题。在实际操作过程中，商业银行可根据农民的生产经营内容、经营周期、资金需求及风险情况，依托互联网大数据技术，为农户提供嵌入式场景式金融服务。同时，商业银行要加大对重点农村区域及偏远农村地区信息产品的宣传力度，通过开展优惠活动的方式使金融产品逐步渗透到农户的日常生活中。

参考文献

［1］洪晓成．普惠金融理论与我国农村金融扶贫问题调适［J］．山东社会科学，2016（12）．

［2］王汉全，李孟茹．县域金融扶贫工作中存在的问题及对策建议［J］．黑龙江金融，2016（11）．

［3］周孟亮．普惠金融与精准扶贫协调的路径创新研究［J］．南京农业大学学报（社会科学版），2018（2）．

［4］孔繁金．改革开放以来金融扶贫的历史演进及其创新——以中央一号文件为中心的考察［J］．当代中国史研究，2018，25（2）．

［5］胡晗，司亚飞，王立剑．产业金融扶贫对贫困户生计策略和收入的影响——来自陕西省的经验证据［J］．中国农村经济，2018（1）．

［6］李敬，吕朝辉．新时代精准扶贫的挑战及应对——“学习贯彻党的十九大精神推进精准金融扶贫创新”学术研讨会综述［J］．中国行政管理，2018（2）．

[7] 董志勇，黄迈，刘文忻．农村小额信贷的激励理论述评［J］．经济理论与经济管理，2008（10）．

[8] 蒙晓丽，陆玲玉．普惠金融背景下农村金融扶贫工作的研究［J］．区域金融研究，2015（7）．

大数据技术在反洗钱可疑交易分析监测领域应用探析

刘丽洪　朱　彤[1]

我们生活在数据时代，数据根植于生活中的每一个角落，各行各业都试图利用大数据理念、大数据挖掘技术、大数据信息处理解决方案创造价值，提高效率，金融机构反洗钱工作也不例外。反洗钱可疑交易监测分析需要从海量数据中甄选出有效数据，通过定性和定量分析，深入挖掘客户的多层次、多元化信息，确定客户洗钱可疑交易行为。如何利用好自身和外部数据信息，提高反洗钱工作的有效性和精准度，成为金融机构新的挑战和机遇。

一、大数据技术和挖掘方法

大数据是一个数量巨大、结构复杂、类型众多的数据集合，是一种基于云计算技术进行数据处理和应用的模式。同时，大数据也可通过数据的整合共享、交叉、复用，形成智力资本和知识服务能力，更加直观地描述客户的交易行为。

（一）大数据挖掘主要分析方法

借助大数据的技术，可疑交易监测分析可以深挖数据间的逻辑关系，对所用数据实行分类、分层管理，从而实现新型可疑交易监测模型的构建，更好地定位洗钱犯罪行为。数据挖掘常见的方法有：特征分析、聚类分析、回归分析和神经网络分析等。利用特征分析，大数据可以根据用户特征，区分客户群，建立模型；利用聚类分析可以应用到客户群体的分类、客户背景分析、客户行为预测、市场细分等；回归分析主要研究问题、开展数据分析，包括数据序列在时间上的趋势特征，预测

① 作者简介：刘丽洪，现供职于中国人民银行营业管理部；朱彤，现供职于中信银行北京分行。

数据发展趋势。神经网络是模拟人脑神经网络特征进行信息处理的一种机器学习模型，可以用概率的方式找出潜在的问题客户。

（二）大数据挖掘的基本过程和关键步骤

目前通用的数据挖掘流程运行体系以跨行业数据挖掘过程标准（cross - industry standard process for data mining，CRISP - DM）为模板建立。CRISP - DM 方法论为数据挖掘过程提供了一个完整的过程描述（见图1）。经过商业理解、数据理解、数据准备、建立模型、模型评估、模型发布六个阶段的大数据分析可以为客户精准“画像”，从而定位客户可疑交易行为，防范洗钱风险。

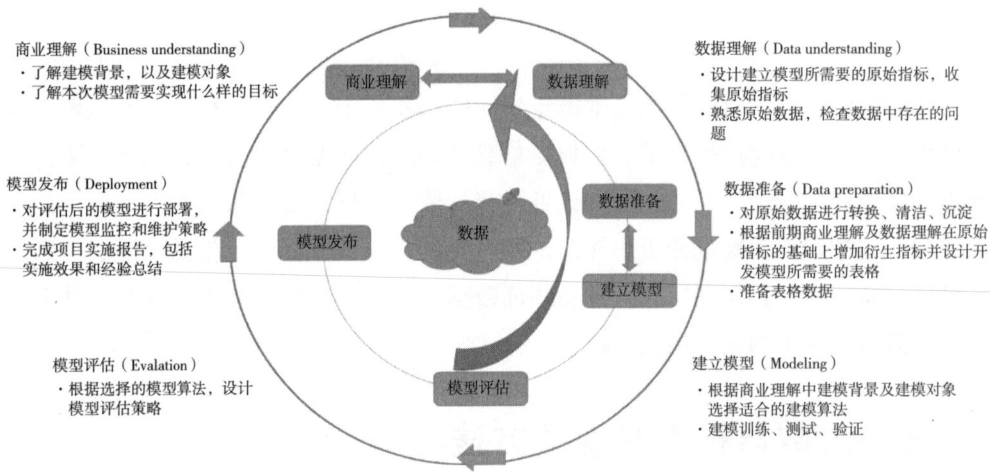

图1 CRISP - DM 方法

二、当前可疑交易分析报告工作存在的局限性

业内普遍采取“模型筛查 + 名单监控 + 人工甄别”的可疑交易分析报告监测模式。因这种模式尚未引入大数据和人工智能概念，在数据使用和模型更新方面，主要有以下四个方面局限性。

（一）数据处理时效性差

当前的数据处理通常分为数据扫描和加工处理两个环节。以树形结构作业模式为例，通常需要100多个小时才能完成1P的数据扫描。同时，单机处理模式从海量数据构成的样本群体中识别出与该群体有显著差异或者异常情况的离群样本耗时较长，无法及时发现可疑交易，阻断各类犯罪资金链条，减少并追回损失。

（二）数据信息整合分析困难

可疑交易监测模型的准确与否依赖于客户在金融机构留存的基础信息是否全面、完整，以及资金链条是否可追溯。当前各家金融机构普遍存在底层数据缺失、数据格式不统一、留存在各业务条线的信息整合不力的问题。再加上客户基础信息真实性审核渠道有限，客户跨行交易和与第三方支付平台交易都容易造成资金交易链断裂，给可疑交易人工甄别工作带来一定的困难。

（三）可疑交易监测模型更新滞后

传统的可疑交易监测模型需要指明特定场景，明确具体字段，并将数据匹配整合到可疑交易监测模型，而严格的阈值也直接导致了可疑交易的误报和漏报。同时，犯罪分子的洗钱手法也会随着反洗钱措施的加强进行演化，导致对新型洗钱犯罪模式的监测滞后，造成可疑交易的识别率低，误报、漏报率高等情况，需要耗费大量的时间进行人工筛选和判断。

（四）单一可疑交易监测标准精准度差

目前业内大部分机构的可疑交易监测模型仍是以单一监测标准为主，也有部分机构尝试通过多条监测指标，以“打分卡”方式监测可疑交易，但终因数据标签抓取不理想而无法达到精准定位可疑交易的目的。金融机构缺乏以洗钱罪上游犯罪衍生的资金特征进行可疑交易监测的理念和实际应用，这些都导致了金融机构对监测数据利用率有限，对监测分析人员的依赖程度普遍较高的问题。反洗钱监测分析专职人员对可疑交易和客户异常行为的经验、敏感度、专业水平参差不齐，直接导致可疑交易报告排除理由时常出现不合理、不充分，甚至出现错报、漏报的现象。

三、利用大数据技术进行可疑交易分析报告工作的优势

大数据将积累并引入多渠道的海量客户信息，一旦账户交易情形与可疑交易监测模型匹配，依靠大数据建立起来的智能可疑交易监测系统会自动预警，而人工智能技术将根据客户以往轨迹分析其行为特征，从客户交易行为中找出异常交易，发现背后隐藏的违法犯罪行为，能够很好地弥补“模型筛查＋名单监控＋人工甄别”监测模式的局限性，这将急速提高金融机构反洗钱工作的有效性。

（一）数据分析能力的飞速提高

随着数据量处理量的爆发式增长，集中式存储的传统数据库将由基于关系型的分布式数据库替代。CRISP－DM 分布式服务器实现联机实时扫描，数据处理过程相当于一台机器发布指令到多台机器里去执行，然后汇总数据。近 1P 的金融交易数据的单次扫描时间约为 50 分钟，且完全兼容客户现有业务逻辑，全量数据扫描时间实现从“天”到“分钟”的数量级跨越。

（二）多元化数据源的有效整合

根据金融行动特别工作组 2017 年 11 月发布的《私营部门信息共享指引》（Guidance for Private Sector Information Sharing）建议，公共部门和私营机构在保密可控的前提下，将打破信息孤岛，实现信息的共享。金融机构可考虑利用应用编程接口（Application Programming Interface，API）技术，打破内外部信息壁垒，串联多方系统，或向第三方借力去调取数据，综合分析客户异常交易行为。这些数据来源不同、差异性大且互相印证，可将客户身份全息图景画像越描越细，分析结果更加真实并具有前瞻性。

（三）数据分析平台的优化

当前大额和可疑交易监测系统将转型为统一集中数据分析云平台。数据分析云平台可以整合客户有关内外部海量数据，对客户异常交易信息进行有效的深入分析和处理。相比人的判断和人力资本，这种技术变得更加可靠、更加高速、性价比更高。那些与反洗钱合规管理相关的数据将通过人性化的、一看就懂的“仪表盘”的方式予以展示，实现人机良好对话模式。

（四）数据监测的智能化

数据分析云平台势必将引入人工智能技术，而人工智能，相对于一个数据分析平台而言，具有自我学习、纠错、成长的功能。人工智能将大大缩短监测模型更新滞后的局限性，对新型犯罪模式下的异常交易行为进行自我归纳总结，在系统中实施异常行为预警等工作，帮助人工及时定义新型洗钱类罪。同时，人工智能还将完成最终受益所有人的识别、账户补录等日常反洗钱数据采集和识别工作，最终减轻人工监测分析中初审岗的工作强度，大大提高效率。

四、更好地利用大数据技术进行可疑交易分析报告工作的建议

大数据和人工智能技术的引入将使得金融机构更加快速、准确、简单地发现可疑交易，阻断非法资金流动，更加精准地管控洗钱风险，金融机构应从以下五个方面着手。

（一）做好底层数据治理工作

大数据的根本是数据的完整性、真实性和可利用性，金融机构应对标监管要求，将前、中、后台数据资源有效整合，积极开展底层数据治理工作。一是参考监管“300号”文件中有关反洗钱现场检查数据格式标准要求，统一规范系统数据的字段、格式、内容、数值标准，确保系统平台能准确理解接口数据的提取范围、格式要求、数据表字段含义等内容；二是应重新审视自身数据仓库、核心业务系统、渠道系统、产品系统之间的数据匹配和映射关系，积极改造业务流程和业务系统，确保系统之间推送数据的准确性和完整性；三是应精细梳理各金融产品、业务，精准确定并打好可疑交易监测分析依赖的关键数据标签；四是持续加强客户信息质量治理；五是加强数据兼容治理工作，加强本单位不同业务系统间数据的可利用性。

（二）加强多渠道数据的融合

基于大数据的反洗钱工作，除了使用金融机构、第三方支付平台之间资金流动数据外，还可以考虑组合使用来自工商、税务、房管、海关、贸易、交通、质检、劳动人事、公安、法院等政府部门，以及消费、娱乐、社交等商业活动及生活领域多个源头的数据。如通过工商、税务、司法等部门公开的信息，可查询对公客户是否存在证照过期、偷税、漏税、违法犯罪等不良记录。通过互联网也可以查询到部分机构客户和自然人客户的信息。通过这些途径，扩大了客户信息的来源，通过客户信息资料比对，可以使可疑交易的识别更加精准高效。

（三）建立一体化的反洗钱数据管理机制

为了避免数据在获取、传输和共享阶段可能发生的失真和泄密情况，金融机构应积极制定网络安全标准，落实网络安全责任制，加强网络安全事件应急能力，建立一体化的反洗钱数据管理机制。一是保障真实性。在数据传输、存储和加工过程中增加校验环节，防止文件数量、文件字段发生缺失，避免字段信息的基本逻辑发

生错误而直接影响数据分析质量。二是保障及时性。加强数据修改联动提示功能，一旦前端业务系统修改字段信息，应及时通知后端数据仓库启动复核和修改机制。三是保障安全性。在实现风险信息共享机制的情况下，对数据查阅、调取和使用等关键环节进行分层、分级管理，合理分配数据使用权限。

（四）提升可疑交易模型监测精准度

大数据技术的战略意义不仅在于掌握庞大的数据信息，而更在于将这些含有价值的数据进行专业化的处理。可疑交易监测模型应随着大数据技术的引入，有效打通各数据子集之间的关联应用环节，丰富可疑交易监测字段范围，从“知识图谱”的角度，围绕客户主体、财产状况以及社会关系等因素，对客户信息和交易行为的真实性、合理性开展研判分析。同时，对模型监测字段加以分层、分类管理，将对类罪有直接指向性的字段予以重点关注，可以大幅提升可疑交易模型监测的精准度。

（五）在反洗钱风险管理体系中积极发挥人的作用

在“以合理理由怀疑”的可疑交易分析基础上，人工甄别的作用仍然无法取代。大数据将成为可疑交易人工甄别的重要辅助手段和有效工具，更有效地服务于金融机构反洗钱工作。金融机构应更加深入地思考反洗钱从业人员在新模式下的反洗钱风险管理体系中能够发挥的作用。一方面，增加具有信息科技背景的人力资源的投入，同时加强对现有反洗钱从业人员的科技培训，促使反洗钱从业人员获取以计算机和数据为导向的新技能；另一方面，金融机构应积极建立反洗钱和业务融合式工作模式，搭建反洗钱从业人员和业务部门人员一起研发重点项目和产品机制。以项目驱动的方式，反洗钱从业人员与业务人员一同工作，一起接触市场和客户，共同制订产品方案、制订营销（投标）方案，促进反洗钱理念在业务与技术之间全流程无缝对接。

金融监管

贸易投资便利化背景下外汇非现场检查方法研究

杨　兵[①]

摘要：近年来，外汇局出台一系列促进贸易投资便利化措施，大幅缩减外汇业务办理流程和环节，受到银行和企业的普遍欢迎。但外汇管理方式的改变给外汇检查工作带来一定的冲击与挑战，尤其是对通过非现场检查实施精准打击提出了更高的要求。外汇局孝感市中心支局结合监管实践，对贸易投资便利化背景下外汇非现场检查方法进行探索，并就进一步适应改革形势，做好检查工作提出相关建议。

关键词：贸易投资　便利化　外汇非现场　方法研究

一、贸易投资便利化背景下外汇非现场检查方法

（一）“宏观—中观—微观”联动核查法

1. 宏观层面：研判形势，把握区域内整体流动状况和时机。分析宏观整体情况，把握非现场监测工作的“面”。通过分析地区外汇收支变化趋势、地区顺收顺差形势，掌握地区资金流动的规模、趋势和方向，判明非现场监测的方向和重点（见表 1）。

表 1　　宏观指标

类别	项目	变动情况
跨境收入	同比、环比	增减超过幅度
跨境支出	同比、环比	增减超过幅度

① 作者简介：杨兵，现供职于国家外汇管理局孝感市中心支局。

续表

类别	项目	变动情况
跨境收支	顺差或逆差	增减超过幅度
银行结汇	同比、环比	增减超过幅度
银行售汇	同比、环比	增减超过幅度
银行结售汇	顺差或逆差	增减超过幅度
结汇率	变动情况	增减超过幅度
售汇率	变动情况	增减超过幅度
在岸人民币汇率	变动情况	增减超过幅度
离岸人民币汇率	变动情况	增减超过幅度
汇差 CNH－CNY	变动情况	增减超过幅度
中美利差 SHIBOR－LIBOR	变动情况	增减超过幅度

2. 中观层面：结构分析，分解主要流动渠道并锁定异常子项。从行业类型、经济类型、企业规模等分类层次入手，分析地区资金流动的构成结构，确定需要重点非现场核查和现场检查的行业类型、贸易方式、企业规模等；在宏观把握整体流动状况的基础上，确定并分解主要流动渠道，并重点核查波动较大的子项（见表2）。

表2　　　　渠道指标

类别	项目	变动情况
货物贸易	出口额	增减程度
	进口额	增减程度
	进出口顺差或逆差	增减程度
	收入额	增减程度
	支出额	增减程度
	收支顺差或逆差	增减程度
	结汇额	增减程度
	售汇额	增减程度
	结售汇顺差或逆差	增减程度
服务贸易	收入额	增减程度
	支出额	增减程度
	收支顺差或逆差	增减程度
	结汇额	增减程度
	售汇额	增减程度
	结售汇顺差或逆差	增减程度

续表

类别	项目	变动情况
个人业务	收入额	增减程度
	支出额	增减程度
	收支顺差或逆差	增减程度
	结汇额	增减程度
	售汇额	增减程度
	结售汇顺差或逆差	增减程度
外资业务	FDI 流入额	增减程度
	FDI 结汇额	增减程度
	FDI 到资率	增减程度
	FDI 撤资额	增减程度
	ODI 汇出额	增减程度
	ODI 撤资额	增减程度
外债业务	签约额	增减程度
	提款额	增减程度
	短期外债比率	增减程度
	还款额	增减程度
	外债结汇	增减程度
	还款购汇	增减程度

3. 微观层面：设定并运用指标，筛查跨境资金异常流出线索。根据跨境资金的主要流动渠道及异常子项，因地制宜地设定外汇非现场检查系统中的流动指标，同时结合辖内日常监管信息，调整指标阈值，增加、减少或变更过滤条件，确保指标的实用性与有效性。运用指标精准锁定异常交易主体与交易行为，不仅要核查指标对应的汇总数据与明细数据，还应延伸检查主体的进出口报关数据、货物贸易项下收付汇数据，把握主体的交易全貌；不仅要筛查当期交易数据，还要追溯过往交易数据，了解主体的交易变迁；不仅要关注企业本身情况，还要分析其交易对手是否存在异常，核实是否存在一个闭合的套利回路等（见表3）。

表3　　微观主体指标

类别	项目	主要表现
货物贸易	出口少收汇	境内公司通过货物出口少收汇的方式将资金长期滞留境外，有逃汇嫌疑
	延期收汇	如境内公司通过延期收汇方式将资金滞留境外，实现异常跨境资金流出
	预付货款	境内公司以进口预付货款名义将大量资金汇出，实现异常跨境资金流出
	预收货款	境内公司以虚构预收货款名义将大量资金汇入，实现异常跨境资金流入
	延期付汇	如境内公司以进口延期付款方式将资金长期滞留境内，实现异常跨境资金流入
	转口贸易	如境内公司利用虚假单证办理无真实交易背景的转口贸易，实现异常跨境资金流动
	贸易融资	如境内公司虚构贸易背景，利用贸易融资产品套利，实现异常跨境资金流动

续表

类别	项目	主要表现
服务贸易	服务贸易合同	如境内公司利用虚构服务贸易合同，实现异常跨境资金流动
	利润汇出汇入	如境内公司利用虚构利润方式汇入汇出利润，实现异常跨境资金流动
	海运费	如境内公司虚构进出口业务，以支付海运费方式，实现异常跨境资金流出
资本项目	内保外贷	如境内外公司通过内保外贷造成担保履约，实现异常跨境资金流出
	返程投资	如特殊目的公司通过并购、回购境外企业股权的形式，实现异常跨境资金流动
	外债	如境内公司通过向境外公司借入大量外债形式实现异常跨境资金流动
	股权转让	如境内公司通过增资扩股、股权转让等方式将中方股权转让外方，实现异常跨境资金流动
	直接投资	如境内公司通过改变资本金结汇用途、通过虚假投资等方式实现异常跨境资金流动
个人	分拆收付汇	如境内多人购汇汇至境外同一收款人、境外汇款人采取将外汇分别汇入境内多个个人账户等方式，实现异常跨境资金流动
	分拆提钞	如境内个人连续多日提取接近等值1万美元外币现钞、境内多人同一日内，每人办理接近等值5 000美元现钞结汇等方式，实现异常跨境资金流动
地下钱庄	非法交易	如通过控制境内多家空壳公司虚构交易，或通过境内人民币、境外外币平行交割等方式，实现异常跨境资金流动

（二）类比分析与趋势分析结合核查法

一般而言，同一行业的企业具备某些共性特征，一旦核查发现某企业的交易行为突破以往惯例或者行业正常情形，即可初步定为异常企业。例如，通过与同类企业横向比较利润率水平，判断可疑企业的利润规模是否正常，从而确定其利润汇出金额是否合理。同时，对企业的进出口、收付汇、贸易融资等业务开展纵向比较，以时间序列分析方法核查相关业务数据的变化情况，验证是否与人民币汇率波动及境内外汇差变化同步，尤其要关注在人民币快速贬值时期发生大额外汇净支出的企业，其异常流出或者套利的动机比较明显。

（三）数据比对核查法

一是将非现场检查系统筛出的数据与对应业务系统数据比对，缩小可疑主体范围，从而进一步锚定违规主体。以非现场核查货到项下进口多付汇企业为例，通过逐笔比对非现场系统与业务系统的进口报关单数据与货物贸易收付汇数据，剔除数据差异，形成更有效的进口数据与收付汇数据，并匹配资金流与货物流，从而甄别出异常企业与异常交易。二是利用征信、海关、商务和税务等部门的监管数据。通过与其他部门建立信息共享与数据交换机制，既可以拓宽可疑线索的来源，又能够引用其他部门的监管信息作为佐证，判断交易的真实性与异常点。

（四）结构分析核查法

通过计算某个分析指标的各个构成项目占总指标的比重，分析总体业务的内部结构特征及各个构成项目的相对地位和总体结构关系，揭示总指标各个构成项目的变动趋势，研究总体业务变化过程，发现异常及可能存在的风险隐患。这种分析法适用于对由多个分项目组成的项目分析。通过结构占比分析，将占比较高、对全局影响较大或占比异常的项目作为分析重点。

（五）关联分析核查法

根据分析对象客观存在的相互依存相互联系的关系，对报表数据、重要指标的相互关系进行关联分析，将关联关系不符的项目作为分析重点。其特点是针对分析对象要选择两个不同项目或不同类别但又相关的数据进行对比和关联分析。这种分析法适用于分析对象的相关内容存在相互依存、相互联系的关系，以某个项目和与其相关但又不同的项目加以对比可以反映出分析对象的真实性和准确性。

在对企业非现场检查时，一是通过调阅企业资产负债表及损益表，通过主营业务收入（出口销售收入）、进口原材料、进口固定资产等科目掌握企业的规模，据此分析判断企业外汇收支的合理性；二是通过应收应付外汇账款、预收预付外汇账款与相关联的进出口报关单数据、合同规定的收付汇期限等的核对，能够准确掌握企业贸易信贷总量情况，据此分析判断企业贸易信贷报告的合理性。

二、贸易投资便利化背景下外汇非现场检查存在的难点

（一）外汇主体非现场检查难度增大

一是异地企业在本地办理外汇业务无法实现有效监测。鉴于货物贸易项下对企业实施属地管理，注册地不在辖内的企业在本地银行办理外汇业务，只会在银行结售汇统计中有所显示，本地外汇管理部门无法通过货物贸易监测系统把握该主体的相关信息及资金脉络，形成了监管盲区，容易导致本地国际收支失衡，加剧跨境资金的流动风险。同时，地方政府的招商引资需要和商业银行的牟利动机将给予异地

企业本地购付汇便利，从而加大外汇管理部门的监测、管理与检查难度。

二是异常资金借货物贸易渠道非法流出。我国在经常项目已全面实现自由可兑换，企业办理货物贸易项下外汇业务非常便利，也给不法分子以可乘之机，使其可以借道货物贸易流出异常资金。有关企业凭借其真实的贸易背景或者虚构贸易背景，利用大额预付货款、进口项下多付汇、出口项下少收汇、转口贸易项下多付少收及出口后大额退汇等方法将外汇资金汇往境外，资金来源可疑，有可能涉嫌异常资金非法流出。由于企业系统申报与外汇管理部门监测存在一定的时滞，加上货物贸易项下的总量核查机制，短期的异常无法及时捕捉，可能会削弱外汇管理部门主体监管的有效性。

（二）外汇非现场检查与各业务条线非现场核查的协同性有待加强

贸易投资便利化背景下外汇管理政策赋予了国际收支、经常项目、资本项目等业务部门更多的职责和手段，根据国际收支、经常项目、资本项目等监测系统相关信息，外汇局对存在异常或可疑情况的企业、银行进行非现场核查。而在具体履职过程中，各业务条线非现场核查与外汇非现场检查程序和职能存在着重叠。各业务条线非现场核查和外汇检查部门非现场核查都是对企业和金融机构异常、违规情况进行核实调查及取证，而且两者对同一案件的调查取证资料也是一致。但对于各业务条线非现场核查中复制被核查企业、银行的相关资料是否能够作为检查部门非现场核查的证据，法规没有明确规定。如果不能，则增加了企业的负担，外汇局检查部门重复做各业务条线部门的工作，降低了工作效率。从外汇局内部看，各部门的管理缺乏有效的沟通与协调，造成了部分外汇业务资源的重复和浪费。

（三）通过非现场检查挖掘跨业务条线交叉违规线索难度较大

外汇检查与国际收支、经常项目、资本项目等各业务条线系统之间相对独立，并且不同系统之间的相关信息存在不一致或关联度不高的情况，影响业务系统信息之间的综合利用。目前外汇管理信息体系上线运行了多个业务系统，每个系统均存储着涉汇主体大量的外汇收支行为数据，但各业务系统相互独立，信息不能共享，单凭某一个系统的信息资源不能全面分析外汇形势和发现异常情况。有效的非现场分析还有赖于非现场监管指标设置的科学性和合理性，而目前非现场的数据分析多由各分支局检查人员自行开展，不仅容易导致各地区非现场分析质量和标准上的差异，不利于检查项目的数据汇总分析。而且对科学合理的监管指标也缺乏随时沟通交流的渠道，不利于先进检查经验的及时推广。

（四）基层外汇检查人员素质要求更高

当前，随着外汇管理改革的不断深入，涉汇主体逐渐增多，外汇业务种类增加，对外汇检查队伍的综合素质要求越来越高。不仅需要外汇检查人员掌握基本的外汇管理政策，还必须掌握经贸、法律相关专业知识，熟悉国际结算操作和流程，具备较高的查账技巧。而基层外汇检查人员平时忙于烦琐的日常业务操作，很少对国际结算、银行账务处理等知识进行系统的学习和研究，具备上述能力的复合型人才较少，致使执行外汇检查任务时往往力不从心，难以发现问题的苗头和线索，制约了非现场检查的效果。

三、对策建议

（一）细化措施，探索“展业三原则”在外汇非检查方面的应用

目前，外汇局在多个重要文件中对银行提出了“展业三原则”要求，要求在为企业办理业务时承担真实性审核责任。外汇局应制定相关操作指引，明确审核依据和标准，从银行内控制度制定和执行、违规问责等角度入手，积极探索“展业三原则”在外汇管理领域的应用，提高银行执行外汇管理政策的主动性和有效防控外汇政策风险的自觉性，为外汇检查提供执法依据。

（二）推进非现场分析工作，完善非现场检查分析体系

完善非现场工作检查分析工作机制。利用非现场集中分析、专项检查和交叉分析等以练代训，锻炼分支局非现场检查队伍，同时依托非现场检查系统平台，实现方法与指标全国共享，提升非现场分析工作的覆盖面和效果。探索行之有效的非现场和现场检查方法，密切关注新政实施后银企新动向，发现苗头性、多发性问题及时组织开展重点检查、专项检查。

（三）明确外汇局内部工作责任

对外汇检查部门与业务部门的分工协作做出具体的制度安排，对检查部门现场检查与业务部门现场核查的职责和程序做出明确界定，原则上要求业务部门在开展现场核查后再将相关案件移交检查部门；同时，业务部门现场核查过程中复制被核查企业的相关资料允许作为检查部门现场检查的证据，减少企业负担，提高工作效率。

（四）积极开展专项检查，加大对异常违规企业的打击力度

一是针对借道跨境渠道非法流出展开专项行动，采用非现场检查、企业约谈与现场检查等多种方式，锁定违规主体。二是建立与完善跨地区、跨业务条线外汇管理部门的信息交流与监管协作机制，同时加强与海关、公安、税务等部门的监管合作，积极探索联合执法模式，加大对异常违规行为的联合打击力度。

（五）加快推进队伍转型，打造全能的外汇检查队伍

外汇检查人员要以改革后新政策法规、系统业务操作、非现场监测等为重点，开展多种形式的学习培训活动，积极向银行和企业学习相关会计财务业务知识，了解和掌握企业的业务特点、资金流向、账务处理等专业知识，并从中摸索现场检查的有效方式。同时，加强基层外汇局执法队伍建设，尽量调配政治思想过硬、精通各项外汇业务的人员到外汇执法岗位，提高执法队伍的执法水平。

（六）进一步加大对外汇管理制度改革的政策宣导力度

充分利用外汇政策分析会、出口企业联谊会或外汇指定银行和出口企业的培训会等形式，以会代训加强政策督导，将外汇制度改革的重点宣讲到位，将银行和企业的疑难问题现场解决，确保改革的顺利进行。同时，组织银行、企业认真学习新法规、熟悉新系统，明确新系统业务风险点和风险等级，确保银行和企业人员熟知系统模块功能，减少外汇业务操作失误。

关于示范区宏观审慎管理框架下的跨境资金流动风险预警机制的研究

赫　义　王　越　徐　莉[①]

一、研究背景与文献综述

近年来，随着国内外经济一体化日益增强，我国跨境资金流动规模不断增大，跨境资金流动对国内经济的冲击不断增强，在维护金融稳定和防范系统性金融风险中起到越来越重要的作用。由于现有的宏观审慎管理框架尚未制定涵盖全面风险监测指标的预警机制，而跨境资金流动风险是宏观审慎管理框架中不可忽视的一环，在此背景下，亟须加强对跨境资金流动的监测管理，平滑波动，减少对国内经济金融的影响。因此构建示范区宏观审慎管理框架下的跨境资金流动风险预警机制对于完善我国跨境资金风险预警有重要意义。

本文从宏观审慎—中观监管—微观主体监管这一链条实现环环相扣、紧密结合。利用 VaR 模型对跨境收支进行预测，然后通过阈值管理，推测未来外汇收支中可能发生的异常情况，进而对不同异常程度的项下进行分类管理、精确应对。经过有限的文献检索，发现对于跨境资金流动预警及监管的研究主要包括以下三个方面。

（一）关于跨境资金流动情况和风险预警的研究

国内主要是通过建立模型定量分析跨境资金流动。陈卫东和王有鑫（2017）通过选取 11 年的 GDP 增长率、外汇储备、利差等 19 个季度指标，采用格兰杰因果关系检验和主成分分析法构建预警指标，预测跨境资本流动情况。李升高（2017）选取 20 个跨境资金流出风险预警指标，利用 2000—2015 年的季度数据构建信号分析

① 作者简介：赫义、王越、徐莉，均供职于中国人民银行营业管理部中关村中心支行。

模型，对指标预警能力进行实证研究。马天禄（2012）选取通货膨胀率、外商投资增长率等13个指标，使用1999—2010年季度数据建立VEC模型，并进行脉冲响应和方差分解分析。

国内关于跨境资金流动风险监测预警的研究主要是通过指标信号模型和因子分析，洪昊（2010）采用KLR指标信号模型的研究方法，涉及了我国“热钱”跨境流动风险监测预警体系；张广婷（2016）基于28个代表性新兴市场国家2002—2015年的季度数据，将影响新兴市场跨境资本流动的因子划分为传染因子、国内金融制度因子、经济基本面因子、国际金融因子、投资者情绪因子以及汇率因子等类别，研究新兴市场国家跨境资本流动的驱动因素。

（二）关于跨境资金流动的影响因素的研究

目前国内外对跨境资金流动影响因素的研究大多是针对资金流动总量或者是某类跨境资金流动进行分析，综合国内外的成果，跨境资金的主要影响因素包括3类：一是利率。凯恩斯（Keynes，1937）认为引起套利资金跨境流动的原因之一是利差，只有当远期汇率变动与两国利差相等时国际资本才会停止流动。王琦（2006）认为利差对短期资金流动影响显著，对长期资金流动影响不明显。高宏伟（2014）研究认为，流出驱动型短期跨境资金对利差和资产收益变动敏锐。艾因齐格（Einaig，1967）认为利率和汇率波动是短期资本流动主要原因。二是汇率。库斯曼（Cushman，1985）认为汇率变化对资本流动具有明显的刺激作用。杜鹏（2011）对我国跨境资金净流入与利差、汇率预期之间的关系进行了实证分析，实证分析结果认为，人民币升值预期的变化对跨境收付差额的变动具有显著影响。三是货币政策。詹森（Johnson，1972）研究认为货币政策对国际资本流动具有决定性作用；国家外汇管理局甘肃省分局课题组（2012）认为发达国家量化宽松政策对于我国短期跨境资金流动具有显著影响。国家外汇管理局安徽省分局课题组（2015）认为短期跨境资金波动的重要因素是社会融资总规模变动，全球流动性的波动对短期跨境资金波动具有溢出效应。

（三）关于跨境资金流动宏观审慎管理的研究

Tobin（1978）、Sphan（1996）分别通过采用税收来提高短期投机资金跨境流动的交易成本，对异常跨境资金流动征收临时性、惩罚性的高税率。2008年后，IMF、BIS等国际组织和国内外的学者官员提出使用宏观审慎管理以应对资金流动导致的系统性金融风险。孙国锋和李文喆（2017）认为在实践人民银行综合运用银行体系外债管理等数量型宏观审慎管理工具和无息准备金等价格型宏观审慎工具来应对资本异常波动风险。施琍娅（2015）认为金融宏观审慎管理框架是国际金融监管领域在本轮金融危机后倡导建立的重要金融监管机制之一，当宏观数据达到临界值触发预警时，引起相应微观数据变动，这些变动对跨境资金流动产生显著的影响。

二、总体思路及框架

通过宏观审慎视角关注整个系统的稳定，微观市场监管更关注微观个体的安全与稳定。在合法合规的微观监管的基础上，同时加强宏观审慎管理，形成真正的“强监管”，以实现防范化解系统性风险的目标。

（一）预测和研判总体外汇形势，确定宏观审慎管理方向

首先根据跨境收支的过往历史数据结构和类型，选取适合的预测方法，对跨境收支进行预测。再据此设置跨境收支差额阈值，当未来跨境收支差额超出阈值，也就推测出未来外汇收支中可能发生的异常情况，需要引起预警。

（二）中观分析，找出可能出现的异常交易项目和交易渠道

根据总体预测情况，对需要引起预警的时间段进行中观分解和结构性分析，预测和研判各交易项下的机构性指标，如转口贸易等是否超出其阈值，如果超出，则作为主要监管重点。

（三）微观筛查，锁定可能出现的异常企业

根据结构性项下指标分析，运用企业历史重要指标筛查和研判出对外汇形势影响较大的重点企业，对其进行预先性的重点监管。

三、创新与不足

本文的创新点有以下三点：

一是构架宏观—中观—微观的总体框架，通过总体宏观筛选，中观项目分析到微观企业主体分析，构建中关村示范区跨境收支以及微观异常主体监控的整体框架。通过层级筛选，对不同宏观、中观、微观分析选取不同的侧重点，有利于更好地对总体示范区内跨境资金流动和微观企业主体的把控。

二是采用 VaR 模型对跨境收支差额进行预测。对总体跨境收支差额进行预测，设置阈值上下限，对预测值超出阈值范围的月份给予重点关注。对于总体宏观跨境

收支差额超出阈值范围内的月份再进行中观筛选，判断主要是哪一类项目（服务贸易、货物贸易以及资本项目）对跨境收支差额影响最大，由此在不同时间段内对于不同的项目进行预警和监测。

三是通过跨境收支差额的预测以及经常项目与资本项目收支差额的预测，能够对后期重点监测、非现场检查和现场检查给予指导作用。对于预测严重超出阈值的项目，在进行事中事后核查时需要对此类项目的核查进行严格筛选，增大核查力度。

本文的不足在于：

一是本文仅仅对于经常项目中的服务贸易、货物贸易以及资本项目进行分析和预测。示范区体量较小，存在部分月份 FDI、投资收益等资本项目细项为零的情况。因此本文仅对资本项目进行分析，并未对资本项目细项进行分析。在后期的研究中，可以加入具体微观项目的监测和预警。如对于资本项目的 FDI、ODI 等这些更为具体的指标进行预测和预警，更加体现对于示范区内的跨境资金流动监测预警的总体思路。

二是本模型对突发性预测仍存有困难，如差额在某一月份爆发性的增长或者断崖式的下跌。对于 VaR 模型主要是基于历史值进行预测和分析，基于汇率预期指数只能表示对未来一定时间段的预测，对于突发性的事件较难以预测，如对于特朗普加征关税引发的离岸人民币汇率跌至 6.9 等事件较难以预测。因此对于突发性的事件引发的跨境收支波动预测存在难度，但可考虑更改阈值范围，增大预警线，关注汇率波动等方式控制预警准确度。

三是本文选取的影响因素较为局限，应该增加影响因素选取，增加模型真实有效性。本文选取影响因素仅为示范区内进出口以及汇率预期指数，后期研究中可考虑增加影响因素，增加对跨境收支差额预测的准度和精度。

四、分析方法

（一）向量自回归模型

本文选择通过构建非限制性向量自回归（VaR）模型及脉冲响应函数分析跨境资金差额异常的情况。VaR 模型即向量自回归模型，该模型通过将变量自身和其他内生变量建模，通过滞后项的作用，研究时间序列变量不同滞后项的相互影响作用及动态时间相互关系。VaR 模型适合研究多变量时间序列的相互作用、预测时间序列变量以及研究随机扰动对变量系统的动态影响等，是研究多个相关经济指标的分析与预测的较易实现的模型之一。不受当期变量影响，则适合建立 VaR 模型；受当期变量影响，则需要建立 SVAR 模型。

p 阶向量自回归模型 VaR（p）设定如下：

$$y_t = \Gamma_1 y_{t-1} + \Gamma_2 y_{t-2} + \cdots + \Gamma_p y_{t-p} + \mu_t, t = 1,2,\cdots,T \quad (1)$$

其中，y_t 是 n 维内生变量列向量，Γ_i 为 $n \times n$ 维滞后项系数矩阵，p 为滞后阶数，μ_t 为 n 维扰动列向量。

（二）构建阈值分析

本文构建宏观—中观—微观的跨境资金流动监测体系，基于阈值的构建对不同层次的指标进行监测，有侧重点的对超出阈值的部分提高关注度，进而对不同经常项目与资本项目实行分类监管。对宏观、中观及微观指标进行阈值的设定：

1. 宏观指标及阈值设置为跨境收支差额。当跨境收支差额保持在阈值范围内，则视为国际收支平衡，否则视为国际收支失衡。一般根据宏观真实数据进行阈值的估算，本文选取阈值根据参数原则法中的分位点原则。首先估计历史时间序列数据 I_0 和 I_1 的两个分位点分别作为关注临界值（比如分别选取 5% 和 95%），其中 $I_0 < I_1$。当指标值小于 I_0 的分位点时，表明当前指标值已小于历史上的多数指标取值，应予以关注，进入关注区间；当指标值大于超过 I_1 的分位点时，表明当前指标已大于历史上的多数指标取值，也进入关注区间。指标值和关注临界值的关系可以表示为：

$$U = \begin{cases} \text{关注区间}, U < I_0 \\ \text{正常空间}, I_0 \leqslant U < I_1 \\ \text{关注空间}, U \geqslant I_1 \end{cases}$$

其中，U 为指标值，I_0 和 I_1 为关注临界值，且有 $I_0 < I_1$。

2. 中观指标及阈值为把握跨境资金流动的重点或异常渠道，需要对各个交易项目进行分析，找出资金流动异常的交易项目。当某交易项下的跨境收支差额超出阈值范围时，该交易项目即为跨境资金流动的重点渠道；否则，该交易项目为非重点渠道。各交易项目的跨境收支阈值也可根据其历史数据进行估算，具体可采用宏观指标阈值的估算方法。

3. 微观指标及阈值为把握重点监管主体，需进一步对跨境资金流动重点渠道下的微观主体进行分析。一是重要性分析，通过判断企业重点交易项下的收付汇、结售汇规模或同比增幅等重要性指标，找出排名靠前、影响较大的企业。重要性指标的阈值可根据监管需要，取排名靠前一定数量的企业，如前 50 名。二是异常性分析，根据监管经验设置一些异常性指标，如贸易融资杠杆率、外债逾期率、利润汇出频率等，并通过指标关联分析和交叉分析找出外汇收支行为异常、违规风险较高的企业，异常性指标的阈值可根据监管经验设定。

五、具体实施步骤

（一）对未来趋势进行预测

利用跨境信息平台，采集宏观和中观指标时间序列数据，根据数据本身的特点，采用适合参数的VaR模型进行拟合，并对未来半年的值进行预测。宏观指标选择跨境收支差额，中观指标选取经常项目、资本和金融项目（其中外汇储备、净误差和遗漏对跨境收支影响较小，不予考虑）。经常项目下选择四个指标：服务贸易收付汇差额、投资收益收付汇差额和货物贸易收付汇差额。资本项目下选择：境外直接投资资本金收付汇差额、其他投资收付汇差额、外商投资资本金收付汇差额和证券投资收付汇差额（见表1）。

表1　宏观指标和中观指标

<table>
<tr><th>指标类别</th><th colspan="3">指标名称</th></tr>
<tr><td>宏观指标</td><td colspan="3">跨境收支差额</td></tr>
<tr><td rowspan="7">中观指标</td><td rowspan="7">流入性指标/
流出性指标</td><td rowspan="3">经常项下</td><td>服务贸易收付汇差额</td></tr>
<tr><td>货物贸易收付汇差额</td></tr>
<tr><td>投资收益收付汇差额</td></tr>
<tr><td rowspan="4">资本项下</td><td>境外直接投资资本金收付汇差额</td></tr>
<tr><td>其他投资收付汇差额</td></tr>
<tr><td>外商投资资本金收付汇差额</td></tr>
<tr><td>证券投资收付汇差额</td></tr>
</table>

利用跨境资金流动分析与监测系统对示范区外汇形势进行总体分析，当跨境收支差额超出阈值上限时，表明外汇资金流入压力较大，主体监管重心在控流入；反之，则主体监管重心在控流出。然后，按照交易项目进行中观分解，判断各交易项下的中观指标是否超出阈值，如果超出则为资金重点流动渠道。

（二）确定重点监管对象

一是运用重要性指标找出对外汇形势影响较大的企业。例如在确定服务贸易为跨境资金流出重点渠道的情况下，可通过服务贸易净付汇、服务贸易净付汇同比增幅两个指标筛出排名靠前的50家企业作为重点监管对象。二是运用异常性指标找出外汇收支行为异常、外汇业务违规风险较大的企业。异常性指标分析可针对交易项目进一步深入展开，也可不局限于重点交易项目全面展开。例如在确定服务贸易为跨境资金流出重点渠道的情况下，可利用“服务贸易收付汇差额与服务贸易付汇额的比率”指标进行筛选，该指标值越小，则服务贸易项下资金异常流出的风险越大。与此同时，还可结合企业一般贸易收支、贸易融资杠杆率等相关指标进行关联分析，进一步判断企业违规风险大小（见表2）。

表2　　微观分析重要指标和延展性指标

指标类别		重要性指标	延展性指标
微观指标	服务贸易	服务贸易净收/付汇、服务贸易净收/付汇同比、服务贸易付汇信息与登记备案信息比对	单笔50万美元以上服务贸易收付汇
	货物贸易	货物贸易净收/付汇、货物贸易净收/付汇同比、总量差额	总量差额率、贸易信贷报告余额比率、贸易融资签约额、远期信用证及海外代付签约额、境外代收、境外代付、贸易融资杠杆率、出口预收率、进口预付率、出口退汇率、进口不付汇、出口不收汇
	境外直接投资	境外直接投资资本金付汇、境外投资收益收汇	累计境外投资收益收汇/累计境外直接投资资本金付汇、境外投资资本变动资金调回率、境外投资债权投资资金调回率
	转口贸易	转口贸易净收汇、转口贸易净收汇同比	转口贸易收付汇差额与付汇额的比率
	外商直接投资	外商直接投资资本金收汇、外商投资企业利润付汇、外商直接投资撤资付汇	单笔500万美元以上直接投资资本金结汇、备用资本金结汇频率、累计利润汇出/累计投资资本金流入、利润汇出频率、外商直接投资撤资流出
	其他投资	外债收汇、外债本金偿还、国外银行及境外金融机构贷款本金收汇、偿还国外银行及境外金融机构贷款本金付汇	单笔200万美元以上外债结汇、外债结汇频率、外债逾期率、外债豁免率、外债利息偿还/外债本金收汇

（三）重点主体事后管理

外汇管理部门事后管理手段包括重点监测、现场核查、分类管理、检查处罚和注销名录。一是将重点监管对象纳入重点监测，并进行持续跟踪监测，监测指标好转时解除重点监测，指标进一步恶化可考虑纳入现场核查。二是对违规风险较高的重点监测企业进行现场核查，核查结果正常的企业解除重点监测，核查结果异常的企业应视其违规程度实施分类管理，将其分类级别由A类降至B类或C类。对于拒不接受或不配合外汇管理部门现场核查工作的企业，外汇管理部门可直接降低其分类级别至B类或C类。其中，B类企业办理外汇收支业务受到一定程度限制，C类企业办理外汇收支业务受到严格监管。三是经核查存在违规行为且证据确凿需移交检查处罚的移送外汇检查部门处理并降低相应分类级别。四是对于确实无法联系、名存实亡的企业以及其他需要注销名录的企业予以强制注销名录，被注销名录企业不得办理任何外汇业务。

六、模型的建立

（一）数据选取

选取2015年1月至2019年5月的中关村示范区内月度数据进行模型建立。选取跨境收支差额作为研究的主要目标，辅助进出口差额即货物流的滞后效应以及对汇率的预期即汇率预期指数（人民币一年期境外NDF月度远期外汇）来对跨境收支差额进行研究。数据的含义以及指标的来源见表3。

表3　指标含义及来源

指标	指标含义	指标来源
跨境收支差额	跨境收入与支出的差额	外汇局跨境收支系统
进出口差额	进口与出口的差额	外汇局跨境收支系统
汇率预期指数	人民币一年期NDF远期外汇	Wind数据库

（二）阈值确定

阈值可根据跨境收支差额一定期间的历史数据进行估算，考察指标时间序列的分位数统计特征值，然后根据经济变动情形和各变量在经济活动中的作用与性质等情况，综合确定阈值警戒线。本文阈值估算的过程：对中关村示范区内2015年1月至2019年5月的跨境收支差额时间序列数据选取20%和80%分位点作为临界值的关注临界值。

阈值分位点的选取可以随着跨境资金流动形势严峻程度而变化。例如在全球经济形势趋好，我国跨境资金流动平稳的时候，阈值的分位点可以设置小一些（如20%和80%），即异常情况范围小一些。相反，当前全球经济波动剧烈，国内跨境资金流动量巨大，为了加强跨境资金监管，减少资金流出总额，阈值的分位点需要设置大一点（如30%和70%），即对跨境资金异常流动的容忍点降低，扩大流出异常渠道范围。

（三）宏观预测

1. 进行平稳性判断

在拟合VaR模型之前，需要对变量进行平稳性检验，单位根检验（ADF）是判断数据平稳性的标准。如果数据不平稳，将会产生“伪回归”效应，对模型建立造成影响。利用单位根检验，原假设为：变量不平稳。备选假设：变量平稳。

经检验，跨境收支差额经过一阶差分后平稳。同理其他指标也经过处理为平稳，进出口差额取对数平稳，汇率预期指数取一阶差分后平稳。检验结果见表4和表5。

表4　　跨境收支差额平稳性检验

		t-Statistic	Prob. *
Augmented Dickey-Fuller test statistic		-10.64566	0.0000
Test critical values:	1% level	-3.565430	
	5% level	-2.919952	
	10% level	-2.597905	

表5　　指标平稳性检验

指标	跨境收支差额	进出口差额	汇率预期指数
p值	0.0000	0.0000	0.0000

2. 选择滞后项阶数并进行协整检验

一般根据AIC和SC的值来判断滞后项，确定p值的方法与原则是在增加p值的过程中，使AIC和SC值同时最小。

经检验如表6所示，滞后阶数选择2阶。

表6　　滞后阶数选择

指标	2阶	4阶	6阶
AIC	6.837592	6.945615	7.045123
SIC	7.539292	7.632101	7.965421

3. VaR模型建模

选取跨境收支差额、进出口差额及汇率预期指数进行VaR的建模。其中跨境收支差额及汇率预期指数均取一阶差分，进出口差额取对数保持其平稳性。选取2阶VaR模型进行建模，最后得到的模型参数如表7所示。

表 7 **VaR 模型拟合参数①**

指标	DY_1	lnX_{21}	DZ_1
DY_1 (-1)	-0.551101	0.001491	0.000154
	(0.14787)	(0.00261)	(0.00063)
	[-3.72684]	[0.57156]	[0.24324]
DY_1 (-2)	-0.285551	0.000705	0.000378
	(0.14611)	(0.00258)	(0.00063)
	[-1.95436]	[0.27331]	[0.60353]
lnX_{21} (-1)	-5.639318	0.092062	-0.011961
	(8.85827)	(0.15630)	(0.03795)
	[-0.63662]	[0.58900]	[-0.31517]
lnX_{21} (-2)	-0.431533	-0.031096	0.017636
	(8.60186)	(0.15178)	(0.03685)
	[-0.05017]	[-0.20488]	[0.47857]
DZ_1 (-1)	33.74904	-0.547403	0.562623
	(36.1719)	(0.63824)	(0.15496)
	[0.93302]	[-0.85767]	[3.63065]
DZ_1 (-2)	10.18812	0.003848	-0.257826
	(35.9781)	(0.63483)	(0.15413)
	[0.28318]	[0.00606]	[-1.67273]
C	18.90616	2.982350	-0.009715
	(37.9097)	(0.66891)	(0.16241)
	[0.49872]	[4.45853]	[-0.05982]
R-squared	0.650972	0.329988	0.253625
Adj. R-squared	0.656457	0.305362	0.149480
Sum sq. resids	17349.71	5.401628	0.318432
S.E. equation	20.08685	0.354428	0.086055
F-statistic	2.401295	0.221558	2.435301
Log likelihood	-217.1796	-15.31386	55.46228
Akaike AIC	8.967185	0.892554	-1.938491
Schwarz SC	9.234868	1.160238	-1.670808
Mean dependent	0.126958	3.171455	0.010094
S.D. dependent	21.74198	0.337113	0.093311
Determinant resid covariance (dof adj.)		0.343839	
Determinant resid covariance		0.218701	
Log likelihood		-174.8395	
Akaike information criterion		7.833582	
Schwarz criterion		8.636631	
Number of coefficients		21	

① 注：Y_1为跨境收支差额，X_{21}为进出口差额，Z_1为汇率预期指数。

4. 跨境收支差额预测

通过 VaR 模型进行预测跨境收支差额，利用所有真实值进行滚动预测。根据前文所提到的阈值分析，设立阈值预警线（即 20% 和 80% 分位点），宏观层面的跨境收支差额的阈值线见表 8。

表 8　　　　宏观跨境收支差额阈值　　　　单位：亿美元

阈值名称	阈值下限	阈值上限
宏观跨境收支差额	-14.41	18.34

通过 VaR 模型预测，且将预测值和实际值及阈值线在同一图进行综合分析，结果如图 1 所示。

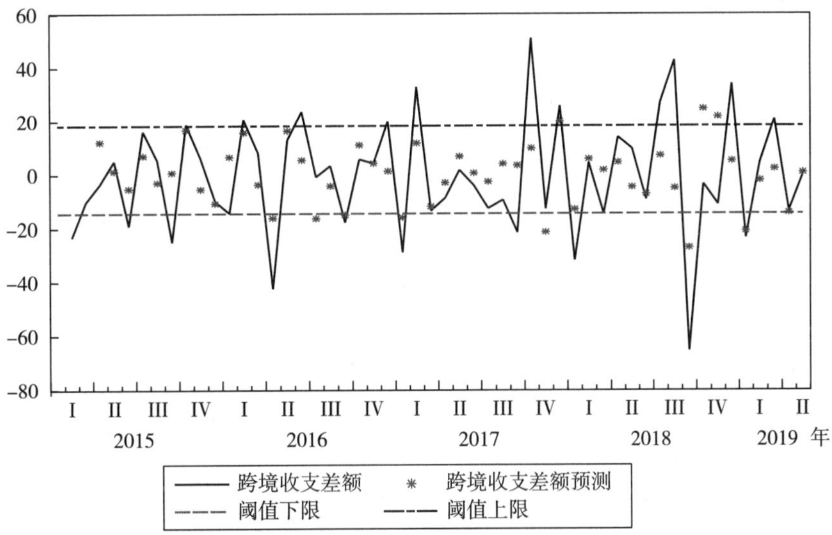

图 1　跨境收支差额真实值及预测值

基于 VaR 模型利用跨境收支差额历史真实值对每个时点的跨境收支差额进行预测，将预测值和真实值用图表示出来，可以发现预测精准度较好。确定阈值为 20% 和 80% 分位点，可以看出有部分数值是在阈值之外的。

通过对比当月真实值和预测值，可以存在以下四种情况：一是真实值在阈值内，预测值也在阈值内；二是真实值在阈值内，预测值在阈值外；三是真实值在阈值外，预测值也在阈值外；四是真实值在阈值外，预测值在阈值内。其中第一种和第三种情况是真实值和预测值在相同区间内，属于预测准确的情况。经过比较，在 53 个样本时间序列中，对 50 个样本进行预测，预测值和真实值在同一区间的样本有 31 个，对跨境收支差额预测准确率达 62%。

通过预测未来值，在不同时间可以确定监管方向，在预测值超出阈值的一定时间段内给予重点关注。例如，在“控流出”阶段，且超出阈值下限的时候，需要加强重点关注。对于其他阶段，对于超出阈值上限的时候，需要给予侧重点关注。因此，预测跨境收支差额对于辖区内形势的研判，以及对于现场核查工作的展开具有辅助性作用。

（四）中观预测

选择同样的方法对经常项目收付汇差额（服务贸易收付汇差额、货物贸易收付汇差额和投资收益收付汇差额）及资本项目收付汇差额（FDI 收付汇差额、ODI 收付汇差额、其他投资收付汇差额和证券投资收付汇差额）进行建模及预测。在对宏观跨境收支差额超出阈值的部分进行关注，并针对性地观察不同项目的预测值是否超出阈值，锁定具体项目后期进行微观的筛选。

对于所有中观指标进行阈值的确定见表9。

表9　　中观指标阈值　　单位：亿美元

阈值名称	阈值下限	阈值上限
服务贸易收付汇差额	-2.22	1.64
货物贸易收付汇差额	-35.42	-24.22
投资收益收付汇差额	0.02	0.09
FDI 收付汇差额	1.07	4.23
ODI 收付汇差额	-3.43	1.92
其他投资收付汇差额	-0.52	0.93
证券投资收付汇差额	0.01	0.06

本文选取经常项目和资本项目进行 VaR 模型建模，由于示范区内体量较小，部分月份出现经常项目投资收益、资本项目 FDI、证券投资收益和其他投资收益为零的情况，因此由于资本项目的特殊情况本次建模选取资本项目进行分析（见图2）。之后，用历史数据对未来月份进行预测，对于服务贸易预测较为准确，经计算预测准确度达71%（见表10），可以看出服务贸易是4阶滞后项，说明服务贸易本期差额和前四期的服务贸易差额历史值关系较为密切，也存在服务贸易阈值范围较小的原因（见图3）。预测图形如图4所示，可以看出货物贸易差额预测图整体预测值的趋势和原真实值存在较大的一致性，说明此预测对于未来货物贸易趋势性预测具有较大的指导意义。

表 10　中观指标预测　单位：亿美元

阈值	经常项目差额		资本项目差额
	服务贸易差额	货物贸易差额	
阈值下限	-2.22	-35.42	0.38
阈值上限	1.64	-24.22	15.03
预测准确度	71%	60%	64%

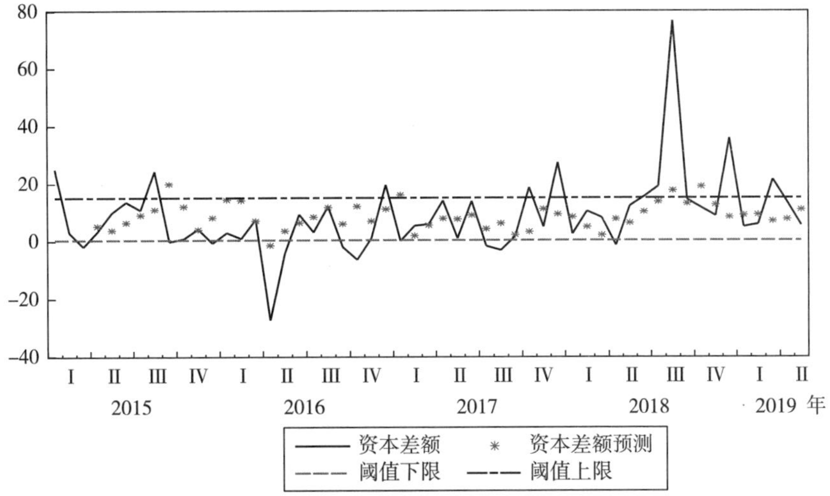

图 2　资本项目差额真实值及预测值

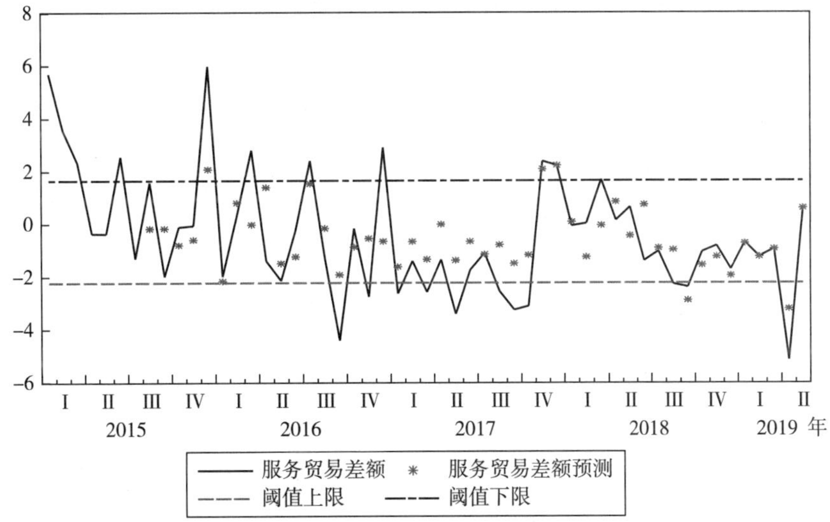

图 3　服务贸易差额真实值及预测值

从不同项目特点可以看出，服务贸易属于既有流入情况又有流出情况，符合总局在不同季度对服务贸易“控流出”“控流入”的特点；货物贸易大部分属于流出

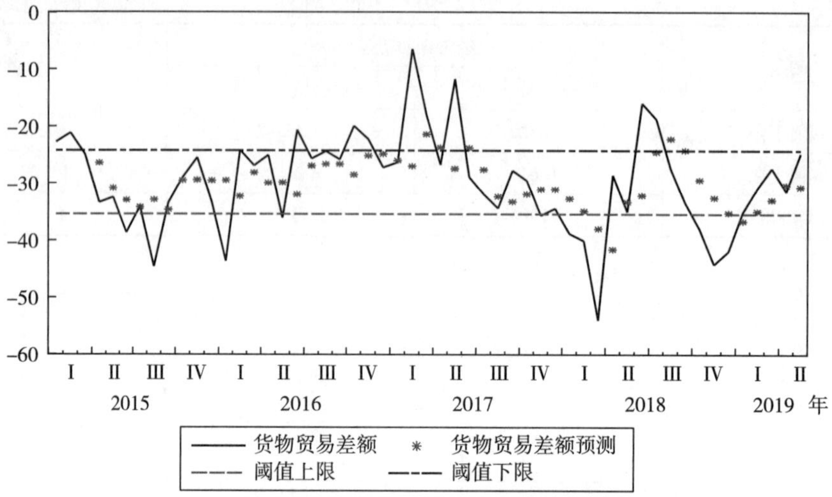

图 4 货物贸易差额真实值及预测值

情况，符合进口大于出口的特点；资本项下 2015 年至 2019 年整体属于流入的情况，这与辖区内外汇领域扩大开放、引入外商投资密切相关。因此，结合时间序列对历史数据进行特点分析，以及利用 VaR 模型对未来数据进行预测，对于在不同时期中关村示范区关注不同项目和微观企业有重要作用。

七、异常渠道或微观主体的分析

（一）确定重点渠道

通过宏观指标阈值分析，确定需要关注的月份。之后需要对各个交易项目进行分析，找出资金流动异常的交易项目和重点渠道。选取 2018 年 9 月以及 2019 年 4 月数据来看，跨境收支差额均低于阈值下限，而此时的服务贸易预测值也超出阈值下限，但货物贸易与资本项目预测值均在阈值内。因此，在此情形下需要关注服务贸易重点领域，对企业服务贸易重点监测、非现场检查以及现场检查重点发力（见表 11）。

表 11 **对服务贸易的重点月份进行预测** 单位：亿美元

时间	项目	阈值	预测值	真实值	结果
2018 年 9 月	跨境收支	(-14.41, 18.30)	-27.08	-65.50	超出下限
	服务贸易	(-2.22, 1.64)	-2.88	-2.38	超出下限
	货物贸易	(-35.42, -24.22)	-25.26	-33.40	阈值内
	资本项目	(0.38, 15.03)	13.13	14.45	阈值内

续表

时间	项目	阈值	预测值	真实值	结果
2019 年 4 月	跨境收支	(-14.41, 18.30)	-14.02	-13.35	超出下限
	服务贸易	(-2.22, 1.64)	-3.21	-5.18	超出下限
	货物贸易	(-35.42, -24.22)	-28.53	-31.42	阈值内
	资本项目	(0.38, 15.03)	7.62	13.63	阈值内

对于货物贸易和资本项目差额的预测由于金额较大，因此可考虑减小阈值范围，选取30%和70%分位点，提高阈值预测灵敏性，对未来波动较大的值有一定的预测准度。

（二）把握重点监管主体

对于项目渠道，根据中观指标分析确定的重点项目渠道，运用企业历史重要指标筛查和研判出对外汇形势影响较大的重点企业，按照企业交易规模、同比增幅等重要性指标筛选确定重点监管主体，对其进行预先性的重点监管。

1. “服务贸易收付汇差额”出现异常。首先，通过系统服务贸易主题分析功能，分析对示范区服务贸易项下流出业务结构、业务品种进行分析，可固化为数据定期报表，特别结合是否符合无须提交税务《备案表》条件，查找可疑业务种类。其次，对流出量大、业务品种占比高的业务种类，利用服务贸易项下的“服务贸易净付汇”指标，采集数据来对企业进行综合筛选。最后，筛选出排名前50家企业，将其列入未来重点关注对象，加强监测力度。对企业主体的核查主要利用灵活分析和查询功能，一方面通过汇总查询可以计算设置某一项下阈值或平均值，核查交易金额或数值超平均值的居前企业主体，重点把握企业是否存在异常资金借免提交《备案表》业务品种的渠道流出；另一方面，进一步通过明细查询，核查出资金流出明细及流出方向等信息。此外，根据重要性指标和异常性指标筛选出的重点监管企业名单，进一步分析确定现场核查企业。例如可以将重要性指标设置为“服务贸易付汇，单笔金额≤5.00万美元，总金额>50.00万美元，笔数>5笔”。利用跨境系统，筛选出存在单笔50万美元以上服务贸易收付汇的企业，将这些企业列为关注重点。

针对2018年9月涉及服务贸易差额低于阈值情况，经核查，境内A公司发生15笔合计为72.6万美元的境外广告费付汇，单笔金额不超过5万美元，平均金额4.8万美元，交易对手均为境外B公司，单日在多家银行办理对外支付，交易金额相同、交易附言相近、合同及发票内容均高度相似。符合《服务贸易外汇管理实施细则》第三十四条“……同日、隔日或连续多日等频繁与境外同一收（付）款方办理服务贸易外汇收支行为”的分拆特征。中关村中心支局将“穿透式”监管理念运用在服务贸易非现场核查中，按照“实质重于形式”的原则甄别服务贸易业务和行为的性质，对辖内机构的服务贸易业务实施全流程监管。可分为虚构交易资金收付业务“穿透式”监管、利润汇入汇出“穿透式”监管，机构外币现钞和分拆“穿透式”监管和捐赠和佣金收付“穿透式”监管，针对A公司，中心支局选择机构外币现钞和分拆“穿透式”监管。在操作过程中，优化核查方法，提高核查质量和效率。充分发挥数据集中核查的规模效应，结合“聚类”“关联”“类比”等方法，在提升核查效率的同时，能较好地筛查出隐藏问题。现场核查以核查资料与约谈为主，有助于扫除由单独开展非现场核查的盲区。

2. “服务贸易付汇信息与登记备案信息”出现异常。首先，通过跨境资金流动监测与分析系统的灵活分析与查询功能，汇总国际收支项下对私支出，筛查个人外汇中职工报酬的异常情况。其次，针对资金用途与性质如需备案，核查外汇局登记备案情况。

针对2019年4月涉及服务贸易差额低于阈值情况，经核查，C公司通过银行手机客户端向非居民个人D支付43笔，总计人民币422万元，银行申报交易附言为向境内非居民D支付职工报酬。其中200万元人民币支付款项实际用途为归还非居民个人D借款，借款性质属于个人外债，但未在外汇局登记备案，该个人通过银行自助渠道汇入借款，且未进行国际收支申报；另外222万元人民币支付款项实际用途为股权转让款，非居民D通过股权代持协议约定由居民E代持必备款F股权，该公司被C公司收购股权后，C公司直接将转股对价款支付给非居民D。上述案例中，企业涉嫌违反外汇管理相关法规，包括以服务贸易分拆方式支付资本项目款项、违反境外个人对境内机构提供贷款的有关规定及未办理外债签约登记手续即发生外债提款及还款、规避新设外商投资企业基本信息登记及外商投资企业基本信息登记变更登记等。

（三）应用效果

一是提升监管效率和预警重点。对于示范区内总体宏观的跨境收支差额的研究和预警，可以在对历史数据研究的基础上对未来资金流向进行监测和预判，有利于在一定程度上抓住重点、提升监管效率。二是对不同项目的跨境收支差额进行预测，更加有侧重点地进行跨境资金流动的分析。对于不同项目的跨境收支进行预测，能够对不同分类的项目进行分类管理和研究，在重点时点可以结合总局政策对不同项目进行关注。三是预测精准度较高，有利于对突发性波动进行研判。在后期提高模型精准度的基础上，可以对波动性的事件引发的跨境收支波动进行预测和分析。结合近期外汇时政要闻，调整阈值大小，及时对预警的精准度进行调整，进而实现对突发性波动进行预警。

八、政策建议

（一）构建完善的短期跨境资本监测体系

一是明确短期跨境资本统计监测思路。统筹外汇管理宏观审慎和微观监管两位一体的总体构想，在重监管的基础上，构建基于大数据预测为主的事前防范机制。根据跨境资金流动的风险结构和期限结构，分类采集跨境交易和持有信息，利用月度和季度报告方式采集短期流动资金和衍生品交易的数据，提高短期资金流动数据的采集频率。二是构建短期跨境资本监测预警指标体系，进一步研究宏观、微观异常动向和宏观指标间的关联性，用数据验证指标关联性，动态预警重大异常交易动向。三是构建短期跨境资本异常缺口变动的审慎监管机制和监管工具箱。在提前预警的基础上通过政策引导和政策提前干预等措施防范和化解重大跨境资金异常波动带来的风险。

（二）加强多部门数据共享，扩展预警体系内容

一是加强与海关、税务、商务等职能部门的监管合作，不断推进信息共享。完善关联部门监管协同。加强跨部门监管合作，增强部门间信息共享，及时将检测核查中发现的出口（不）少收汇、进口多付汇、虚假构造贸易等可疑信息通报工商、海关、税务、财政、商务、审计、统计等部门，通过联合惩戒，借力提升监管实效。

二是借助大数据平台，与税务、海关网络连接，外汇局通过该网络检测异常和非异常的资金往来，使跨境资金监管由被动变为主动，提高对跨境资金流动趋势性变化的判断和预警能力。例如，借助海关国际贸易“单一窗口”，利用数据平台，自动匹配企业资金流与货物流，提升非现场核查效率；协调税务总局实施对外付汇税务备案电子化，深入研究试点方案，积极推动系统开发和政策试点，进一步便利企业对外付汇税务备案。同时，进一步提升服务贸易核查工作的覆盖面，提高银行和企业服务贸易付汇效率。

（三）加大政策执行力度，扩大转化预警成果

对于通过预警分析体系筛选出的异常主体，加强现场和非现场核查力度，加大政策执行力度。

一是继续加强窗口指导。加大对异常购付汇的监测约谈力度，结合辖区实际，

及时调整现行监测和约谈工作机制，将监测和约谈的重点转向市场主体的异常购付汇行为，组织开展异常购付汇监测约谈，监测大额购付汇企业和银行。

二是提高外汇非现场检查工作频次。对筛查出的异常主体，定期和及时地进行非现场核查工作。提高核查频率，定期对异常主体进行外汇非现场检查指标的数据分析，提炼非现场检查经验，优化指标设置，及时掌握外汇违法违规行为动向，提高违规线索的识别能力。

三是从收支趋势与结构变化中把握监测需求。遵循宏观—中观—微观的监测思路，准确把握外汇收支趋势与结构变化特点，围绕阶段性中心工作目标，有针对性地加强对特定交易项目、特定类型主体的监测。

政务服务互联网化的探索与思考

——以外汇管理领域为中心

徐式媛　周斐斐　陈晓丽[①]

2018年5月以来，中共中央办公厅、国务院办公厅相继印发多个文件，部署推进政务服务"一网通办"以及提高政务服务水平、效率等工作。2018年6月10日，国务院办公厅发布了进一步深化"互联网+政务服务"推进政务服务"一网、一门、一次"改革实施方案，提出基本原则和工作目标等。2019年4月26日，国务院发布《国务院关于在线政务服务的若干规定》，以行政法规的形式为全面提升政务服务规范化、便利化水平，提供高效、便捷的政务服务，优化营商环境提供了制度依据。2019年5月31日，中国政务服务平台以服务门户、移动端APP、微信小程序、支付宝小程序等多种形式正式上线试行，彰显了"互联网+政务服务"的阶段性成果。

国家外汇管理局认真贯彻落实李克强总理在全国深化"放管服"改革优化营商环境电视电话会议上的重要讲话精神，着力为企业和群众提供更为便捷规范的行政许可办理服务，大力支持优化营商环境，推动"放管服"改革，按照《国务院关于加快推进全国一体化在线政务服务平台建设的指导意见》，于6月28日正式上线试运行政务服务网上系统。行政许可相对人可通过国家外汇管理局"数字外管"平台互联网端随时在线查询许可要求、了解许可办理进度、申请许可材料预审等。该系统的上线解决了机构因现场提交材料可能出现的完整性、合规性等问题需再次往返外汇局补正材料的问题，对机构降低"脚底"成本、提高办事效率起到促进作用。但由于部分业务制度设计尚待完善、系统数据共享有待加强等因素，"互联网+政务服务"能力与方式仍有进一步改进空间。

---

① 作者简介：徐式媛、周斐斐、陈晓丽，均供职于中国人民银行营业管理部。

一、外汇领域政务服务网上办理的工作开展情况

外汇领域政务服务网上办理系统实现“网上办”的行政许可业务涵盖资本项目、经常项目、国际收支的外汇管理行政许可业务，达到全部外汇管理行政许可业务量的86%。对于“网上办”的业务，市场主体可选择通过线上提交行政许可申请或到柜台现场提交行政许可申请。通过政务服务网上办理系统，市场主体可随时在线查询许可要求、了解许可办理进度、申请许可材料预审等。

推行政务服务网上系统包括两方面工作，一是受理网上申请，二是自6月28日开始将线下申请的全部资料同时录入系统。预计在系统试运行半年后行政许可业务窗口办理数量可减少20%，在系统正式运行、功能逐步完善、市场主体逐步适应网上办理模式后窗口办理数量将逐步减少。

二、“互联网+”模式对政府政务的影响

传统的政府政务是以行政权为核心的管理型模式，政府与行政相对人之间是一种管理与被管理的关系，行政相对人是政府管理的对象。政府通过指令性计划和行政手段进行经济管理和社会管理，政府是全能型的，扮演了生产者、监督者、控制者的角色，而为社会和民众提供公共服务的职能和角色被淡化。随着“互联网+政务服务”模式的兴起，“互联网+”时代用户至上、体验为王的生存法则逐渐蔓延至政府政务领域，传统的管制型管理模式中政府机构臃肿、职责不清，各种审批环节繁杂，效率低下等的弊端逐渐暴露，管制型政府逐步向服务型政府转变。服务型政府要求政府必须优化工作流程、使用现代先进的管理手段和方法，本着方便、快捷、高效的原则为人民服务。

与传统的政府政务相比，“互联网+政务服务”更侧重于以公众利益为中心，全心全意为公众提供最大的服务效益，公众可以通过政府门户网站、网上办事大厅、政务微博、政务微信、政务APP和第三方平台等多种渠道获取政务服务（见表1）。

表1　传统政府政务与“互联网+政务服务”模式的比较

比较项目	传统政府政务	互联网+政务服务
服务理念	以行政权力为中心，管理、监督	以公众需求为中心，服务，平等
服务平台	政府部门办公场所、窗口、柜台	网上办事大厅、微博、微信、APP
服务效率	低	高
服务成本	高	低

续表

比较项目	传统政府政务	互联网+政务服务
服务时间	8小时，节假日除外	每天24小时，全天候
服务地点	指定的办公地点	无地点限制（能上网即可）
服务区域	指定区域	无区域限制
服务流程	层层审核	在线通畅

“互联网+政务服务”模式对于政府监管模式转型具有非常重要的意义。

（一）有助于服务型政府理念的树立

传统的政府政务强调政府对社会的管控，而“互联网+政务服务”则确立了“以公众需求为中心”的服务理念，这是与传统政府政务最本质的区别。公民可以通过网络监督政府行政行为，政府政务更加公开、透明，有效减少政府政务中干预因素并消除权力寻租的空间，从而促使服务政府、阳光政府、廉洁政府和有限政府的实现。

（二）有助于促进技术创新

“互联网+政务服务”模式不仅需要转变政府监管理念，更加需要技术、手段、工具等具体的、可操作性的革新。以深圳商事登记“全流程、全业务、无纸化”网上办理模式为例，该模式将互联网新技术与商事登记注册业务深度融合，引入PKI（数字证书技术），申请人借助银行U盾等数字证书，并可通过互联网提交电子申请材料，股东可远程电子签名，商事登记机关实行网上受理、审查，颁发电子营业执照，并保存电子档案，大大提高登记效率。

（三）有助于提高办事效率

“互联网+政务服务”模式为服务型政府政务提供了一条可行的建设路径，实质性地给民众生产、生活带来了便利和实惠。以北京市政务服务为例，北京市市场监督管理局以推广“全流程网上办理”为主要的改革方向，优化完善开办企业网上服务平台，将开办企业所需的时间大幅度压缩；北京市住房和城乡建设委员会以“一网通办”为目标，打造全流程封闭式审批系统，以“互联网+”为依托，全面推行审批电子化，大幅减少办理建筑许可所需时间。

三、推进“互联网+政务服务”所面临的问题

近两年“互联网+ 政务服务”不断向纵深推进，但由于部分业务制度设计尚待

完善、系统数据共享有待加强等因素，“互联网 + 政务服务”仍面临诸多问题。

（一）传统的行政管理模式难以适应“互联网 + 政务服务”模式

“互联网 + 政务服务”的普及给行政相对人办事带来便利的同时，也对传统的行政机关管理模式提出了严峻的考验，具体体现在以下三个方面。

1. “互联网 + 政务服务”模式导致行政管理职能的虚拟化

在“互联网 + 政务服务”模式下，行政相对人办理行政审批事项不再需要亲自到政府部门办理，而是可以通过移动申报系统在任何时间、任何地点，通过互联网完成网上材料提交、网上审查核准、网上进度查询、网上核发证书等流程。这种模式更强调行政机关的依法行政、高效透明，弱化行政机关在行政审批中的管理职能。

2. “互联网 + 政务服务”模式导致行政组织结构的扁平化

传统的行政组织结构是金字塔形、自上而下的科层制，日常的行政管理活动是通过层层传递的命令与服从加以执行，政府中间管理层在控制下属、信息传递中发挥着重要的作用。然而，“互联网 + 政务服务”的出现，不仅使得行政组织间的信息交流更为直接、快捷，而且大大减少了信息层级传递失真的情形。随着“互联网 + 政务服务”模式的发展，政府中间管理层将面临缩减甚至消亡，从而使行政组织结构由金字塔逐步转变为扁平化，这种模式的转变势必会引起行政组织结构划分的变更、机构职能的调整、公务员人员裁减等众多问题。

3. “互联网 + 政务服务”模式要求公务员能力的提升

无论是传统的政府政务还是“互联网 + 政务服务”，其行政事务的执行均需由公务员完成，因此“互联网 + 政务服务”的发展不仅是对行政管理模式的挑战，同时也对公务员信息技术应用能力提出了更高的要求。然而目前不同级别、不同部门、不同地区公务员的计算机应用水平参差不齐，对于“互联网 + 政务服务”的发展造成重大不利影响，如何整体提升公务员计算机应用水平是未来面临的挑战。

（二）数据无法共享，存在信息壁垒

信息数据是互联网化的“重要物资原料”，“互联网 + 政务服务”的工作重点之一就是打破各部门、各地区、各业务之间的信息和数据壁垒，消除“信息孤岛”现象，加速实现业务系统与行政审批系统的对接，促进政务服务跨地区、跨部门、跨层级数据共享和业务协同。目前互联网政务服务领域不仅存在外部信息壁垒，而且内部各系统数据库也存在连通不畅的问题。

一是外汇管理部门与各政府部门之间未实现共享信息。例如对结售汇业务机构信息变更备案业务，银行信息变更的主管审批部门为银行业和保险业监督管理部门，其掌握银行的变更信息，但由于未实现部门间信息共享，还需要银行提供纸质材料到外汇局办理。

二是跨地区数据共享受限。例如有的备案业务，主办企业需要提供集团内异地企业信息，但由于目前系统查询一般是按照属地管理原则设置查询权限，往往需要异地成员企业去当地外汇局打印纸质材料，影响全国性企业集团业务办理效率。

（三）配套规定不完善，线上审核存在真实性风险

推进“互联网 + 政务服务”后，针对行政审批业务申请材料的提交、业务档案的留存以及电子签名、电子档案的效力等问题尚无具体的操作规定。例如行政机关现行的档案管理规定多要求办理业务时留存加盖企业公章的完整纸质档案，通过平台上传的材料均是电子数据，不符合档案管理要求。且电子扫描版申请材料的真实性不易把握，只能由业务经办人员和审核人员根据工作经验进行判断，存在一定的真实性风险。

外汇管理领域行政相对人在办理外汇业务时多要求提供书面形式的文件材料。对于数据电文是否符合以及满足什么条件才符合法律、法规要求的书面形式，根据《电子签名法》的规定，能够有形地表现所载内容，并可以随时调取查用的数据电文，视为符合法律、法规要求的书面形式。也就是说，《电子签名法》虽然肯定了数据电文的法律效力，但并不意味着所有的数据电文都符合法律、法规要求的书面形式要求，应当按照“功能等同”方法来确定什么样的数据电文可视为满足要求的书面形式，只要数据电文能够履行书面形式应有的功能，就应具有相同的法律效力。联合国国际贸易法委员会《电子商业示范法及其颁布指南》列举的书面形式的功能包括：确保有可以看得见的证据；引起当事人的注意；保证所有利益相关人都可读到该文件；提供一份永久记录；便于复制；使之可以通过签字方式进行验证等。当一项数据电文所含信息可以调取以备日后查用时，即满足法律关于书面形式的要求。根据《电子签名法》的规定，如果一项数据电文具有以下两项功能，即可认为具有与书面形式相同的功能：一是能够有形地表现所载内容，二是可以随时调取查用。这样的数据电文可以视为符合法律、法规要求的书面形式。

对于数据电文是否符合以及满足什么条件才符合法律、法规要求的原件形式，根据《电子签名法》的规定，符合下列条件的数据电文，视为满足法律、法规规定的原件形式要求：（一）能够有效地表现所载内容并可供随时调取查用；（二）能够可靠地保证自最终形成时起，内容保持完整、未被更改。但是，在数据电文上增加背书以及数据交换、储存和显示过程中发生的形式变化不影响数据电文的完整性。

也就是说，对于原件形式，在书面形式“能够有效地表现所载内容并可供随时调取查用”要求的基础上，增加了完整性要求，要能够可靠地保证自最终形成时起，内容保持完整、未被更改。同时，应当将数据电文上增加背书以及数据交换、储存和显示过程中发生的形式变化，与其他改动区别开。只要一份数据电文的内容保持完整，未被改动，对该数据电文作必要的添加并不影响其“原件”性质。

2019 年 4 月 26 日最新发布的《国务院关于在线政务服务的若干规定》（中华人民共和国国务院令第 716 号）对政务服务相关的电子签章、电子证照以及电子文件的法律效力做出了明确规定①，为线上行政审批提供了明确的法律依据。外汇管理现行制度多要求申请人提供纸质材料（原件和复印件），对于网上办理系统中提交的扫描件、电子签章的使用、受理及送达方式以及档案保管等具体操作性问题，缺少配套的制度规定。未来需同步修订、优化现有业务制度和档案管理规定，以适应行政许可网上办理的需求，真正做到高效便民。

（四）部分业务办理流程复杂，网上办理难度较大

外汇业务种类繁多，每项业务对于材料、流程、审核方式的要求不尽相同，并非所有业务都适合网上办理的模式。外汇管理业务的复杂性表现在：一是部分业务需内部多部门协同审核，难以实现进一步减少办理时限的工作要求。如外保内贷履约外债登记业务，目前法规要求业务部门对企业的履约情况进行非现场核查，发现问题需移交检查部门，涉及流程环节较多。二是有的行政审批项目要求提供的审核材料多，不适宜网上办理。如外债登记和内保外贷登记目前要求的合同等审核材料较多，影响线上办理效果。又如进口付汇事前审核及出口收汇事前审核，由于涉及复杂的提交材料，并有与申请人事先沟通的需求，网上办理难度较大。

四、优化建议

针对外汇管理领域“互联网 + 政务服务”目前发展情况及问题剖析，未来建设

---

① 根据《国务院关于在线政务服务的若干规定》第八条的规定，政务服务中使用的符合《中华人民共和国电子签名法》规定条件的可靠的电子签名，与手写签名或者盖章具有同等法律效力。根据《国务院关于在线政务服务的若干规定》第九条的规定，电子印章与实物印章具有同等法律效力，加盖电子印章的电子材料合法有效。

根据《国务院关于在线政务服务的若干规定》第十条的规定，电子证照与纸质证照具有同等法律效力。

根据《国务院关于在线政务服务的若干规定》第十一条的规定，除法律、行政法规另有规定外，电子证照和加盖电子印章的电子材料可以作为办理政务服务事项的依据。

根据《国务院关于在线政务服务的若干规定》第十二条的规定，除法律、行政法规另有规定外，电子文件不再以纸质形式归档和移交。符合档案管理要求的电子档案与纸质档案具有同等法律效力。

路径可以以服务和法治为理念，以问题为导向，从以下几方面进行优化提升。

（一）创新行政管理，推动行政组织管理模式转型

“办事难”“办证难”“证明多”“证明繁”等传统行政管理模式的弊端已成为社会公众反映的突出问题，“互联网+政务服务”体现着时代创新精神，重构着政府管理模式，在一定程度上可以解决传统行政管理模式的弊端。与此同时，传统的行政管理模式、行政组织架构形式也需要逐步转型，以适应“互联网+政务服务”的发展，具体表现在以下三个方面：

其一，加快“互联网+”政府建设，健全绩效评估机制。不断利用现代信息技术加快欠发达地区微信公众号、手机APP等网上平台的建设，同时，对政府机关利用互联网进行公共事务管理所产生的效果进行评价，引导“互联网+政务服务”健康有序发展。

其二，明确政府机关职权，重构政务服务平台。“互联网+政务服务”的核心是，以有效提升政府治理现代化水平为根本出发点，创新行政管理方式，优化再造行政流程和管理体系，推动跨部门、跨层级乃至跨地区的并联审批，提升网上服务办事的广度、深度和质量，提前在网上公布权力清单、责任清单和负面清单，落实行政权力运行程序。

其三，加大公务员信息化培训力度，提高公务员业务能力。“互联网+政务服务”的发展需要既懂行政管理又懂信息技术的复合型人才，因此应加大对公务员信息化教育的培训力度，以满足“互联网+政务服务”建设和运行的需求，有效行使信息化建设和运行的需求。

（二）打通信息壁垒，优化系统对接

打破信息壁垒是国务院建设统一“互联网+政务服务”平台的任务和目标。《国务院关于在线政务服务的若干规定》明确提出，国家将加快建设全国一体化在线政务服务平台，推进各地区、各部门政务服务平台规范化、标准化、集约化建设和互联互通，推动实现政务服务事项全国标准统一、全流程网上办理，促进政务服务跨地区、跨部门、跨层级数据共享和业务协同，并依托一体化在线平台推进政务服务线上线下深度融合。要提高互联网政务服务覆盖范围，首先要完善顶层设计，统筹协调各行政部门实现资源共享，构建全口径大数据库。大数据库包括外汇管理部门在内的监管部门可提供、使用的各类信息。由于大数据库的构建涉及部门协调，建议分步骤有序推进相关工作：先协调外汇局内部，实现信息共享，再打通各行政部门之间的数据壁垒，实现行政机关之间的数据共享。同时打通外汇局内部不同地

区数据分割问题，可采取限制授权的方式保证数据安全。只有打破部门之间各自为政的局面，把分散的政务资源整合起来，实现了互联互通，“互联网+政务服务”才能发挥其巨大优势。

中国政务服务平台推出“七个统一”，即统一身份认证、统一证照服务、统一事项服务、统一投诉建议、统一好差评、统一用户服务、统一搜索服务。基于这一最新进展，除了继续加强配合打造更全面的数据分享库，还应思索如何充分利用平台简化一些业务，或是提高办理效率。譬如，业务中需要的一些材料，可以直接从共享数据库中调取，无须再要求办理人提供，这样可以避免办理人准备材料到上交再到处理审批的繁复性，又可以为办理人提供便利。

优化系统对接是提高行政审批效率的必然要求，仅通过全国一体化在线政务服务平台的建设无法真正实现行政审批效率的提高。行政审批部门的网上审批工作，多数使用部门自建或国家、省垂直的网上行政审批系统，部分系统独立性、垄断性强，导致各条专线、专网与政务服务网的对接还存在较大的困难和障碍。在保障网络系统安全的前提下，可以在互联网上建立企业申报的前台系统和外汇局业务审核的后台系统，将前台系统和后台系统进行有效隔离，外汇局工作人员也可以通过互联网进行业务审核，以改善将互联网信息导入内网再进行业务审核而产生的工作量增加和信息不准确等问题。

同时可以对相关系统进行技术升级，加强相关技术人员的培养，探索将最新的数据库、云计算应用到实际办公服务当中。例如信息采集验证可利用指纹、声纹、人脸识别等技术提升互联网政务的智能化，并有效化解互联网推进中可能带来的风险。

（三）规范业务流程，完善法律法规

为实现更多外汇管理业务网上办理，我们需要全面梳理现有业务种类及流程。要坚持按照实质监管、便利银企等原则梳理和完善外汇法规，简化业务流程，努力形成统一申报、统一查询、统一调度、统一办理、统一监管的大数据和云计算的大服务格局，做到“网上政务服务质量目标化、方法规范化、服务过程程序化”。

首先明确相关事项审核材料要件，简化审核要求；明确扫描件及电子（签）章效力的合规性；推进业务档案电子化管理，从制度层面明确业务档案管理的原则和要求。尽可能减少现场办理次数，更多纳入“最多跑一次”目录。

同时，配套的管理体制及法律法规也要完善。为应对互联网政务服务的发展，政府应出台相应的促进信息资源共享的配套政策，包括针对“互联网+政务服务”的规范性文件，以及促进信息资源共享的整合措施管理办法和实施意见等。另外，

对于部分业务规范也应该考虑互联网操作配套的制度改革，如统一管理机构、统一标准规范，整合后台分散的信息系统，以发挥更好效果。打通网上办事大厅和线下实体办事大厅以及具体办事部门，实现线上与线下的无缝对接。

（四）简化审核材料要求，便利线上化工作

随着“放管服”的不断推进和深入，简化审核材料要求、流程也必将会成为未来的趋势。譬如，最新发布的《跨国公司跨境资金集中运营管理规定》（汇发〔2019〕7号），为便利跨国公司跨境资金集中运营业务而对相应的外汇登记和数据报送等进行了大幅简化。线上行政审批的前提便是把材料、数据、信息进行电子化、网络化，倘若审核材料过多，反而会加重双方的负担，简化业务办理要求对于推动“互联网+政务服务”的意义不言而喻。

简政放权，重视市场主体的自主管理能力，则可以充分运用市场主体的优势，为推行线上审批提供良好的制度环境。广东省分局曾开发“网上政务”辅助功能，与各金融机构相联，形成企业向银行网点提交业务资料，银行将纸质资料电子化后再提交所在地外汇局，外汇局审核无误后为企业办理名录登记的模式，有效地节约了企业的“脚底成本”，拓宽了企业办理外汇业务的渠道。

由此可见，应当对部分硬性审核规定涉及部门和审核环节较多的业务，结合实际情况合理地简化相关材料和流程，降低线上操作难度。同时，应充分重视市场主体的自主管理能力，考虑审核权限合理转移或下放。通过简化要求、简政放权，双线打造良好的线上政务服务运营环境。

（五）加强宣传引导，丰富板块内容

“互联网+”不仅是一种工具和手段，而且是一整套生态系统，是新的发展模式和趋势。我们必须主动更新理念，适应“互联网+”生态环境，通过不断提升在线服务的操作技术，打破原始的办事方法，增强政务服务的主动性、精准性和便捷性。互联网政务服务平台应打造向导式服务。所谓向导式服务，需要内容准确、指南详细。一些平台缺少填报说明，或用模糊语言敷衍搪塞，都与“实用易用”原则背道而驰，“平台的技术实现仅是第一步，让百姓能办事、办成事、好办事才是最终目标”。从在线预约申请到承诺办结时间，从实体办理窗口交通建议到办理时间公告，从材料范文下载到办理流程说明，用户只需耐心阅读便可少走“冤枉路”。不同业务分板块介绍，后台审核及时更新并告知用户，对出现的新需求或问题、政策和业务方面变化的及时调整，所有种种不仅需要硬件支撑，而且要善于加强宣传引导，提升服务软实力。

我们应该倡导树立用户思维，不仅是在“形”上提供基本的在线办理功能，更要在“神”上做到按用户角度考虑问题，对用户需求作出快速响应，实现精细化满足。对特定服务事项应增加外文版或少数民族语言版本。提供多渠道服务：业务窗口、官方网站、官方微信公众号、APP、自媒体二维码、智能终端等，丰富板块内容，角色各有侧重，全面提升效率。与此同时，可适时适当考虑链接银行端口，除了业务办理可添加产品推送，例如外汇远期、掉期等金融衍生品有效帮助企业规避汇率波动风险，实现对冲；另外，可开通地下钱庄等案例分析及法律法规政策解读专栏开展宣传教育，分析市场动态进而进行窗口指导、预期管理等。

五、结语

推进“互联网＋政务服务”是贯彻落实党中央、国务院决策部署，把简政放权、放管结合、优化服务改革推向纵深的关键环节，对加快转变政府职能、提高政府服务效率和透明度、进一步激发市场活力和社会创造力具有重要意义。互联网模式下的外汇政务服务，不仅在于提高服务质量、提升效率，进一步做好政务公开，更是在金融体制改革背景下及人民币国际化进程中加速信息共享，做好及时反馈识别防范风险的关键，是深入推进外汇管理“放管服”改革的重大举措，更是新时代背景下的政务服务的完美诠释。因此，我们在积极探索互联网政务的同时，要不断完善相关体制和顶层设计，完善窗口服务工作，加强组织指导，切实贯彻落实，便利企业和群众办事，支持促进营商环境持续改善，为建设人民满意的服务型政府提供有力支撑。

参考文献

［1］广东省分局．广东省分局开发“网上政务”辅助功能，优化外贸环境［J］．信息化建设动态，2018（9）．

［2］宁夏分局．宁夏分局行政审批便民化改革的实现路径探讨［J］．信息化建设动态，2018（9）．

［3］江西分局．江西分局关于推行外汇管理网上行政审批可行性研究［J］．信息化建设动态，2018（9）．

［4］朱敏，卓铭．改革再出发［J］．中国外汇，2019，375（5）．

［5］王亚亚．简政放权 激活市场［J］．中国外汇，2019，375（5）．

［6］翟云．互联网＋政务：挑战、变革及推进路径［J］．行政管理改革，2016（3）．

［7］聂帅钧．互联网＋政务建设和运行的法律保障［N］．福建行政学院学报，2016（5）．

［8］朱新力，吴欢．互联网＋时代法治政府建设畅想［N］．国家行政学院学报，2016（2）．

国际借鉴

日元国际化实践及对我国的启示

何迎新[①]

2009年，我国试点跨境贸易人民币结算，正式启动人民币国际化。经过10年的推动，我国人民币国际化取得了长足发展，但与美元、欧元、英镑和日元的差距较大。我国和日本在启动货币国际化的内外部环境上具有相似性：一是面临新的国际金融体系。1976年形成的牙买加体系使美元外的货币有成为国际货币的可能性。2008年国际金融危机后，国际社会普遍认同形成多元国际货币格局，弥补美元主导下国际货币体系的缺陷。二是经济实力位居世界前列。20世纪60年代末，日本成为世界第二大经济体，仅次于美国。2010年，中国成为经济总量（GDP）仅次于美国的世界第二大经济体。三是中国和日本都是亚洲国家，社会文化有共同的渊源，两国政府对本国经济的影响较大。因此，研究日元国际化对推动人民币国际化具有重要意义。

一、日元国际化发展进程

20世纪五六十年代，日元国际化出现了萌芽。20世纪70年代末，日本政府将日元国际化纳入政策目标，正式拉开由政府主导推动日元国际化的序幕。日元国际化进程大致分成四个阶段：

第一阶段为起步阶段（1964—1980年）。日本经济以出口导向型为主，日本政府担心日元国际化有损出口经济，开始限制日元国际化。1964年，日本接受IMF协定第八条规定，实现经常账户可自由兑换。20世纪70年代初期，布雷顿森林体系崩溃，日本开始实行浮动汇率制度。为应对日元升值对出口造成影响，日本政府鼓励日元运用于国际贸易结算中。日元计价的进出口贸易量占比不断提高。1970年，日元计价的出口贸易占0.9%，进口贸易占0.3%；1980年，日元计价的出口贸易

① 作者简介：何迎新，现供职于国家外汇管理局四川省分局。

上升到30%，进口贸易上升到2.4%。这一阶段，境外居民日元存款、股票、债券数量开始增加，为日元国际化奠定了基础。

第二阶段为发展阶段（1980—1991年）。进入20世纪80年代，日本经济高速发展，经济实力不断增强。日本政府将日元国际化提上议程并出台了一系列支持日元国际化的政策法规。在经济发展和政府支持政策的双重作用下，日元国际化程度不断提高。1990年，日元成为世界第三大国际储备货币，仅次于美元和马克，日元国际化水平达到了顶峰阶段。

第三阶段为停滞阶段（1991—1997年）。由于日本金融自由化和市场开放，加上“广场协议”签订后日本经济政策的转变，泡沫经济逐渐形成。1997年，受亚洲金融危机的影响，日本泡沫经济破灭，进入长达10年的经济停滞期。国际市场持有日元的信心受到严重影响，日元国际化处于停滞状态。1997年，日元在国际贸易结算中占35.8%，比1990年下降1.7个百分点；日元外汇储备占5.8%，比1990年下降8.7个百分点。

第四阶段为重启和战略转变阶段（1997年至今）。在国内经济遭受重创和欧元创立的影响下，日本重启日元国际化，改变此前将日元直接推向国际化的策略，转变为实施日元区域化发展战略。这一阶段，尽管日本对日元国际化采取了积极措施，明确了国际化的目标，但实施效果有限。日元国际化指数低位徘徊，其中，2009—2017年在［4.29，6.07］区间波动，而欧元同期在［19.90，31.39］之间波动，远远低于欧元国际化水平。

二、日元国际化的主要政策

（一）法律基础上明确开放跨境金融交易

1949年，日本颁布《外汇和对外贸易控制法》，对资本流动严格管制。1978年，日本修订该法，将法律基础从“原则上禁止”改为“原则上允许”，于1980年12月生效。1986年，日本在该法中允许设立离岸账户。1998年，日本再次修订《外汇和对外贸易控制法》，删除标题“控制”一词，即为《外汇管理法》。该法经多次修订后，从法律基础上全面开放跨境金融交易，比如：取消政府事前批准和通知要求；取消外汇银行授权制，非金融机构可以直接进行外汇交易；日本居民可在外国金融机构开立外汇账户，等等。为了统计目的，日本对超过规定数额的交易需要事后申报。

（二）实施“贸易日元”政策

20 世纪 70 年代，在经济快速发展、布雷顿森林体系崩溃、日元升值的背景下，日本改变之前限制日元使用的策略，实行贸易和外汇的自由化方针，鼓励国际贸易结算中使用日元，开始实施“贸易日元”政策。

亚洲金融危机后，日本重启日元国际化，于 1999 年发布《面向 21 世纪的日元国际化：世界经济、金融形势的变化与日本的应对》，明确指出：为推动日元国际化，增加日元计价出口和海外贸易对象日元持有规模十分重要，但更要重视扩大日元计价进口规模。“贸易日元”政策再次被明确提出来。

（三）实施“投资日元”政策

一是推进欧洲日元交易的自由化。20 世纪 50 年代，产生了专门经营日本境外日元存款、放款、投资、证券发行和买卖业务的欧洲日元市场。1977 年，欧洲日元债券市场产生。1984—1985 年，日本采取措施放宽欧洲日元债券限制：允许州、地方政府、民间企业等居民发行此类债券；对非居民发行欧洲日元债券的机构由外国政府、国际机构扩大到外国地方政府和民间机构；将发行公募债券的信用评级由 3A 级降到 2A 级；取消发行笔数和每笔金额的限制；发行债券的主办机构从日本证券公司扩大到其他外国公司；取消对非居民欧洲日元债券的预扣所得税。1985 年，允许日本银行对非居民部门发放中长期欧洲日元贷款；东京证券交易所扩大了外国证券公司的会员资格。1986 年，将欧洲日元定期存单（CDs）的期限由不足 6 个月延长至 1 年。1989 年，允许日本银行对居民部门发放中长期欧洲日元贷款；将欧洲日元定期存单（CDs）的期限延长至 2 年。

二是设立东京离岸金融市场。1986 年 12 月，日本设立东京离岸金融市场。为避免外来资金的冲击，日本规定了资产、负债业务限额，超过限额即为“入超”。如果出现“入超”，日本就会对金融机构支付的离岸业务负债利息征收利息税。1989 年，日本放宽离岸和国内市场间资金转移的限制，并放松了“入超”管制。东京离岸金融市场快速发展，初创时期外币交易占 80% 左右，此后，外币（主要是美元）占比降到 1/3，日元上升到 2/3。1988 年底，东京离岸市场日元交易余额 4 142 亿美元，超过纽约、中国香港和新加坡，成为世界第二大离岸市场，仅次于伦敦。离岸市场减少了日元交易成本，促进了日元计价的金融工具的供给和需求，提高了日元交易的国际市场份额。

三是实施“黑字还流”日元贷款计划。1987 年，日本政府制定“黑字还流”计划（“黑字”就是贸易“顺差”），提供 650 亿美元的日元贷款，将国际贸易盈余通过政府发展援助和商业性日元贷款渠道输入亚洲国家。政府发展援助包括向国际金融机构出资和通过日本海外协力基金向海外提供援助性日元贷款。商业性日元贷款包括日本进出口银行、国际开发性金融机构、日本商业银行参与的海外日元贷款或银团贷款业务。该计划对改善日本国际贸易顺差，支持日本企业“走出去”，改善日本对外关系，推动日元在亚洲地区的渗透，加快日元国际化发挥了积极作用。

四是加快境外直接投资。1985 年，迫于美国解决贸易赤字压力，日本与美国签订“广场协议”，日元被迫升值。在“强势日元”的作用下，日本境外直接投资规模迅速扩大。1986 年，日本海外纯资产高达 1 804 亿美元，跃居世界第一，超过号称“食利大国”的英国（1 465 亿美元）。

（四）以亚洲为重点，加强区域金融合作

日本在 1999 年发布的《面向 21 世纪的日元国际化：世界经济、金融形势的变化与日本的应对》中指出：日元国际化新战略中，对日元是“基准货币美元的补充”定位转变为“区域的日元”，实现日元作为亚洲区域通用货币的功能。在继续推行“贸易日元”和“投资日元”的基础上（其中，根据“新宫泽设想”，2002 年向东亚各国提供150 亿美元的日元贷款），日本重启日元国际化的重点在于培育亚洲区域日元债券市场。

一是改善政府债券市场运作。1999 年，日本采取一系列措施改善政府债券市场运作，提升日元可用性空间和便利性，其中一项政策就是对非居民部门利息收入和外国公司资本利得免征预扣所得税。

二是促进东京离岸市场日元债券发行。2003 年，针对武士债券（外国非居民在日本发行的用日元计价的债券）行政成本比欧洲日元市场高，日本允许东京离岸市场发行武士债券。同年，免征外国企业发行的电子武士债券的资本利得预扣所得税；允许离岸市场交易衍生品和日本国债。

三是推动亚洲各国发行日元债券并提供担保。2004 年，日本国际协力银行（JBIC）为韩国发行的日元企业债券担保证券提供再担保；2009 年，JBIC 为武士债券发行援助方案提供部分融资担保；进一步强化东京离岸市场的债券担保和收购机制。日元债券发行方基本为亚洲各国政府以及官方机构，由 JBIC 提供担保，并获得其中部分债券。

四是加强亚洲证券基础设施建设。1999 年以来，日本提供技术支援，采取措施加强亚洲证券基础设施建设。具体措施包括：将来自日本的出口应收账款证券化，从而建立以出口应收账款为抵押的商业票据市场；采用一种用于清算跨境证券交易的簿记制度促进交易；加强与亚洲同行的合作，促进债券和外汇市场的发展，包括

最终建立外汇和证券结算制度，并开启亚洲货币间的交叉交易等。

上述政策扩大了区域资本市场内日元资金的流动性，为境外投资者购买日元债券创造了有利环境，一定程度上推动了日元回流机制的形成。

三、日元国际化的主要特点

（一）经济实力提升促使日元国际化自发发展

日本政府一开始对日元国际化持消极态度，主要是担心日元国际化对以出口导向型为主的日本经济产生负面影响。1955—1973 年，日本国内生产总值年均增长率高达9.8%，创造了经济增长奇迹，成为世界第二大经济体。日元在国际贸易等领域的重要性显著上升，日元在国际商品和外汇交易中自发使用，欧洲日元市场、欧洲日元债券市场自发形成。经济实力提升促使日元国际化自发发展。

（二）“贸易日元”政策受限，倾向于“投资日元”政策

日本出台的“贸易日元”政策较少，且收效甚微，主要原因在于日本的贸易产品和区域结构不合理。从进口的角度看，日本国土面积狭小，自然资源缺乏，需要从国外进口大量商品。其中，原油、煤炭等能源和大宗商品存在以美元计价的国际惯例；从发展中国家进口的贸易品以美元计价居多，因为这些国家的货币大都盯住美元。从出口的角度看，在目标市场竞争激烈和日元汇率波动时，为保证出口价格的稳定，从而保持市场份额，日本出口企业多以美元定价。此外，美元交易成本低且具有规避风险的便利性，日本出口企业多选择美元计价。从贸易区域结构看，日本和美国的贸易量最大，日本在亚洲的跨国贸易子公司往往从日本总部进口产品加工，最终产品从亚洲子公司再出口到美国。为规避汇率风险，两次交易均采用美元计价。由于“贸易日元”政策受限，日本更倾向于“投资日元”政策，出台多种措施发展欧洲日元市场、欧洲日元债券市场、东京离岸市场、日元贷款和债券市场、境外直接投资等。

（三）汇率不稳定影响了日元国际化进程

1985 年签订的“广场协议”使日元被迫升值。日本提出由出口导向向内需主导经济转变，采取降利率等宽松的货币政策。市场上充裕的资金流入房地产和股市，泡沫经济愈演愈烈，最终导致日本经济陷于长期停滞。为应对升值，日本实施货币贬值政策。1995 年后，日元兑美元汇率涨跌交替频繁，汇率大幅波动，国际市场持

有日元信心下降。各国不愿选择日元作为结算和官方储备货币，日元国际化进程遭受重挫。

（四）短期内迅速开放金融市场带来较大风险

理论和实践经验表明：金融市场开放后，资本流动速度和规模大幅提高，流动方向上具有极大的不确定性，容易形成和放大对国内经济的冲击，这就需要一国具有发达的金融市场，更加灵活的汇率，能够吸收资本流动带来的冲击。如果缺乏这些基本条件，金融开放就会面临较大风险。日本受美国施压从 1983 年到 1990 年迅速开放金融市场，并于 1996 年宣布全面放松对金融市场的管制。实际上，日本金融工具种类和交易规模有限，日本在岸和离岸市场间投机套利现象较为严重，金融市场还不十分完善，短期内迅速开放金融市场使日本遭受亚洲金融危机的重创，国内经济长期停滞。

（五）实施日元区域国际化战略

美元和欧元作为国际主导货币具有规模经济效应和网络外部性，交易成本低且具有使用惯性，严重挤压了日元的发展空间，成为影响日元国际化的主要因素。在此背景下，日本改变策略，重点在亚洲实施日元国际化战略，实现日元作为亚洲区域通用货币。日元区域国际化战略无疑是一种明智的选择。

总体来看，日元国际化取得了积极成效，日元成为继美元、欧元、英镑后的第四大国际货币。日元国际化使日本加快金融开放，创建了一个高度去监管化的金融体系，加速了与发达经济体间的金融整合，实现了金融自由化。

四、启示

2009 年以来，我国采取货币互换协议、跨境贸易和直接投资人民币结算、发展人民币离岸中心，允许境外 3 类机构投资银行间债券市场、RQFII、跨境项目贷款和融资等多种方式推动人民币国际化。目前，人民币国际化取得了阶段性成果：人民币计价货币和储备货币职能逐步增强，俄罗斯、伊朗、沙特等国开始使用人民币为石油计价；俄罗斯、菲律宾、马来西亚、尼日利亚等国已将人民币纳入外汇储备；伦敦、法兰克福、巴黎、卢森堡、首尔等国建立了人民币离岸中心；2015 年 12 月，人民币被 IMF 批准加入 SDR；人民币目前已成为全球第三大贸易融资货币、第五大外汇交易货币和第六大支付货币。但是，人民币国际化仍处于跨境流通的初级阶段，美元等国际主导货币使用惯性短期内难以改变。美国在国际政治舆论上给中国施压，中美贸易摩擦不断升级。这些因素对人民币国际化带来较大挑战。因此，我国应学习和借鉴日元国际化的有益经验，汲取失败的教训，在不断提升国家经济实力和国际地位的基础上，根据自身的国情和特点推动人民币国际化。

（一）稳步推进资本和金融账户的开放

日本的经验表明：资本和金融账户的开放是一国货币国际化的重要条件。只有开放，一国货币才能“走出去”和“回得来”。但短期内迅速开放金融市场风险较大，是不可取的。我国应稳步推进资本和金融账户开放，推动资本项下人民币国际化加快发展，进一步放宽外资市场准入，推进金融机构、金融业务和金融市场的开放，有效扩大人民币回流的路径，实现资本项下的人民币双向自由流动和交易，为人民币国际化提供良好的支撑。

（二）提高本国货币计价程度

一国货币国际化的程度与国际收支状况无关，长期拥有国际收支盈余的国家，如果贸易和投资以他国货币计价为主，那该国货币也是非国际化的。一国货币在贸易和投资的计价程度代表了该国货币的国际化水平。日本贸易和投资以美元计价居多，日元计价主要在亚洲，这影响了日元国际化的水平。我国应提高人民币在国际市场上的计价程度，推进人民币计价结算的大宗商品市场发展，发展人民币对外投资和境外贷款，发展人民币债券市场，拓宽人民币回流机制，增强人民币的吸引力。

（三）稳定币值

在日元国际化进程中，当日元保持稳定或者呈现温和升值趋势，市场就会看好日元，增加对日元的需求，从而提高日元的国际化水平；当日本经济停滞，日元呈现贬值趋势，市场就会减少持有日元，从而降低日元的国际化水平。可见，汇率水平是影响国际化水平的重要因素。我国在推进人民币国际化进程中，应实施有管理的浮动汇率制度，保持人民币币值的稳定，增强国际上持有人民币的信心，不断推动人民币走向国际市场。

（四）完善金融市场

从日本经验看，金融市场的完善和发达程度是影响货币国际化的重要因素。境内外投资者往往偏好流动性强、风险小的金融工具，而这样的金融工具需要一个自由、开放、完善、发达的金融市场。我国应推进利率和汇率的市场化，发展多层次的人民币离岸市场，丰富离岸市场的人民币投资工具；建立面向全球的、更具深度、广度和开放度的人民币债券市场，满足全球人民币配置和避险需求；完善多层次资本市场，提高资本市场的开放度，为境内外投资者提供丰富的交易和投资渠道，使人民币不仅能“走出去”，还能“回得来”；提高金融监管水平，完善金融市场体系，为人民币国际化创造良好的外部环境。

（五）发展区域金融合作

在美元、欧元等国际主导货币使用惯性下，其他国家货币国际化可以先从周边化、区域化发展，再逐步到国际化。亚洲金融危机后，日本改变之前将日元直接推向国际化的发展战略，以亚洲为重点，加大了对日元区域金融合作的推进力度。当前，我国应抓住“一带一路”机遇，充分发挥其桥梁和纽带作用，将亚太经济圈和欧洲经济圈连接起来，通过与周边国家进行区域经济合作，提升人民币在亚欧区域的使用份额，不断增强区域内人民币结算、计价和储备等国际货币职能，形成区域性货币合作体系，夯实人民币区域化基础，实行人民币“周边化、区域化、国际化”三步走战略。

全球永续债发行经验及启示

单建军[①]

摘要：永续债本质上是一类在债券市场发行的无固定期限并“嵌套期权”的信用债券，兼具债券与股权双重性质，是一种混合型融资工具。2013 年我国债券市场首次发行永续债，2018 年金融委研究多渠道支持商业银行补充资本有关问题，明确要求尽快启动永续债发行，2019 年，人民银行决定创设央行票据互换工具，为银行发行永续债提供流动性支持，中国银行成功发行 400 亿元永续债用于补充资本，其他银行也在筹备发行永续债。基于这个背景，本文全面总结了永续债的主要特征及其在国外市场的发展情况，比较分析了永续债与普通债券、股权融资、优先股和可转换债券的异同及所具备的优势，认真梳理我国当前永续债融资的现状，并就如何推进永续债融资发展提供切实可行的建议，从而保障我国永续债市场的持续健康发展。

关键词：永续债　发行经验　比较优势　政策建议

一、永续债概述

企业融资通常包括债务融资或股权融资。从权利和义务的角度来看，债券持有人是公司的债权人，享有民法规定的权利；股票持有人是公司的股东，享有公司法规定的权利和义务，如利润和分享剩余财产的权利。与此同时，债务和股权之间存在一些融资工具，例如永续债和优先股等混合资本证券。永续债是指没有明确到期或期限很长（通常超过 30 年）的债券。永续债的投资者不能在某个时间点收到本金，但可以定期收到相应的利息。

张继强等（2013）认为，永续债往往被计入权益而不是负债，其灵魂是“债券之名，权益之实”。姬江帆等（2015）认为，国际永续债的发展能够满足发行人和

① 作者简介：单建军，现供职于中国人民银行襄阳市中心支行。

投资者的共同利益，才得以持续发展。永续债既要迎合发行人计入权益的要求，也要满投资者对长期限、高收益产品的需求。杨冰等（2016）认为，发展永续债可以补充银行等金融机构的资本金、非金融企业的项目资本金和受限企业发行债券等。李鹏飞（2017）认为，永续债投资者面临的风险，既有一般债券的共同风险，还要面临票面利率重置和清偿顺序被延后等特殊风险。永续债发行要增加事先约束和交叉保护等投资者保护条款。吴慧芳（2018）认为，永续债具有债权和权益双重属性，在对永续债的分类认定中需要明确永续债属性界定标准，不管是个别报表层面还是合并报表层面都需要根据企业经济业务实质进行归类。蔡振（2018）认为，永续债的推出，有效拓展了融资方的融资渠道，极大丰富了债券市场的产品结构，但由于我国债券市场开发的深度和广度不够，需要防范永续债成为加剧企业经营风险的导火线。王旭光（2018）认为，永续债和应收账款 ABS 在降低企业融资成本的效果方面各有千秋；但是投资永续债和应收账款 ABS 的目的却各不相同，对于高等级发行人都有稳定的市场需求。企业灵活运用两种工具，可以起到优化报表的良好效果。瞿丽瑾（2018）分别从法律性质和经济性质对优先股和永续债进行了比较分析，认为在法律性质上优先股为“股”，永续债为“债”，在经济性质上主要依据合同的约定为权益工具或金融负债。优先股无法设置担保条件，而永续债可设置担保条件。孙莹和张丽云（2019）认为，以保险资金和银行理财为代表的机构投资者对永续债的偏好度较高，海外市场对以永续债为代表的新型混合资本工具的需求快速上升，固定收益型的机构投资普遍参与度偏高。

本文通过认真梳理总结永续债的主要特征，比较分析了永续债与普通债券、股权融资、优先股和可转换债券的异同及所具备的优势，发现永续债具有债股双重特性，作为混合型融资工具对于补充银行资本金、非金融企业项目资金和债券融资等显著优势；借鉴国外永续债市场的发展情况和成熟经验，客观分析我国当前永续债融资的现状，指出从完善细化法律法规、优化发行人类型结构、拓展投资主体范围、保障投资者权益、提高机构及债项评级参考性、强化债券市场监管等方面推进永续债融资发展。

二、永续债融资的特点及优势

永续债本质上是一类在债券市场发行的无固定期限并“嵌套期权”的信用债券，兼具债券与股权双重性质，是一种混合型融资工具。永续债的特点在于条款设置相对灵活，具体表现在如下几个方面：在担保增信方面，相比于普通债券的担保要求，永续债具有次级属性，通常没有严格的增信限制，不设置担保条款，也不受交叉违约机制的约束。在资金用途方面，永续债条款对于募集资金的具体用途一般没有严格限制。

（一）永续债的特征

一是清偿顺序。偿还永续债券的顺序一般为次级债，优先于普通股和优先股，也可能与普通债券的偿债顺序一致。二是期限与赎回。永续债没有明确的到期日期限非常长，并且通常有一个赎回条款，即发行人可以在条款中约定的时间以特定价格赎回永续债。例如，发行人赎回权将在发行结束后的 3 年、5 年或 10 年后设定。永续债的赎回权可以不只一个。三是票息和利率重置。永续债的息票水平通常很高，大多数永续债都有“可变票券”。也就是说，永续债在赎回期和赎回期之前设定不同的票面利率，并且赎回期利率通常高于退还前期间利率。这实际上是为了刺激发行人赎回债券。四是利息延迟支付。永续债发行人可以决定延迟支付利息，或者可以在一定条件下延迟支付利息，如延长或免除利息；延迟利息（复杂利益或简单利息）可以通过累积达成一致，或者可以放弃（有条件或无条件）。五是股息推动和停发机制。当永续债的发行人向相同或更低价格的证券支付股息时，它必须支付永续债的利息。只有永续债利息全额支付，才可以支付具有相同或更低支付顺序的证券。六是无担保。永续债具有次要属性，为了满足包含在股权中所需的许多条件，通常没有诸如担保等规定。七是无违约或者交叉违约。只有指定期限的产品到期，任何其他事项（如利息支付的延迟）等，不能构成发行人在永续债下的违约或交叉违约。

偿还永续债的顺序通常较低，优于优先股和普通股，并且仅次于公司的普通债务。永续债可以设立利息延期付款条款，即使公司不支付当期利息，也不构成违约。由于永久债务的这些特征，它们通常包含在股权而非负债中。

（二）永续债的发展情况

永续债的发展需要同时兼顾发行人和投资者的利益，才能得以持续健康发展。永续债既要满足发行人计入权益的条件，也要照顾投资者对长期限、高收益产品的需求，同时，还要有健全的债券市场评级和合格投资人管理等配套机制。永续债对于发行公司来说无疑增强了其财务自主权。在债务续期方面，永续债的条款内通常不设置到期时间，一般拥有续期选择权，发行人在行权日可以选择续期或是赎回。在利率设置方面，永续债有利率跳升约束机制，在条款中一般会设置票息重置规则，如果发行人在行权日不赎回债务，会相应地提高票面利率以补偿投资者利益。在利息支付方面，永续债和其他债券融资相比，不存在强制付息的刚性约束，具有可递延的特性，即发行人可以灵活选择按期支付或者延期支付利息，且这种权利没有次数限制，可以在一定程度上缓解企业的融资压力。

（三）永续债的比较优势

结合永续债特征，分别将永续债与债券、股权融资、优先股和可转债等融资模式进行综合比较（见表1和表2），可以发现：永续债相比于债券融资，发行方式更简单，偿付压力小，更能优化资产负债结构；永续债相比于股权融资，融资成本更低，且不稀释股权；永续债相比于优先股，发行主体范围广，对控制权影响小，具有优先索偿权；永续债相比于可转债，发行期限更长，发行条款灵活且不稀释股权。这在一定程度上解释了虽然国内永续债起步较晚、流动性相对较弱，但仍受到部分企业推崇的原因。

表1　　永续债与债券、股权融资比较

特征	永续债	普通债券	股权
发行类型	注册发行	核准发行	核准发行
发行期限	无明确到期日	有到期日	无明确到期日
债务余额要求	≤净资产40%	≤净资产40%	无
担保要求	无	有	无
资金募集用途	1. 生产经营活动 2. 补充流动资金 3. 偿还借款	1. 生产经营活动 2. 不得补亏或用于房产、股票等风险投资领域	1. 生产经营活动 2. 固定资产投资 3. 补充流动资金 4. 不得擅自改变用途
资产收益率要求	无	无	近三个会计年度加权平均净资产收益率不低于6%
融资规模	无	无	拟配售股份数量不超过本次配售股份前股本总额的30%

表2　　永续债与优先股、可转换债券比较

特征	永续债	优先股	可转换债券
期限	无确定到期日	无确定到期日	有固定到期日
票息	高票息，定期发放	一般定期发放股利	低于普通债券
发行成本	较高	最高	较低
附加条款	含到期续期权、票息重置规则	无附加条款	转股权、赎回权、回售权
求偿权	等同于一般债券，高于优先股	低于永续债和一般债券	低于一般债券，高于优先股
利息是否可以递延	可以	自主决定股利支付	不可以
属性	介于优先股和可转债	股权性质	债券性质

（四）永续债的发行动机

永续债发行人发行动机通常有四个方面：一是锁定长期融资资金。永续债可以为企业提供长期资金支持，长期资金相比短期资金流动性有所欠缺，更加稳定、安全。二是美化财务报表。很多贷款发放通常对发行人有资产负债率上限的要求，而在一些条件下，永续债可以被作为权益计入权益项，优化了资产负债结构，使公司不触及贷款或其他债务违规问题。三是提高信用评级。对于一些濒临信用评级调降的公司而言，永续债偿付顺序靠后，可以提升发行人的信用评级，如2010年亚洲发行的永续债，很多都是用于提升公司信用资质、避免受到评级公司下调评级。四是补充资本金。由于金融机构可以通过发行永续债来提高资本充足率，因此补充资本金通常是国外金融机构发行永续债的首要动机。

三、永续债发行情况的国际比较及经验借鉴

（一）分布情况更合理，市场发展更成熟

国外永续债的发展时间相对较长，主要随银行补充资本需求得以快速发展，市场相对更加成熟。从发行货币来看，国外永续债币种主要集中在美元、欧元、人民币三类，其发行规模占比合计在80%以上。从行业分布来看，国外永续债的发行人主要集中在银行等金融机构，存续规模约占总量的80%左右，其次为公用事业，其他行业发行量很少。从债券评级来看，国外永续债信用等级集中在BBB+级到A级之间，其中A级较多，相比于国内情况，分布更加合理。从赎回期来看，国外发行永续债的首次赎回期较长，一般都在5年以上，特别是商业银行发行的永续债续存期普遍在7年左右，体现出国外永续债的股性更强，而国内永续债的债性更强，发行人赎回的概率也较高。从票面利率来看，国外永续债平均票面利率约在5.3%左右，高于美国30年期国债收益率200个基点以上，比国内的定价更高，对投资者的吸引力相对更强。

（二）法律法规更健全，保障投资人权益

以美国为例，其破产法对处于重整程序的债权优先级顺序有明确的规定，将处于担保债权人（普通债券投资人）之后的无担保债权人进行顺位细分：有法定优先权的无担保债权人、高级无担保债权人、一般无担保债权人、次级无担保债权人。通常永续债发行前，发行人会事先约定债券的优先级顺序，因此国外永续债的清偿

顺序更为明确，更有利于保障投资人权益。

虽然近期财政部印发的《永续债相关会计处理的规定》（财会〔2019〕2 号）进一步明确了永续债的会计处理，但目前国内相关法律法规对永续债清偿顺位的规定还不够明确。与此同时，国内债权人难以启动发行人破产程序。因为，只要发行人按照约定支付利息或按照约定条件递延支付利息，永续债持有人就无法证明自己债权已到期且无法受偿。因此，持有人难以申请发行人破产，只能等待其他债权人启动破产程序，永续债持有人方能根据《破产法》第四十六条视为到期参与到破产程序中要求其偿还本金和利息。

（三）债项评级更独立，评级参考性更强

国际上的评级机构对于永续债发行主体评级以及债项评级是严格分开的，互相不受影响。例如，若发行的永续债的股性较强，则其发行人的资本状况将得到较好的改善，主体评级会相对较高，而由于永续债的股性偏强，期限较长，流动性较弱，会导致其债券评级有所降低，两者存在一定的反向关系，给予投资人充分提示。而国内市场出于投资人对高评级的偏好，几乎没有低评级（AA 级以下）的永续债发行，发行机构也多为 AAA 级机构，分布相对集中，未能合理地展现发行人及债券的个体情况及差异，不利于投资人的分析和选择，可参考性较弱。

（四）更倾向于在低利率环境下发行永续债

由于国外永续债赎回周期较长，股性较强，对票面利率的要求也较高，因此在时机选择上，大部分发债企业更倾向于在低利率环境下发行永续债以筹集长期资本，目的就是在一定程度上降低融资成本。数据显示，2014—2017 年是国外全球系统性重要商业银行发行永续债的高峰期，其中欧洲是主要发行地区，这与危机后全球的整体利率环境密切相关，尤其是 2014 年以来欧元区实施负利率政策。

四、我国永续债发行现状及特点

我国永续债市场起步较晚，2013 年 10 月武汉地铁成功发行首只可续期公司债，2015 年后呈现快速增长势态。截至 2019 年 3 月，我国已累计发行永续债 1 211 只，规模达 17 934. 64 亿元。当前我国永续债发行情况具有如下几个特点：

（一）发行类型主要为中期票据

当前我国永续债债券类型呈现多样化态势，主要包括中期票据、定向工具、企

业债、证券公司债和一般公司债。从发行类型来看，我国永续债发行类型主要为中期票据，截至2019年3月，首先为中期票据，共发行867只，占比71.59%，发行规模11 909亿元，占比66.4%；其次为公司债，共发行235只，占比19.41%，发行规模3 688.68亿元，占比20.57%；再次为企业债，共发行63只，占比5.2%，发行规模1 010.76亿元，占比5.64%；而定向工具、金融债的发行数量和规模总体较小，数量占比和规模占比均不足5%。

（二）行业主要集中在建筑业，金融业规模较小

当前我国永续债发行主体主要分布在基础设施建设、高速公路、铁路等交通运输、电力等公共事业、房地产开发、综合零售业和制造业等行业，从行业分布来看，我国永续债发行的主要行业为建筑业，截至2019年3月，首先为建筑业，共发行81只；占比23.22%，发行规模3 619.54亿元，占比20.19%；其次为综合业，共发行243只，占比20.08%；发行规模3 278.6亿元，占比18.29%；再次为制造业，共发行144只，占比11.90%；发行规模2 066.4亿元，占比11.53%。这三类行业的发行数量和规模占比合计分别为55.21%和50.01%，占比均超过一半，相对较为集中。

目前，金融业永续债发行数量和规模较小，截至3月，仅发行40只，占比3.31%，发行规模1 227亿元，占比6.85%，且发行主体主要为证券公司和投资公司。自2018年12月国务院金融委召开专题会议，提出推动永续债发行支持银行资本补充。随后，人民银行为提高银行永续债流动性和市场接受度，宣布创设央行票据互换工具（CBS），允许公开市场一级交易商用银行永续债换入央行票据。目前已发行的银行永续债仅中国银行1单，规模为400亿元。2019年3月，华夏银行也发布公告，拟发行不超过400亿元的永续债。

（三）国有企业是主要发行主体

当前我国国内永续债的发行主体主要是以国有大中型企业为主，民营企业及公众企业等也积极参与。从永续债的发行主体类型来看，我国永续债发行主体的主要类型为国有企业，截至2019年3月，国有企业发行数量及规模占比均在94%以上。其中，主要为地方国有企业，共发行永续债837只，占比69.23%，发行规模10 863.86亿元，占比60.62%；中央国有企业共发行永续债306只，占比25.31%，发行规模6 043.48亿元，占比33.72%。其次为民营企业，共发行永续债36只，占比2.98%，发行规模383.3亿元，占比2.14%，但比重相对较低。

（四）发行主体呈现高评级特征

当前我国的评级机构主要从宏观经济形势、行业的发展态势及国家政策、发行主体运营和管理、市场竞争力以及财务状况等方面对永续债进行信用评级，除证券公司发行的永续次级债外，其债项信用级别普遍与主体信用评级保持一致，主要集中在AA+级和AAA级。从永续债发行主体的评级来看，我国永续债发行主体评级主要集中在AA－AAA级范围内，反映出我国永续债发行主体大多资质较好，从近5年的评级结果来看，高评级的发行人占绝大多数。截至2019年3月，AAA级评级的数量有728只，占比过半，达60.22%，规模为13 473.76亿元，占比75.19%；AA+级评级的数量有366只，占比30.27%，规模为3 706.38亿元，占比20.68%；AA级评级的数量有115只，占比9.51%，规模为743.6亿元，占比4.15%。

（五）可续期主要设定在三年或五年

目前我国永续债的期限设置通常采用的是X+N的循环续期方式实现债券期限的永续，即在X年到期后不兑付本息，而选择执行利率跳升机制进行存续。从可续期的设定来看，截至2019年3月，我国永续债的票面利率重置间隔偏向于中短期，绝大部分期限为3+N和5+N，发行数量以及规模占比均在95%左右。其中，期限为3+N的有668只，占比55.16%，规模达9 019.88亿元，占比50.29%；期限为5+N的有480只，占比39.64%，规模达8 102.96亿元，占比45.18%。

（六）票面利率高于超长期国债利率

从票面利率来看，为了吸引投资者长期资金以及受到利率跳升机制的限制，我国永续债利率始终保持在较高水平，往年发行的永续债平均票面利率均高于当年发行的超长期国债平均利率1个百分点以上，2019年目前发行的20余只永续债平均利率已达5.62%。2018年我国永续债的票面利率平均水平为5.88%，高于当年超长期国债平均利率水平183个基点。

五、相关建议

（一）完善细化法律法规，保障投资者权益

首先，可以借鉴国外相关经验，完善国内法律法规，对于永续债的受偿先后顺序予以明确的规定，使无担保债券的受偿顺序更加具体化。其次，在信息披露方面，

参考相关国际案例，细化永续债的信息披露要求，设计部分投资者保护条款，比如在增资或者变更控制权时必须进行赎回或利率跳升等，改善投资者信息不对称现象，减少利益受损情况，保障投资者权益。

（二）优化发行人类型结构，推动银行发行永续债

由于国际上永续债偏向于股性，在《巴塞尔协议Ⅲ》下可作为资本创新工具与优先股等工具一同被列入其他一级资本，用于提高资本充足率，抵御各类风险。鉴于我国银行机构评级资质及经营状况良好，且其他一级资本工具运用有限，资本充足率相比于其他国际银行普遍不高。因此，无论是从优化我国永续债发行人结构角度出发，还是从银行补充自身资本角度出发，都应逐步推进银行永续债的发行。

（三）拓展投资主体范围，推动市场健康发展

由于永续债的流动性较低，更适合长期持有，因此更符合配置型机构投资人参与。虽然近期银保监会发布的《关于保险资金投资银行资本补充债券有关事项的通知》（银保监会〔2019〕7号）已允许保险资金投资满足条件的银行永续债，但我国目前永续债市场需求群体仍然较小。参照国际经验，仍需进一步吸引基金、养老金、资产管理公司等类别机构参与到永续债市场中，拓宽投资主体的范围，推动永续债市场健康发展。此外，也可适当考虑引入部分境外合格投资者。

（四）优化机构及债项评级，提高评级参考性

永续债具有股性的特征直接影响到对永续债发行人的主体及债项资质的评价，永续债的发行人增加权益资产，提高对负债的保障能力，有利于降低发行人对其他优先级债券的违约风险，从而增强了发行人主体的信用资质。由于永续债更长的期限和更靠后的偿还顺序，可能造成投资者遭受比普通债权人更大的损失，信用风险明显提高，海外评级机构对于永续债债项给出的评级往往会在主体评级基础上降低一定档次，而下调档次的幅度通常取决于永续债股性的强弱。应合理引导市场对永续债评级等级的认知，淡化对于债券高评级的潜在要求，使机构评级与债券评级均能够更加真实地反映企业与债券的情况。优化永续债的评级分布，使投资人的选择呈现多样化趋势，最终能够通过有效的分析、精细的考量选出符合其需求的永续债进行投资。

（五）监管机构需关注企业自持虚增资本行为

永续债的市场流动性不高，投资者通常会选择持有至到期。从国际经验看，保

险、养老金、职业年金、基金、资产管理公司是永续债的长期机构投资者。我国应不断拓宽永续债投资主体，涵盖境内外金融机构。同时，企业存在通过委外渠道以及关联企业变相购买自持资本的可能，这会无形之中虚增现有资本。因此，监管机构还需加强穿透式监督审计，着重甄别投资方与融资方之间的关联性，加大对于虚增资本行为的监管力度，降低系统金融风险。

参考文献

[1] 张继强．永续债海外经验及国内前景探讨［J］．债券，2013（11）：43－49.

[2] 熊启跃．G_ SIBs 永续债发行经验及启示［J］．债券，2018（8）：89－95.

[3] 李克亮．永续债本质分析［J］．新会计，2018（5）：12－15.

[4] 李琪．永续债国内发行现状及财税问题［J］．中小企业管理与科技，2018（10）：54－55.

[5] 瞿丽瑾．我国优先股与永续债比较研究［J］．金融经济，2018（22）：100－102.

[6] 吴慧芳．“去杠杆”背景下永续债的分类认定研究［J］．财会学习，2018（23）：191－192.

[7] 孙莹，张丽云．发行永续债对商业银行的影响［J］．金融博览年，2019（2）：12－13.

[8] 蔡振．国有企业永续债现状、发行动因与风险防范探讨［J］．国际商务财会，2018（6）：71－73.

[9] 企业降杠杆：基于资产支持证券与永续债的比较［J］．金融市场研究，2018.12.

[10] 李鹏飞．永续债“永续”时的风险点与应对［J］．金融市场研究，2018（9）：109－116.

观察思考

互联网对家庭消费行为的影响

——基于 CFPS 数据的微观视角分析

吕　宁　方崇颖　司正方圆　田勤昌①

摘要：本文归纳总结互联网对家庭消费行为的四大影响效应并利用中国家庭追踪调查（CFPS）数据进行实证分析，创新性地使用“互联网作为信息渠道的重要程度”和“互联网作为政治信息渠道的重要程度”作为工具变量解决内生性问题，结果表明：（1）互联网的使用对家庭消费支出具有正向促进作用；（2）互联网对低收入家庭、农村家庭、中部地区家庭消费支出具有更明显的促进作用。本文的结论为宏观层面促进互联网的均衡发展和释放内需潜力提供分析证据。

关键词：互联网　家庭消费　消费行为　影响机制

中国发展迈入重要战略机遇期，中国经济正在转向高质量增长②。在跨越新台阶之时，完成新旧动能转换、优化经济结构是核心目标，在消费领域也需培育新动能，发挥中国拥有世界上最大的消费市场这一独特优势，尤其在“逆全球化”盛行、保护主义抬头的国际背景下，释放内需潜力尤为关键。受房价高企、物价上涨等因素影响，家庭消费稍显疲软，但同时家庭消费结构逐步升级，中低收入消费群体、老年人消费群体、女性消费群体正在崛起，中国消费市场正在发生全新变化。另外，信息化、网络化、数字化已经是社会发展的重要趋势，互联网与社会各领域深度交叉融合，成为新时代下推动社会生产变革、改变居民生活方式的重要引擎。截至 2018 年底，中国网络普及率达到 59.6%，而在 21 世纪初中国互联网普及率仅为 2.6%。数据显示，2018 年工业互联网平台助力企业实现研发成本下降 30%、生产效率提高 10%、节能减排 10%③。可以看到，互联网对经济社会的积极作用显著

---

① 作者简介：吕宁、方崇颖、司正方圆、田勤昌，均就读于中央民族大学经济学院。

② 刘伟，范欣. 中国发展仍处于重要战略机遇期——中国潜在经济增长率与增长跨越［J］. 管理世界，2019（1）.

③ 国家网信办. 数字中国建设发展报告（2018 年）.

提升，截至2018年，中国数字经济规模达到31万亿元，约占GDP的1/3。

基于此，本文利用2017年中国家庭追踪调查（CFPS）数据研究互联网对家庭消费行为的影响。本文创新之处在于利用工具变量“互联网作为信息渠道的重要程度”和“互联网作为政治信息渠道的重要程度”，较好地解决了模型的内生性问题，并全面分析了互联网对不同特征家庭消费的差异化影响。

一、文献综述

互联网快速发展并已渗透到政治经济、文化生活诸多方面，并冲击着居民传统的生活方式。谢平等（2012）、陈思宇（2016）、祝仲坤（2018）等的研究表明，互联网不仅影响宏观领域且会对居民消费决策、休闲娱乐、增值信任等造成影响，并能显著提升居民的主观幸福感，已有的研究成果均有力佐证了互联网产生信息渠道效应的优势所在。目前对使用互联网影响的已有研究集中在就业创业和收入等供给层面，而对于家户需求层面的分析稍有不足。在影响消费的因素方面，Chalfant 和 Alston（1988）发现居民消费水平不仅受收入和物价影响，人口增长、政府相关政策支持也起重要作用。胡日东等（2014）的实证分析表明收入差距对居民消费结构的影响显著。吴学品（2014）发现农村基础设施、市场化程度提高有利于农村消费结构升级和水平提升。已有文献一方面是将消费分解为消费的区域差异、消费结构和消费不平等；另一方面则是将消费作为被解释变量，研究相关政策、家庭储蓄、金融资产等变量对消费的影响。当前中国电商平台的建立与发展，使得网络消费日益成为一种行为趋势，但缺乏对互联网使用与家庭消费支出关系的研究。

在研究方法上，国内外相关研究主要采用倾向匹配得分方法、最小二乘回归方法、运用工具变量法解决内生性问题等。贺达、顾江（2018）使用CFPS数据及倾向匹配得分（PSM）方法，研究互联网使用这一因素对消费的影响。杨光、吴晓杭、吴芷翘（2018）同样采用CFPS数据定量分析使用互联网对家庭消费的影响程度，并采用工具变量法解决可能存在的内生性问题，选取的工具变量是家庭成员对互联网的态度的平均值。

尽管已有研究将互联网的使用与家庭消费相结合，探索互联网影响消费的因素和作用路径，但缺少对消费结构、家庭消费偏好的异质性研究。从研究方法上来看，已有研究的不足与缺陷主要集中在内生性问题的解决上。首先，许多研究并未提及内生性问题。其次，现有的研究通常采用工具变量法解决内生性问题，但缺乏对工具变量有效性的阐释和证明。

因此，本文的创新点在于，将互联网对消费行为的影响路径归纳为四大效应，并对家庭消费的异质性进行实证检验，同时以计量方法证明所选取工具变量的有效性。

二、互联网对家庭消费的影响机理

将计算机网络互相串联在一起的方法被称作网络互联，在这基础上生发出来的在全世界覆盖的互联网络就是互联网。在“互联网+”的时代背景下，互联网经济作为一种新型经济形态应时而生，它直接改变了居民的消费习惯、消费观念、消费模式，促使新消费理念的诞生。互联网经济下的消费具有即时便捷、省时高效的新特征。

（一）宏观视角

消费市场的形成由供给需求两方面共同决定，互联网对家庭消费行为的影响需要从需求端（消费者行为）和供给端（厂商行为）两方面进行分析。消费理论指出，影响消费的主要因素是收入，在预算约束下进一步考虑消费者的个人偏好和效用期望。此外，信息获取、消费品存量与品质、财政政策等因素也会影响家庭消费选择。随着大数据、5G、人工智能的应用，互联网不仅会于需求端改变消费者的思维、偏好和预期，也会于供给端改变厂商的生产经营方式和产业组织结构，即互联网对家庭消费的影响通过四大效应实现：信息效应、行为导向效应、资源配置效应及价格稳定效应。

1. 信息效应

基于技术进步的互联网发展使人们获取信息的渠道拓宽、工具增多、成本降低，网络平台、大数据计算中心的建立在更大范围内避免了信息的不完整和不对称。信息即时流动打破了以往消费模式的时空同步性，时空的延伸带来更多消费的可能性。对消费者而言，互联网平台带来整合化的消费信息，消费者也能够直接面对厂商或尽量减少中间商介入，其个人的筛选、比较和沟通成本大幅下降且其个性化消费需求得到满足。对生产者而言，厂商通过互联网平台直接面对消费者以获取市场信息，有效降低中间交易成本，避免信息不对称形成的次品市场，激励企业将生产能力集中于产品研发环节，提升产品供给质量。

2. 行为导向效应

互联网对于消费市场主体的行为选择具有示范性和导向性。对消费者而言，尽管消费理论假设每个人的效用、偏好是独立的和不受外在影响的，而现实中消费者

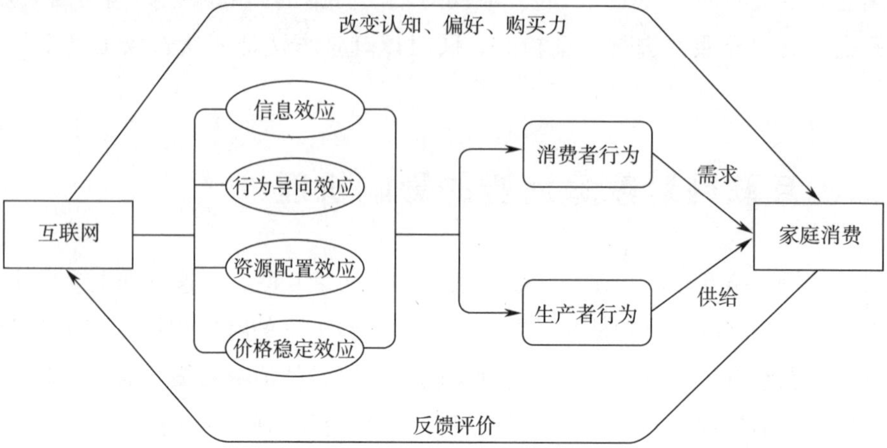

图1 互联网对家庭消费的影响机制

的行为是相互影响的。在互联网时代下，网络自媒体承担一部分传播媒介作用，传播效应由于人们对互联网终端的日益依赖而被放大，使得互联网平台上的信息具有较强的消费导向作用，尤其表现为消费者偏好的趋同和交易效率提高。对生产者而言，厂商利用互联网技术平台的信息整合和数据分析实现最优生产经营决策以获得最大效用，在数据的引导下顺应市场需求或创造新需求，借助互联网智能平台改进生产经营方式，提高供给质量。

3. 资源配置效应

互联网与其他行业的交叉融合催生新业态，有利于实现资源优化配置，帮助市场参与者在资源限制下实现效用最大化。对消费者而言，如互联网金融为消费者提供可承受范围内的小额借贷和及时的金融信息，促进家庭财产收入增加、形成家庭可支配收入，促进居民消费。对生产者而言，以往的消费市场难以打破空间界限，产品在全国范围内的统一整合受到信息接收、物流运输等因素的影响。互联网应用将使生产者明确最优的资源投放方向，有利于优化产品市场资源配置。同时，互联网工业平台提高企业生产效率、降低生产能耗，搭建起高效高能的互联网产业链。

4. 价格稳定效应

互联网具有的资源整合效应使得全国市场统一、资源集中，同质产品的集汇引发网络市场竞争，促使消费品价格下降。另外，网络竞争促进市场流动性的提高和资源整合，当厂商定价过高时，销售量下降，生产者易于考察同行业定价并对自身的定价机制进行合理调整，反之亦然，因此有利于稳定市场价格。

综上所述，互联网以信息技术为依托，通过平台建设、互联互通改变了家庭消费行为的内在驱动和外在环境，即改变消费市场供求双方行为，促进家庭消费。

（二）微观视角

微观家户样本的差异主要来源于初始禀赋（如地理条件、区域经济发展水平等客观因素）和后天禀赋（如家庭成员的收入水平、最高受教育程度）两个方面。

1. 家庭特征

收入水平能够直接反映家庭经济状况，是影响家庭消费的重要因素，也是研究家庭消费中不容忽视的一个变量。诸多文献的实证结果指出互联网的使用对家庭收入的改善有显著影响。而互联网同样能够通过提高家庭收入水平进而对消费产生间接作用。

2. 家庭分布

截至2018年12月，我国农村网民规模为2.22亿，占整体网民的26.7%，城镇网民规模为6.07亿，占全部网民的73.3%①。目前我国互联网普及存在城乡差异，互联网在农村地区发展仍有很大潜力。城乡家庭的分布代表了家庭的初始禀赋，互联网使用对农村地区家庭消费具有更强的促进效果。但现阶段中国区域经济发展水平的差异仍然存在，这一客观因素通过互联网的普及率差异同样将导致家庭消费结构的差异。已有研究表明互联网发展对东部地区农村居民消费结构的影响程度大于中西部地区，这一差异主要是通过互联网改善信息渠道效应和移动通信设备的普及呈现。

三、计量模型

（一）数据来源与描述

本文所使用数据来自中国家庭跟踪调查（CFPS），是由北京大学中国社会科学调查中心实施的具有全国代表性的大型微观入户调查，本文选用的是2017年数据。

本文中被解释变量为“家庭总消费支出”，在回归分析中对其进行了对数化处理。解释变量为“家庭是否使用互联网”。此外，本文还引入了一系列与家庭消费有关的控制变量，主要集中在家庭层面，具体变量的统计描述见表1。

① 数据来源：CNNIC第43次《中国互联网发展统计报告》。

表1　主要变量描述性统计

	变量名	均值
被解释变量	家庭总消费支出（元）	41 715.134
解释变量	家庭是否使用互联网	0.612
控制变量	家庭过去一年的总收入（元）	59 793.356
	家庭成员人口数	3.705
	家庭生活满意程度	4.361
	是否使用互联网和城乡的交互项	0.345
	家庭最高受教育程度	3.091

（二）模型设计与基准回归

本文构建多元回归模型分析互联网使用与家庭消费的因果关系。首先采用普通OLS进行多元回归估计，建立如下基本回归模型：

$$consumption_i = \alpha_1 + \beta_1 \, internet_i + \gamma_1 X_i + \varepsilon_i \quad (1)$$

方程（1）中，被解释变量 $consumption_i$ 表示第 i 个家庭的消费支出；核心解释变量 $internet_i$ 表示第 i 个家庭的互联网使用情况；X_i 表示控制变量。α_1、β_1 表示待估系数，其中待估系数 β_1 表示互联网使用对家庭消费支出的边际效应；γ_1 表示待估参数的向量；ε_i 表示误差项。表2报告了基准回归的估计结果：方程（1）显示，若使用互联网则家庭消费支出增长8.19个百分点，核心解释变量的系数值有所上升。从控制变量来看，家庭收入、家庭规模、家庭最高受教育程度与消费支出显著正相关，对生活的满意程度与消费支出显著负相关，城市家庭的消费支出增长高于农村家庭。

表2　互联网使用对家庭消费支出的影响——基准回归与工具变量回归

变量	普通 OLS (1)	2SLS (2)	LIML (3)	GMM (4)	迭代 GMM (5)
是否使用互联网	0.0819*** (0.0196)	0.1422*** (0.0290)	0.1422*** (0.0290)	0.1416*** (0.0289)	0.1416*** (0.0289)
常数	3.5854*** (0.0775)	3.5541*** (0.1490)	3.5541*** (0.1490)	3.5290*** (0.1447)	3.5289*** (0.1447)
控制变量	控制	控制	控制	控制	控制
Hausman 检验 P 值	—	0.000	—	—	—
DWH 检验 P 值	—	0.000	—	—	—

续表

变量	普通 OLS (1)	2SLS (2)	LIML (3)	GMM (4)	迭代 GMM (5)
Cragg - Donald Wald F 统计量	—	5 730.78	—	—	—
过度识别检验 P 值（Hansen J 统计量）	—	0.4979	—	—	—
观测值	11 736	11 736	11 736	11 736	11 736

注：括号内为统计量的标准误差；*、**、***分别表示在10%、5%、1%的显著性水平下显著。

上述结果仅说明了互联网使用与消费支出具有显著的正向相关关系而不能说明互联网使用对消费支出具有正向因果关系。

（三）内生性讨论

上述分析初步表明，使用互联网对居民消费有显著正向效应，但是未考虑回归中潜在的内生性问题，一是遗漏变量的问题，二是反向因果问题，本文使用“互联网作为信息渠道的重要程度”和“通过互联网了解政治信息的程度”作为工具变量解决内生性问题。首先，使用互联网是通过互联网了解信息及政治信息的前提，具有较强的相关性；其次，通过互联网了解信息尤其是政治信息很难直接影响居民的消费水平，政治信息难以影响消费，满足工具变量外生性的条件。因此，从逻辑上判断，“互联网作为信息渠道的重要程度”和“通过互联网了解政治信息的程度”同时满足作为工具变量的相关性和外生性条件。

由表2可知，Hausman 检验的 P 值为0.000，为了使检验结果更准确，使用异方差稳健的 Durbin - Wu - Hausman（DWH）检验的 P 值也为0.000，据此，可认为“是否使用互联网”为内生解释变量。同时，过度识别检验（Hansen J 统计量）的 P 值为0.4979，说明无法拒绝工具变量外生的原假设，即工具变量有效。又有 Cragg - Donald Wald F 统计量为5 730.78，远大于10%偏误下的临界值19.93，可以排除弱工具变量问题。以上检验表明，“互联网作为信息渠道的重要程度”和“通过互联网了解政治信息的程度”作为工具变量能够更为准确地识别是否使用互联网对居民消费水平的影响。

如表2所示，变量（2）—（5）分别运用传统的两阶段最小二乘法（2SLS）、对弱工具变量更不敏感的有限信息极大似然估计方法（LIML）、在异方差条件下更为有效的 GMM 法、迭代 GMM 方法进行估计，四种方法的估计结果均显示使用互联网在1%水平上对居民消费水平具有显著正向影响，且估计系数比较接近，进一步说明估计结果是稳健、可信的。

（四）分样本分析

1. 使用互联网对不同收入水平家庭消费支出的影响

本文将样本按照家庭收入水平分位数分为低收入家庭和高收入家庭两部分进行2SLS回归。如表3中变量（6）、变量（7）所示，使用互联网在1%的显著性水平下对低收入家庭的消费支出有正向促进作用，在5%的显著性水平下对高收入水平家庭具有正向促进作用，使用互联网对低收入家庭的消费支出的促进作用更明显，这是由于互联网为低收入水平家庭消费带来更多的选择，线上消费更为实惠，从而提高了低收入家庭的购买力。

2. 使用互联网对城乡消费支出的影响

本文基于国家统计局的城乡分类将样本分为城镇家庭和农村家庭两部分进行2SLS回归，如表3中变量（8）、变量（9）所示，使用互联网对农村家庭的消费支出水平提升作用更为明显。相对于农村地区，城镇地区市场更为完善，城镇居民可以通过线下市场满足其消费需求；而农村地区消费市场规模有限，使用互联网可以获得更多的信息和选择，刺激农村居民的消费需求增加，促使农村居民消费支出提高。

3. 使用互联网对区域消费支出的影响

本文按照家庭所在省份将样本分为东、中、西部地区三部分，如表3中变量（10）—（12）所示，对于东、中、西部地区而言，使用互联网均对其家庭消费支出具有显著的正向促进作用。同时，在中部地区家庭中，使用互联网相对不使用互联网的家庭其消费支出会提高17.85%，这表明使用互联网对中部地区的家庭消费支出提升作用更为明显。相比于东部地区的经济发达和西部地区的经济落后，中部地区经济发展正在崛起，网络基础设施较为完善，居民家庭购买力较强，可以在较短时间内购买到东部和西部地区的产品，促使中部地区居民消费支出提高。

表3　　使用互联网对消费支出的影响——分样本分析结果

变量	2SLS 回归		2SLS 回归		2SLS 回归		
	低收入	高收入	城镇	农村	东部地区	中部地区	西部地区
	（6）	（7）	（8）	（9）	（10）	（11）	（12）
家庭是否使用互联网	0.1242***	0.1140**	0.1173***	0.1843***	0.1232***	0.1785***	0.1002**
	（0.0357）	（0.0449）	（0.0380）	（0.0309）	（0.0478）	（0.0493）	（0.0522）
常数	4.4280***	2.9870	3.3111***	3.8420***	3.5167***	3.7859***	3.4283***
	（0.2530）	（0.3363）	（0.2660）	（0.1743）	（0.2793）	（0.2189）	（0.2548）
控制变量	控制	控制	控制	控制	控制	控制	控制
样本量	6 312	5 424	5 801	5 935	4 957	3 456	3 323

注：考虑到其他控制变量和基准回归结果一致，故此略去；括号内的为各统计量的标准误差；＊、＊＊、＊＊＊分别表示在10%、5%、1%的显著性水平下显著。

四、结论与建议

本文采用CFPS数据研究了互联网使用对家庭消费行为的影响并得出了以下结论：（1）本文使用“互联网作为信息渠道的重要程度”和“通过互联网了解政治信息的程度”作为工具变量有效解决内生性问题后，互联网使用对居民消费水平具有显著正向促进作用。（2）互联网对低收入家庭的消费支出的促进作用明显低于对高收入家庭的促进作用；对农村家庭的消费支出的促进作用明显低于对城镇家庭的促进作用；对中部地区家庭的消费支出的促进作用明显低于对东西部的促进作用。

基于上述结论，本文认为今后在以下领域还有改进空间。

第一，加强互联网基础设施建设，释放互联网消费潜力。针对城乡间、区域间的“数字鸿沟”，要加强农村地区、中西部地区的互联网基础设施建设，提高互联网普及率，实现互联网基本公共服务均等化。第二，加快建设互联网全平台，实现技术应用和深度融合。国家应鼓励生产者积极转变生产经营方式、优化生产结构，适当给予政策优惠。企业应创新生产经营方式，将大数据、云计算和人工智能应用到产业链构建中，构建科研—生产协调机制，提高企业生产效率，提升消费品供给质量，服务消费者个性化需求。第三，加强互联网监管，保障互联网消费安全。政府相关部门要加强法制建设，深化网络环境治理，净化互联网信息，提高互联网消费安全性。对于消费者与网络商家可能存在的信息不对称导致的商品与实际不符、退换货障碍等问题，网络购物第三方平台要做好监管与协商工作。网络支付平台要不断优化其支付系统的风险防控系统，降低盗刷、错付等支付风险。

本文在进行互联网对消费行为的影响的分样本分析时，直接通过比较样本组的回归系数比较互联网使用对不同子样本中家庭消费支出的影响程度，在今后的研究中，可进一步优化分样本分析方法，引入交叉项方法（Chow 检验）、基于似无相关模型的检验方法（suest）或费舍尔组合检验方法（Permutation test）增强结果的精确性。

参考文献

［1］吕佳茵．互联网经济对居民消费行为的影响研究［J］．商场现代化，2018（14）．

［2］夏妍．互联网经济对我国居民消费形态的影响探析［J］．中外企业家，2018（28）．

［3］温涛，孟兆亮．我国农村居民消费结构演化研究［J］．农业技术经济，

2012（7）.

［4］王小华，温涛. 城乡居民消费行为及结构演化的差异研究［J］. 数量经济技术，2015（10）.

［5］胡日东，钱明辉、郑永冰. 中国城乡收入差距对城乡居民消费结构的影响——基于LA/AIDS拓展模型的实证分析［J］. 财经研究，2014（5）.

［6］周洋，华语音. 互联网与农村家庭创业——基于CFPS数据的实证分析［J］. 农业技术经济，2017（5）.

［7］吴晓涵. 互联网使用对家庭消费结构的影响研究［J］. 商业经济研究，2019（5）.

［8］卜茂亮，罗华江，周耿. Internet对劳动力市场的影响——基于中国家庭动态跟踪调查（CFPS）数据的实证研究［J］. 南方人口，2011（5）.

［9］纪倩. Internet的使用对于西部地区家庭收入影响的实证研究［J］. 经济研究导刊，2018（19）.

［10］周广肃，樊纲. 互联网使用与家庭创业选择——来自CFPS数据的验证［J］. 经济评论，2018（5）.

［11］周广肃，孙浦阳. 互联网使用是否提高了居民的幸福感——基于家庭微观数据的验证［J］. 南开经济研究，2017（3）.

［12］毛宇飞，孙浦阳. 互联网是否促进了女性就业——基于CGSS数据的经验分析［J］. 经济学动态，2017（6）.

［13］刘湖，张家平. 互联网对农村居民消费结构的影响与区域差异［J］. 财经科学，2016（4）.

［14］祝仲坤，冷晨昕. 互联网与农村消费——来自中国社会状况综合调查证据［J］. 经济科学，2017（6）.

［15］祝仲坤，冷晨昕. 互联网使用对居民幸福感的影响——来自CSS 2013的经验证据［J］. 经济评论，2018（1）.

［16］杨光，吴晓杭，吴芷翘. 互联网使用能提高家庭消费吗？——来自CFPS数据的证据［J］. 消费经济，2018（1）.

［17］孙浦阳，张靖佳，姜小雨. 电子商务、搜寻成本与消费价格变化［J］. 经济研究，2017（7）.

［18］何大安. 互联网应用扩张与微观经济学基础——基于未来“数据与数据对话”的理论解说［J］. 经济研究，2018（8）.

［19］袁志刚，朱国林. 消费理论中的收入分配与总消费——及对中国消费不振的分析［J］. 中国社会科学，2002（2）.

[20] 黄娅娜，宗庆庆．中国城镇居民的消费习惯形成效应 [J]．经济研究，2014 (1)．

[21] 马双，谭继军，尹志超．中国家庭金融研究的最新进展——“中国家庭金融研究论坛”会议综述 [J]．经济研究，2014 (9)．

[22] 李涛，陈斌开．家庭固定资产、财富效应与居民消费：来自中国城镇家庭的经验证据 [J]．经济研究，2014 (3)．

[23] Pradhan, Arvin, Norman, Bennett. Financial depth, internet penetration rates and economic growth: country - panel evidence [J]. Applied Economics, 2016, 48 (4).

[24] Ceyhun Elgin. Internet usage and the shadow economy: Evidence from panel data [J]. Economic Systems, 2013, 37 (1).

房价波动、房地产信贷与经济增长动态时变互动关系研究

——基于 TVP - VAR 模型的廊坊区域实证检验

崔洪利　孙　月　唐　旭①

摘要：房价波动和房地产信贷联系紧密，对两者关系展开研究具有重要的现实意义。考虑信贷和房地产周期受到共同经济因素的冲击，因此将经济增长作为宏观经济变量引入动态分析系统。本文突破了传统固定系数模型在分析经济变量的持续演变与结构突变过程方面的局限性，基于 MCMC 迭代算法，构建了包含房价波动、房地产信贷与经济增长的三变量时变参数向量自回归（TVP - VAR）模型，利用等间隔和时点冲击响应函数对三者的动态时变互动关系展开了实证研究。

关键词：房价波动　房地产信贷　经济增长　时变关系　TVP - VAR 模型

一、引言

房地产业作为资金密集型行业，与银行业联系紧密。从 1998 年商业银行开展个人住房贷款以来，很大程度上推动了房地产住宅市场的发展，信贷资金也成为房地产业资金来源的重要渠道之一，推动着房地产市场快速发展。房地产行业的繁荣又成为促进经济增长的重要动力。而与此同时，与房价走高以及信贷扩张相伴随的是金融业“脱实向虚”趋势愈发显著，大量信贷资金可能并未有效流入实体经济，而是涌入房地产市场而进一步推高房价。一方面，房地产市场繁荣有利于促进经济增长，并带动上下游产业发展；另一方面，抽血实体经济不利于其发展。那么，房价波动的背后信贷因素发挥了怎样的作用？房价的波动又会对信贷产生怎样的影响？

---

① 作者简介：崔洪利、孙月、唐旭，现均供职于中国人民银行廊坊市中心支行。

房价上涨、信贷扩张能否持续促进经济增长？对于这些问题的解答，有利于明晰三者间的互动关系与关联机制，这对于适时调整信贷规模与结构，合理调控房价，引导银行业与房地产业良性互动具有重要意义和参考价值。

二、文献综述与研究思路

（一）文献综述

关于房地产价格与银行信贷关系研究的文献较多，例如，李勇刚、高波（2012）比较研究房地产开发贷款和个人住房贷款对房价的影响效应大小，发现前者对房价的正向影响效应大于后者；宋明（2016）实证对比分析2005—2014年信贷规模和信贷价格对房价的影响，发现银行信贷规模因素比银行信贷价格因素对房地产价格的影响更显著和持续。一些学者在对两者关系展开研究的基础上加入其他变量，例如，结合Goodhart和Hofmann（2007）在著作中指出，房地产和贷款市场之间相互增强的繁荣和衰退周期大大增加了银行部门和金融系统的脆弱性；同时，由于信贷周期主要由宏观经济和预期决定，而经济活动的状态对房地产市场也施加了重要影响；Goodhart和Hofmann（2008）对近三十年发达国家样本分析发现，房价、货币、宏观经济之间存在多种显著的直接影响关系；吕江林等（2015）指出银行信贷、房地产价格与宏观经济三者之间确实存在着联动性。就研究方法而言，文献多采用协整分析、误差修正模型和VAR、VECM模型以及面板模型等。

（二）研究思路

综合以上文献，考虑信贷和房地产周期受共同经济因素的冲击，房价、银行信贷与经济增长联系紧密，本文将经济增长作为宏观经济变量引入动态分析系统。在研究方法上，采用的方法多为传统固定系数模型，在分析经济变量的持续演变与结构突变过程方面存在局限性。近年来，经济结构和房地产市场特征不断调整，尤其是本文的研究对象——廊坊市房地产市场近年来呈现了较为明显的阶段性发展，可能存在结构性突变，需要更能捕捉系统结构变化且更加贴合数据的计量模型，传统固定系数的模型已不能满足研究需要。因此，本文运用时变参数向量自回归（TVP－VAR）展开研究。

三、理论模型

TVP－VAR模型参数被看作随机过程，用一种灵活而显著的方式捕捉经济变量相关关系的时变特征。定义标准 S－VAR 模型：

$$Ay_t = F_0 + F_1 y_{t-1} + F_2 y_{t-2} + \cdots + F_s y_{t-s} + \mu_t \quad t = s+1,\cdots,n$$

其中，y_t 是 $k \times 1$ 维观测向量，A 是 $k \times k$ 阶联立参数矩阵，F_0、F_1、$\cdots$、F_s 为 $k \times k$ 阶系数矩阵，μ_t 是 $k \times 1$ 维向量结构冲击扰动项，令 $\mu_t \sim N(0,\sum\sum')$：

$$\sum = diag\,(\sigma_i)_{k\times k} = \begin{pmatrix} \sigma_1 & 0 & \cdots & 0 \\ 0 & \ddots & \ddots & \vdots \\ \vdots & \ddots & \ddots & 0 \\ 0 & \cdots & 0 & \sigma_k \end{pmatrix}$$

假定 A 为下三角矩阵，结构性冲击服从递归识别：

$$A = \begin{pmatrix} 1 & 0 & \cdots & 0 \\ a_{21} & \ddots & \ddots & \vdots \\ \vdots & \ddots & \ddots & 0 \\ a_{k1} & \cdots & a_{k,k-1} & 1 \end{pmatrix}$$

S－VAR 模型可写为：

$$y_t = c + B_1 y_{t-1} + \cdots + B_s y_{t-s} + A^{-1}\sum \varepsilon_t \varepsilon_t \sim N(0,I_k)$$

其中，$c = A^{-1}F_0$，$B_i = A^{-1}F_i$，$i = 1,\cdots,s$。将 B 中元素拉直得到 $k^2 s \times 1$ 维向量 β。令 $X_t = I_s \otimes (y_{t-1},\cdots,y_{t-s})$，$\otimes$ 是克罗内克乘积：

$$X_t = \begin{pmatrix} (1,y_{t-1},\cdots,y_{t-s}) & 0 & \cdots & 0 \\ 0 & (1,y_{t-1},\cdots,y_{t-s}) & \cdots & 0 \\ \vdots & \vdots & \ddots & \vdots \\ 0 & 0 & \cdots & (1,y_{t-1},\cdots,y_{t-s}) \end{pmatrix}$$

上式变为：

$$y_t = X_t\beta + A_t^{-1}\sum \varepsilon_t$$

将参数转化为随时间变化的拓展形式 TVP－VAR 模型：

$$y_t = X_t\beta_t + A_t^{-1}\sum \varepsilon_t$$

系数矩阵、随机波动协方差矩阵和联立参数均为随机过程。使用 Primiceri（2005）和 Jouchi Nakajima（2011）处理方法，将矩阵形式的参数转化为向量形式。下三角矩阵中除了 0 和 1 以外的其他元素拉直成一个列向量：

$$a_t = (a_{21},a_{31},a_{32},a_{41},\cdots,a_{k,k-1}),\ h_t = (h_{1t},\cdots,h_{kt})$$

$$h_t = \log\sigma_{it}^2,\ i = 1,\cdots,k;\ t = s+1,\cdots,n$$

假设参数服从随机游走：

$$\beta_{t+1} = \beta_t + \mu_{\beta t},\ a_{t+1} = a_t + \mu_{at},\ h_{t+1} = h_t + \mu_{ht}$$

$$\begin{pmatrix} \varepsilon_t \\ \mu_{\beta t} \\ \mu_{at} \\ \mu_{ht} \end{pmatrix} \sim N\left(0, \begin{pmatrix} I & 0 & 0 & 0 \\ 0 & \sum_\beta & 0 & 0 \\ 0 & 0 & \sum_a & 0 \\ 0 & 0 & 0 & \sum_h \end{pmatrix}\right),\ t = s+1,\cdots,n$$

其中，$\beta_{s+1} \sim N(\mu_{\beta_n}, \sum_{\beta_n})$，$a_{s+1} \sim N(\mu_{a_n}, \sum_{a_n})$，$h_{s+1} \sim N(\mu_{h_n}, \sum_{h_n})$。

利用 Nakajima（2011）的贝叶斯框架下的 Markov Monte Carlo 算法（MCMC）来估计参数后验概率分布，通过构建平稳分布为 $\pi(\omega)$ 的 Markov 链来推断 $\pi(\omega)$ 的样本，再通过这些样本来对参数进行估计。

四、实证分析

（一）指标选取

房价波动代表变量选择廊坊市房价①同比增速 p，房地产信贷代表变量选择房地产开发与购房贷款余额同比增速 x，经济增长代表变量选择季度 GDP 增速 i。样本区间为 2009 年第一季度至 2019 年第二季度，共计 42 期季度数据。

（二）MCMC 算法估计

按照 $p-x-i$ 的顺序进入 TVP－VAR 模型。应用 MCMC 算法迭代 10 000 次，预测样本 1 000 次予以舍弃。根据边际似然值最小原则选取最优滞后阶数为 1。待估参数后验分布统计量见表 1。

表 1　MCMC 估计结果

参数	均值	标准差	95%*L*	95%*U*	*Geweke*	*Inef.*
*sb*1	0.0023	0.0003	0.0018	0.0029	0.880	2.78
*sb*2	0.0023	0.0003	0.0018	0.0028	0.584	1.83
*sa*1	0.0046	0.0010	0.0031	0.0070	0.173	6.60
*sa*2	0.0056	0.0017	0.0034	0.0097	0.552	13.27
*sh*1	0.0056	0.0016	0.0034	0.0095	0.867	15.08
*sh*2	0.0057	0.0019	0.0034	0.0103	0.303	26.36

① 数据来源：CREIS 中指数据。

Geweke 后验收敛诊断概率显示，1 000 个预测样本对于 MCMC 收敛是足够的；无效因子均小于 50，算法估计稳健。由图 1 可知，随着模拟次数增加，自相关系数收敛于 0。由图 2 可知，动态模拟路径波动集群现象明显，模型估计有效。

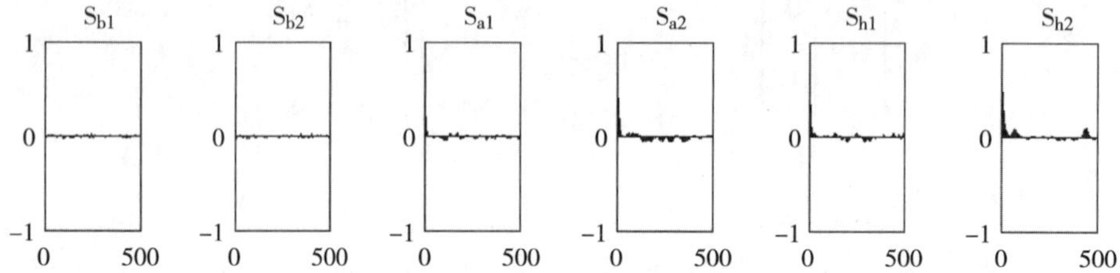

图 1　样本自相关图

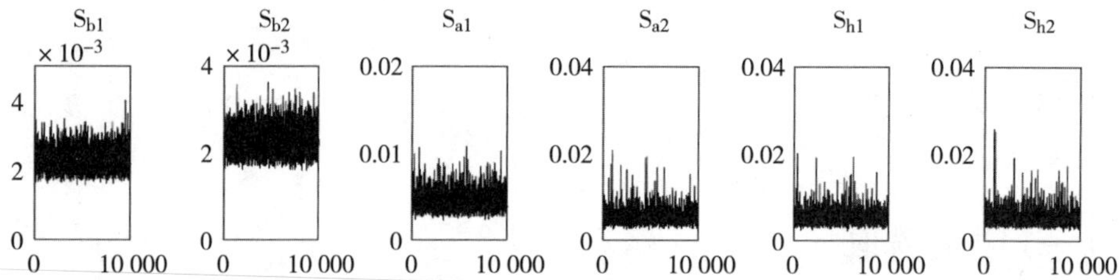

图 2　动态模拟路径

（三）动态互动关系研究

TVP - VAR 模型参数估计是时变的，因此，响应函数也有所不同。TVP - VAR 模型可以刻画两种不同形式的冲击响应函数：

1. 等间隔冲击响应函数

等间隔冲击响应函数是在给定相等时间间隔下，每一时点上自变量的单位冲击对相等间隔后因变量产生的影响。选取（1,2,4,6）作为短、中、中长、长期影响，分别代表当期一单位变量的正向冲击对 3、6、12、18 个月后另一变量的影响。

（1）房价自身冲击的响应。随着时间间隔的拉长，房价自身冲击的正响应程度逐渐减小，即房价的正反馈机制随着时间的推移而有所弱化。2013 年开始，随着房价的上涨，房价冲击的自我正响应程度逐渐扩大，即房价的正反馈机制随着房价的上涨而得到加强，提示楼市调控难度加大。

（2）房地产信贷对房价冲击的响应。响应的时变特征较为显著。2009 年正从金融危机中恢复，房价增速回稳，对房地产信贷产生正向促进作用；2013 年开始，房价增速由负转正，短、中期内会对房地产信贷产生正向促进作用；2016 年开始，房价显著上升，任何时间间隔内都对房地产信贷产生正向促进作用。以上表明当房价处于上升通道时，会对房地产信贷产生正向促进作用。同时，随着时间间隔的拉长，房地产信贷对房价冲击的正响应程度减弱，房地产信贷规模不会持续循环扩大，房贷风险基本可控。

（3）经济增长对房价冲击的响应。响应的时变特征较为显著。短期内，经济增长对房价冲击的响应持续为正，但响应程度有所变化。中期内，2010—2011 年上半年房价增速显著上扬，响应为负向，此后，基本均为正响应。2012 年，房价增速持续为负，正响应减弱，2013 年、2016 年时，楼市分别处于热度掀起、高热时期，而正响应一度几乎为零。中长期和长期情况基本一致，2017 年年中之后为正响应。2017 年之后，房价涨势得到良好控制，整体较为平稳。以上表明，房价的适度上涨和平稳运行在短、中期内会促进经济增长，但房价过度攀高或显著上涨时，在短、中期内会对经济增长的促进作用减弱，中长、长期内会产生显著的负向作用，且时间间隔越长，负向作用越显著。

（4）房价对房地产信贷冲击的响应。无论间隔多久，房价对房地产信贷冲击的响应均为正向，且随着时间间隔的拉长，正响应逐步增强。房地产信贷规模的扩张无论在何时都会对房价起到正向推动作用，房价上涨背后的信贷因素显著。

（5）房地产信贷对自身冲击的响应。短期内，房地产信贷自身冲击的正响应最为显著，随着时间间隔的拉长，正响应减弱。除短期外，这种正响应具有一定的时变特征，2010 年房价增速较高以及 2014 年开始房价处于高位时，房地产信贷的自我强化机制显著，表明此时的信贷资金倾向流入房地产业，贷款集中度升高，提示在密切关注房价走势的同时，适时对信贷结构进行及时监控、调整和优化。

（6）经济增长对房地产信贷冲击的响应。无论间隔多久，经济增长对房地产信贷冲击的响应均为正向，且随着时间间隔的拉长，正响应逐步增强。房地产信贷规模的扩张促进了楼市发展，推动了经济增长（见图 3）。

2. 时点冲击响应函数

考虑三个系统结构可能发生转变的时点，即（17，33，39）：一是 2013 年第一季度，京津冀协同发展概念落地，楼市获得升温基础，房价增速由负转正；二是 2017 年第一季度，楼市显著高热，房价增速为 49.6%，达到样本期最大；三是 2018 年第三季度，楼市显著退热，房价增速由正转负。

（1）房价自身冲击的响应。房价自身冲击的正响应均迅速而显著，且长期拖尾。表明房价具有显著的刚性或历史记忆性，正反馈机制显著。不同时间点的响应程度又有所不同，再次印证了动态系统的时变特征，证明系统结构发生了变化。2013 年第一季度时，楼市刚刚开始升温，房价较为平稳，房价的自我调整机制良好。2018 年第三季度，虽然房价增速由正转负，但在经历了一番高涨之后，房价的

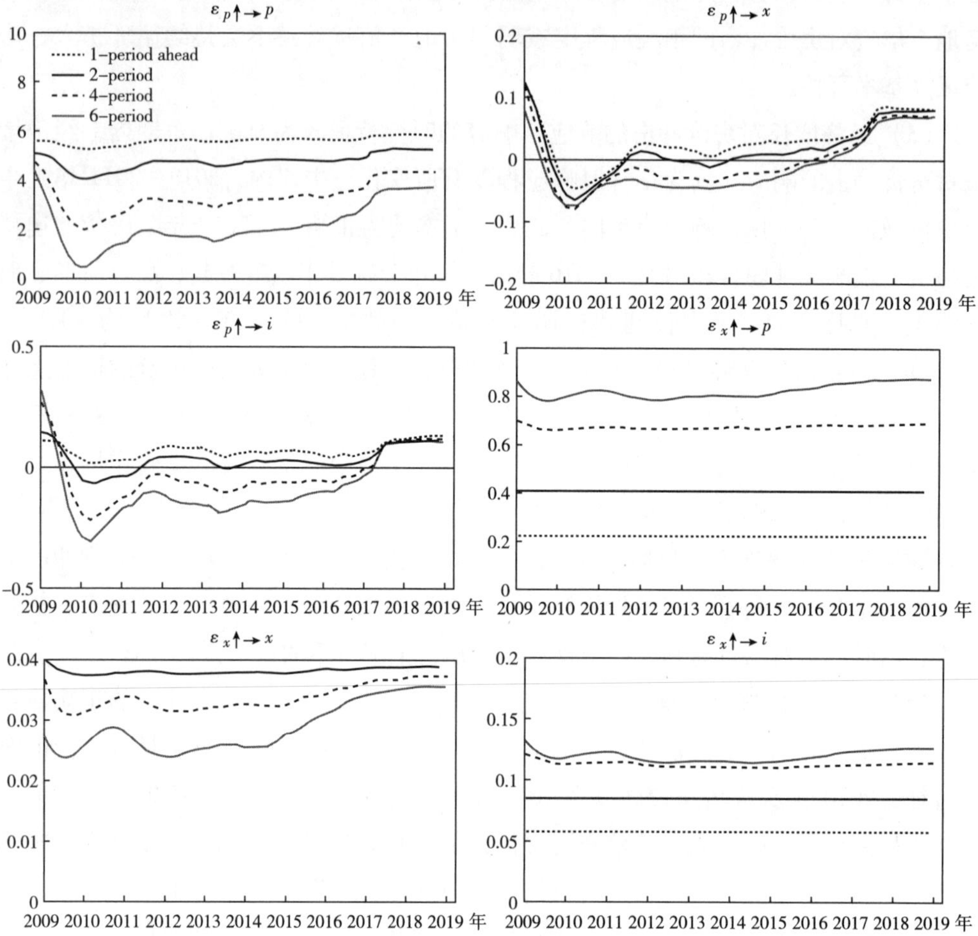

图 3　等间隔冲击响应函数

自我恢复机制明显减弱，甚至弱于 2017 年第一季度房价高涨时。

（2）房地产信贷对房价冲击的响应。房地产信贷对房价冲击的正响应均迅速而显著，且均具有衰减特征。表明房地产信贷对房价较为敏感，楼市一旦出现景气，会立即引起房地产信贷规模的扩张，但随着时间的推移，不存在持续而循环的放大响应。同时，不同时间点存在时变特征。2013 年第一季度，正响应在滞后 2 期后就衰减至零，而 2018 年第三季度，正响应程度比其他两个时间点都大，且衰减也相对较慢。当楼市预期逆转时，房价可能出现过度回调的风险，此时房地产信贷也会马上收缩。提示当楼市处于高温退热时，更应关注市场风险。

（3）经济增长对房价冲击的响应。经济增长对房价冲击的正响应均迅速而显著。但在 2013 年第一季度、2017 年第一季度时，正响应在滞后 3 期时就衰减至零，之后甚至出现负响应。表明当房价处于上升通道时，对于经济增长来说是双刃剑，短期内能够促进经济增长，但长期看，随着房价的上涨，楼市繁荣产生虹吸效应，对工业等产生挤出效应，反而不利于经济增长。2018 年第三季度，房价显著回落，楼市进入平稳发展阶段，此时经济增长的正响应平稳而持续，进一步表明房价处于平稳阶段才能够有效促进经济增长。

（4）房价对房地产信贷冲击的响应。房价对房地产信贷冲击的正响应虽然具有滞后性，但长期拖尾，信贷扩张会对房价产生进一步的推动作用，房价高涨的背后存在显著的信贷因素。同时，不同时期存在时变特征。2013 年第一季度，楼市刚开始升温，房价比其他两个时点要低，此时这种正响应的自我恢复机制显著。表明当房价高涨或处于高位时，推动房价上涨的信贷因素风险较为突出。

（5）房地产信贷对自身冲击的响应。房地产信贷对自身冲击的正响应均迅速而显著，且存在一定衰减趋势。表明房地产信贷规模增长在短期内具有惯性。不同时点的正响应恢复程度又有所不同。2013 年第一季度时，正响应衰减最快，房贷风险相对最低。

（6）经济增长对房地产信贷冲击的响应。经济增长对房地产信贷冲击的正响应均迅速，但存在一定的滞后性，且呈衰减趋势。表明房地产信贷规模的扩张促进了楼市的发展，进而在中短期内能够推动经济增长，但随着时间的推移，这种促进作用会逐渐衰减，2013 年第一季度衰减最为明显，这是由于楼市开始升温后，房地产信贷过度集中，资金逐利性增强，长期看并不利于经济增长（见图4）。

五、总结

区别于传统 VAR 模型，TVP－VAR 模型模拟出两种不同的冲击响应函数。等间隔冲击响应函数展示出不同间隔期变量间作用机制的时变特征，四种时间间隔的图像走势基本一致，进一步验证了 TVP－VAR 模型估计的稳健性，印证了模型对时点信息捕捉的有效性。时点冲击响应函数从全新的视角进行研究，捕捉了不同时点估计出的响应函数，走势的变化解释了变量间作用机制的改变，这也表明在不同时点，经济系统结构发生了改变。结合两种函数总结如下：

一是房价的自我正反馈机制一定程度上使投资者形成对未来房价的自我维持和自我实现的预期，这种心理易引发楼市泡沫。这种正反馈机制虽然会随着时间间隔的拉长而弱化，但会随着房价上涨而得到加强。尤其是当楼市处于高温退热时，房价的自我恢复与调整机制明显减弱，提示楼市调控难度不减。

二是房地产信贷对房价的变化较为敏感，楼市一旦景气、房价处于上升通道时，会立即引起房地产信贷规模扩张，但这种机制会随着时间间隔的拉长而弱化，信贷

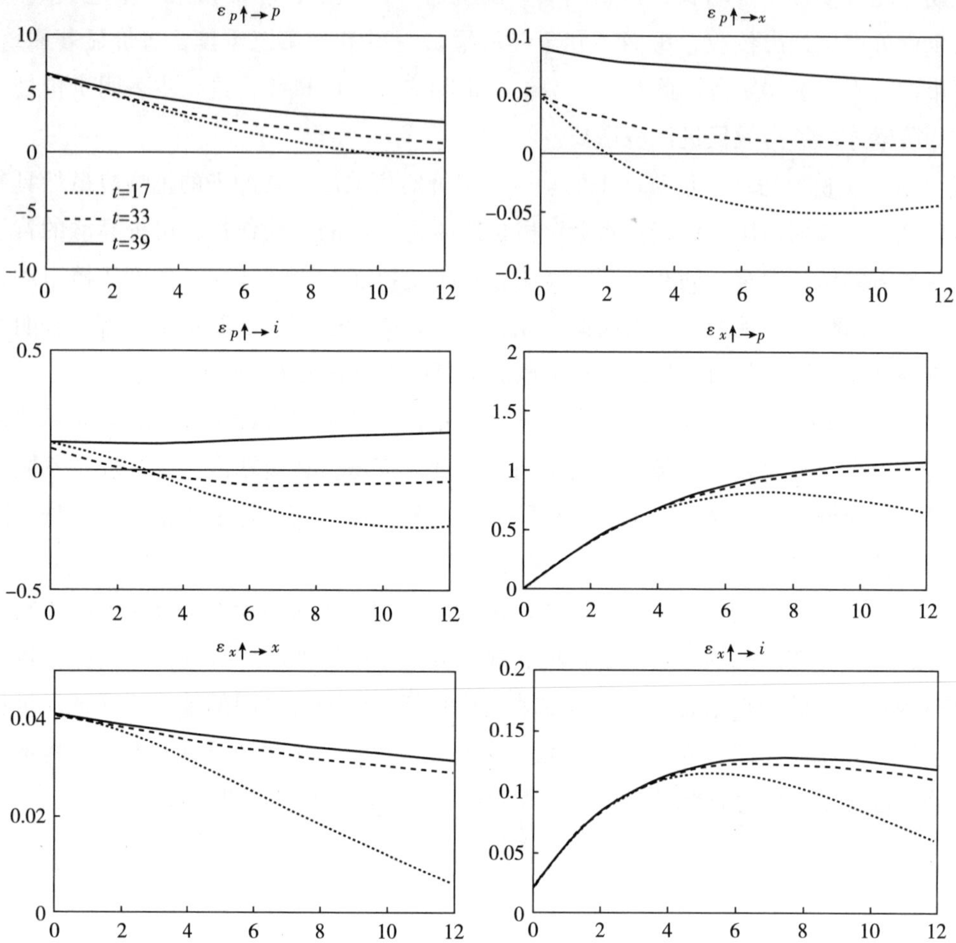

图 4　时点冲击响应函数

自身也不会持续而循环放大，房贷风险相对可控。但是，房价增速较高或房价处于高位时，资金逐利性增强，房地产信贷的自我强化机制更为显著。

三是房地产信贷规模的扩张无论在何时都会对房价起到正向推动作用，房价上涨背后的信贷因素显著。楼市刚开始升温、房价尚处低位时，这种正向推动作用的自我恢复和调整机制较为良好，即当房价高涨或处于高位时，推动房价上涨的信贷因素更为突出。

四是房价的适度上涨和平稳运行在短、中期内会促进经济增长，但房价过度攀高或显著上涨时，在短、中期内对经济增长的促进作用减弱，中长、长期内甚至会产生抑制作用，楼市繁荣产生虹吸效应，不利于经济增长。

五是房地产信贷规模的扩张在中短期内能够推动经济增长，但这种促进作用会逐渐衰减，2013 年第一季度的衰减最为明显，这是由于楼市开始升温后，房地产信贷过度集中，资金逐利性增强，长期看不利于经济增长。

参考文献

[1] 宋明．我国房地产价格与银行信贷、非银行信贷的关系研究［J］．价格理论与实践，2016（4）：125－128.

[2] 吕江林，陈惠，邱小安．信贷约束、房价与经济增长［J］．金融论坛，2015，20（1）：41－46.

[3] 李勇刚，高波．信贷约束对住宅市场的影响效应［J］．中南财经政法大学学报，2012（2）：93－99，144.

[4] Goodhart C.，Hofmann B. House Prices and the Macroeconomy：Implications for Banking and Price Stability［M］．USA：Oxford University Press，2007.

英格兰与威尔士地区经济周期与生育率之间的关系[①]

何　姗[②]

一、绪论

生育率对于每个国家来说都是一个重要指标，因为这个比率与许多其他宏观指标有关，例如未来的人口数量和劳动力数量。它可以帮助政府做出决策（例如老龄化问题）并保持其国家的繁荣。一些学者对生育率进行了多项研究，发现许多因素会影响生育率，如结婚率、离婚率、同居比例。近几十年来，有很多文献关注于经济指标对生育率的影响，研究了生育率与经济周期之间的关系。

有的研究表明，生育率可能受到经济发展的负面影响，即生育率是逆周期的。而有一些学者则认为，生育率是顺周期的。为了弄清这种关系的方向，本文使用VAR（向量自回归）方法来探讨英国的英格兰和威尔士的GDP，离婚率、结婚率和生育率之间的关系。本文旨在解释生育率如何受到经济周期的影响，以及离婚率和结婚率对生育率的影响程度。

为了清楚地说明这个问题，首先，我们需要介绍欧洲、英格兰和威尔士的生育率的趋势和背景、经济周期的关键特征。除此之外，还将讨论一些先前的文献，关于英国的经济周期的波动情况和定义，以及经济周期与生育率之间的关系。

其次，本文应用VAR（向量自动回归）来捕获模型中变量之间的关系。继而介绍数据并做出实证分析。本文的实证分析包括单位根检验和VAR估计，格兰杰因果检验，脉冲响应函数分析。然后，我们使用VAR方法进行一些预测，并将结果与实

---

① 本文得到对外经济贸易大学国内外联合培养研究生项目（批准号：JS20180203）的资助。

② 作者简介：何姗，对外经济贸易大学国际经济贸易学院。

际数字进行比较以证明结果的有效性。

本文将考察三个不同的变量对英格兰和威尔士的生育率的影响。在以前的研究中，学者们没有讨论经济周期对英格兰和威尔士生育率的影响。此外，根据 Mocan (1990)，本文选择离婚率和结婚率，用 GDP 而不是失业率来代表经济周期。

二、背景研究

1. 欧洲、英格兰和威尔士生育率变化趋势

欧洲的生育率从半个世纪前开始下降（见图 1），到 2000 年达到最低，然后在最近几年中略有上升。这引起了许多媒体和整个社会的关注。因为生育率有助于预测人口增长和制订人口计划。因此，了解生育率并了解其趋势是有意义的，它可以帮助政府做出决策并稳定人口和经济变化。

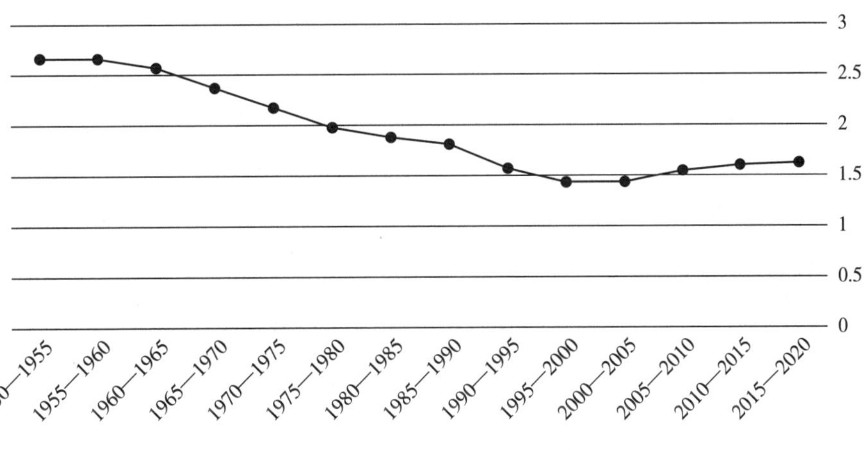

图 1　欧洲生育率变化趋势

从图 2 中可以看出，20 世纪 60 年代英格兰和威尔士的生育率上升到最高，然后在 1978 年下降到 1.7 左右。在最近的 40 年中，2002 年至 2011 年，生育率在 1.5 左右波动，并增加了约 0.5%。然后又回到这一时期的平均水平。显然，英格兰和威尔士的生育率从 1970 年开始就高于欧洲的数值，较高的生育率可能有助于应对人口老龄化的挑战。

尽管 Bray（2008）预测，从长远来看，英格兰和威尔士的生育率的增长将一直持续到 2006 年。但是图 2 显示，自 2011 年以来，生育率一直在下降。这种趋势会继续吗？如果继续，它将持续多长时间？还是之后事实会遵循 Bray 的预测？为了说明这些问题，我们需要了解可能影响生育率的关键因素。

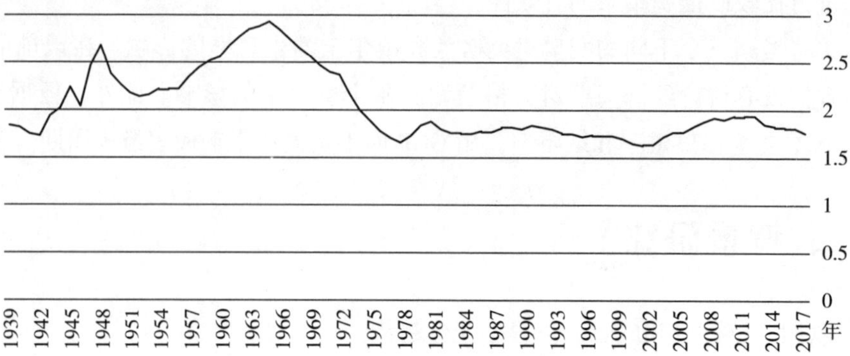

图2　英格兰和威尔士生育率变化趋势

2. 经济周期的特征

每个国家的经济发展并不是一成不变的，经济繁荣与经济衰退总是交替发生。当总产量开始下降时，实际收入和利润开始下降，失业率将急剧上升。当经济衰退逐渐放缓，然后到达底部时，经济开始复苏并开始下一轮扩张。值得一提的是，经济总是在波动中增长。

经济周期，也称为经济周期或贸易周期。Bums and Mitchell（1946）对经济周期的简要定义是："经济周期是在主要以工商业企业形式组织其活动的那些国家的总量经济活动中发现的一种波动：一个周期由许多经济活动中大约同时发生的扩张组成，随后是类似的普遍衰退，紧缩和复兴。继而开始下一个周期的扩展阶段。这种变化是不定期的也是反复发生的。"对于欧洲和英国的经济周期的相关研究有很多，本文主要关注经济周期和生育率的相关关系，探查随着经济周期的波动，生育率是否也随之上升或者下降。

三、文献综述

（一）英格兰和威尔士经济周期的趋势和定义

20世纪初，英国开始使用经济周期来描述当时的经济波动。商业的繁荣和萧条与许多因素有关。同时，它们也对其他指标产生影响。定义经济周期和生育率对探讨经济周期与生育率之间的关系来说非常重要。一些学者认为GDP或人均GDP可以作为经济状况的指标。当然除GDP外，失业率通常还是代表经济周期的指标。William（1975）认为失业率是解释经济周期变动的最佳指标。当失业率上升时，基本收入将下降，加班带来的额外收入也将下降，人们需要更多的兼职工作。

近年来，在许多文献中都讨论了英国经济周期的趋势。Stock（2003）观察了七个国家（加拿大、法国、德国、意大利、日本、英国、美国）的经济周期的波动性。他将1960—2002年的数据分为两个时期：1960—1983年和1984—2002年。结果表明，在第一阶段，英国实际人均GDP的四季度增长波动率变化为2.4，在这七个国家中排名第五。此后不久，波动率下降至1.7，但排名第三。总体而言，此七个国家的经济在后一时期比前一时期更稳定，但是，英国的经济波动性下降的幅度没有其他国家那么大。

Hiebert、Jaccardb和Schülerc（2018）使用GDP增长来表示1970年至2015年上半年包括英国在内的13个欧盟国家中的经济周期，可以看出英国经济周期的波动性低于平均水平，在这13个国家中排名第七。最近，Fidrmuc和Korhonen（2019）发现货币联盟影响了欧洲的经济周期。直到2016年，欧洲国家的经济周期变得越来越同步，不论是在非欧元区还是欧元区国家（例如瑞典和英国）。

Kapounek和Kucerov（2019）还提到了1983年至2017年24个欧盟国家（包括英国）的经济周期变动。他们得出的结论是，英国经济周期的变动与欧盟和美国的变动一致。在2005年之前，美国的经济周期跟随英国的经济周期，而在2010年之后，英国的经济周期跟随美国的经济周期。文章表明，英国经济与欧盟之间的脱钩过程在2010年之后就存在。总而言之，英国经济周期变动的幅度在1983年以后有所下降，并且近年来与欧盟国家有一定的联动性，但与美国最为相关。

与其他欧洲国家相比，英国的经济周期波动被证明处于中间水平。并且该指标正逐渐变得平缓。此外，英国的经济周期变化与其他欧洲国家呈一致的趋势，但与美国的经济周期联动性更强。我们知道，GDP和失业率将随着经济周期波动而相应增加或减少。最好选择GDP和失业率来表示经济周期的变化。但考虑到数据的可观测长度，本文在模型中选择GDP作为代表经济周期波动的指标。

（二）经济周期与生育率的关系

1. 经济周期与生育率的正相关关系

从20世纪开始，生育率与经济周期之间的关系引发了激烈的辩论。不同的学者对此有不同的看法。大多数研究认为，经济周期与生育率之间具有正相关关系，这意味着生育率是顺周期的。Yule（1906）调查了1850—1901年出生率和结婚率这两个比率与经济之间的关系。他使用了欧洲不同国家的结婚率和出生率，并发现由于贸易和价格的直接影响，出生率存在波动。此外，失业率对婚姻率和出生率的影响取决于当前的社会状况。它影响了上层阶级和下层阶级，而前者受到的影响更大。Hyrenius（1946）认为经济活动对婚姻和出生率产生积极影响。他还提到因为士兵的津贴，战争对结婚率产生了积极的影响。对于出生率来讲，由于服兵役，战争在1920—1944年的瑞典是不利因素。

Ben – Porath，Yoram（1973）通过回归研究了1950—1970年以色列人口中各个分组的生育率的周期性响应，表明出生率和结婚率呈顺经济周期性变化。该研究由在亚洲和非洲出生的犹太人组成。在大多数阿拉伯人的非犹太人中也发现了类似的结果。

在21世纪，这个话题已经引起了公众的广泛关注。Currie和Schwandt（2015）指出，高失业率在1975年至2010年对美国的生育率产生负面影响，这不仅是短期的影响，而且是长期的。他们通过调查失业率对各个年龄段女性的影响，发现这种负面影响将随着年龄的增长而累积。在短期内，二十多岁的妇女受失业率高的影响最大，并且随着时间的流逝，生育率所受的负面影响越来越大。

Sobotka和Skirbekk（2011）发现，1980—2008年GDP与发达国家的生育率之间存在正相关关系。相反，失业率与生育率呈负相关，较高的失业率将导致较低的生育率。他们在经济衰退中提到，更高的工作不稳定将延迟生育。

一些研究解释说，当经济增长时，由于挤出效应，生育率增加。Bellou和Cardia（2014）认为，在大萧条时期，妇女将进入劳动力市场，然后在经济复苏阶段便产生了驱逐效应，年轻女性由于工资低廉而无法进入劳动力市场。Doepke、Hazan和Maoz（2015）通过讨论劳动力市场的激烈竞争导致年轻女性退出劳动力市场并促进她们选择生育的现象来支持这一结果。

2. 经济周期与生育率的负相关关系

一些学者相信许多国家出现了生育的逆周期化。由于替代效应或其他原因，生育率与女性收入之间存在负相关关系。但是对于男性收入，自收入效应以来，这一数字就变为正数。当替代效应大于收入效应时，未来的生育率运动将是反周期的。Butz和Ward（1979）指出，战后1947年至1975年的就业率（和小时收入）与生育率之间存在很强的负相关关系。通过回归分析，他们得出了一个结论，即男女工资已经以不同方式影响了美国的总生育率变动。尽管男性的工资对生育率产生了积极影响，但相反的结果可以从女性的工资与生育率之间的相关性中找到。美国1970—1974年生育率的上升证实了他们的结果，他们坚信，由于妇女的工资足够高，生育率将继续下降。如果妇女的就业率显著下降或生育费用下降，则生育率将会提高。

在使用Dickey – Fuller（DF）检验（1979）和协整检验之后，Mocan（1990）建立了两个向量自回归模型，以表示两对变量之间的关系（女性失业率、生育率和男性失业率）。脉冲响应函数的结果表明它们之间存在负相关关系。但是，该模型在添加两个变量（离婚率和结婚率）后得出相反的结果。

Ermisch（1980）提到德国的生育率下降，是因为经济增长增加了1950—1970年家庭中妇女的收入，这意味着妇女的收入能力得到提高。如果年轻已婚妇女人数的下降很小，则生育率与经济将呈现相反的关系。这可以解释为父母希望保持自己和子女的高生活水平。Becker和Barro（1986）认为大多数西方国家在19世纪中叶的生育率下降是由于这些国家的经济快速增长。随着这种增长，抚养孩子的成本将同时增加。

Galor、Weil（1993）指出，男性和女性的相对工资决定了家庭的生育能力。当妇女的相对工资增加时，养育子女的费用增加将超过一个家庭收入的增加。所以，当经济在经济周期中繁荣发展时，女性相对工资对生育率的负面影响是因为替代作用主导了效用函数。

Sachs和Malaney（2002）基于非洲31个国家的数据，发现当妇女有孩子时，毫无疑问，她们的就业选择将受到限制而导致失业。

在Galor（2005）的研究中，许多西方国家的生育率下降发生在同一时间段，但是人均收入对生育率的影响程度不同。英格兰是1870年世界上最富有的国家（人均GDP约为3 191.4英镑），其出生率下降幅度最大。同时，德国和瑞典的人均国内生产总值低于英国，尽管出生率下降的幅度小于英国，但它们的出生率也有所下降。因此，可以说一个国家越富裕，其出生率下降越多。

Awad（2017）讨论了1980—2014年短期和长期影响马来西亚生育率的关键因素。结果表明，从长远来看，一些基本的宏观经济变量（婴儿死亡率、GDP、就业和不同教育水平的女性总入学率）将对总生育率产生负面影响。

Wang、Yip和Scotese（1994）使用SVAR方法来检验1949—1988年美国的就业率与生育率之间的关系。从生育率的脉冲响应来看，就业率在短期内与生育率呈负相关。

此外，有一些论文得出的结论是经济指标与生育率之间的相对较弱的关系。Kirk（1960）发现，结婚率与出生率之间的相关性强于经济指标与出生率之间的相关性。实际人均国内生产总值与生育率之间的相关性相对较低。经济指标虽然被视为一个关键因素，而不是导致生育率变化的主要原因。Silver（1965）在1855年至1934年的研究中证实了美国出生率与经济周期之间的正相关关系。但出生率、结婚率和经济周期之间的关系水平较弱。

一些文献倾向于关注经济周期影响生育率的机制。它会直接影响生育，还是先影响婚姻，然后影响生育？Galbraith和Thomas（1941）认为，经济周期将直接或间接影响生育率。Silver（1965）提出，婚姻的周期性变化并不是导致出生率下降的主要原因。Yule（1906）在他对过去半个世纪英格兰和威尔士结婚率和出生率变化的讨论中也提到了这一点。

总的来说，生育率与经济周期之间的关系仍引发学术界的争议。一些学者认为，生育率是顺周期性的，因为他们认为失业会减少家庭收入，从而减少生育率。关注于夫妻之间相对工资、替代效应和机会成本的学者则持相反的观点。我们需要找出哪一个是决定生育率的关键因素。本文将研究英格兰和威尔士经济周期与生育率之间的关系，并同时在模型中加入离婚率和结婚率，并探查他们与生育率的相关关系。

四、研究方法

VAR（向量自回归）可以被看作一个多元回归模型，将变量的当期值与若干滞后值进行回归，其被解释变量为每个变量的滞后值。VAR 在分析时间序列变量之间的相互联系方面非常有效。一些经济指标，例如 GDP 或 CPI 的增长通常在宏观经济预测中起着关键作用。通常有很多预测方法。一种是使用单个序列来预测其自身。另一种是建立一个包含多个变量的系统，利用整个系统来预测，向量自回归就是这样的一种方法。

一些研究人员使用此模型和由 VAR 变异的其他模型来讨论许多变量之间的关系，并找出变量的滞后值对其他变量的影响程度。Eltony（2001）使用 VAR 和 VECM（误差修正模型）来检验油价波动对七个关键宏观经济变量的影响。Colognia、Manerab（2008）建立了 SVAR（结构向量自回归）模型，以研究过去 20 年中石油价格的变化是否影响了货币供应量，并通过货币政策将其传递给经济。

五、数据

数据来自英国国家统计网站（www. ons. gov. uk.），本文收集了 1948 年至 2016 年英格兰和威尔士的年出生率数据，以及此地区 1948 年至 2016 年女性的结婚率和离婚率。关于经济周期的指标，GDP 数据的长度大于失业率的长度（1971—2016 年），因此本文将采用 GDP。

这项研究中的原始数据是来自国家统计局的统计数据，该数据提供了英格兰和威尔士境内较为完整的出生率、结婚率和离婚率的情况，与调查数据相比，包含测量误差的可能性较小。

六、实证研究

（一）单位根检验

在非平稳时间序列中，均值或方差值会随时间变化，或者可能两者都同时变化。

如果时间序列不是平稳的，从预测的角度来看，没有办法将其扩展到其他时期。如此没有太大的实用价值。VAR 模型的一个前提条件是数据应通过单位根检验以证明序列的平稳性，以防结果成为伪回归，这是对宏观经济学和金融学数据的特殊测试。DF 检验是单位根检验之一。在 DF 检验中，假设 ut 是白噪声，这意味着 ut 不具有自相关。但是，如果具有自相关，则 DF 检验的结果将不准确。ADF 测试增加了滞后项以解决此问题，本文将同时采用两种单位根检验方法讨论数据的平稳性。

在 ADF 检验中，选择滞后阶数 P 实际上也是一个问题，如果这个数量太小，则 ut 将具有自相关。如果 P 太大，则会降低 ADF 的检验能力。Schwert（1989）通过使用 $p_{\max} = \left[12 \times \left(\frac{T}{100}\right)^{\frac{1}{4}}\right]$ 选择 ADF 的最大滞后阶数，其中 T 是观测量。本文采用这种方法选择最大滞后阶数，并按照从大到小的顺序向前检验。当滞后为零时，ADF 检验与 DF 检验相同。本文样本包括不超过 69 个观测值，因此最大滞后阶数为 10。

由表 1 和表 2 可知，差分前的变量均不平稳。而一阶差分后的生育率、结婚率、离婚率、GDP 都是平稳序列（p 值小于 0.05），这意味着它们是同阶单整。在这种情况下，满足 VaR 的前提，可以建立 VaR 模型。

表 1　　DF 检验结果

差分前数据	z（t）	1% critical value	5% critical value	10% critical value	p - value
log of gdp	1.278	-4.108	-3.482	-3.169	1
cbr	-1.567	-2.384	-1.668	-1.295	0.061
marriage rate	-0.691	-2.384	-1.668	-1.295	0.2461
divorce rate	-1.045	-2.384	-1.668	-1.295	0.1499
一阶差分后数据					
log of gdp	-5.575	-4.113	-3.483	-3.17	0
cbr	-4.581	-2.385	-1.669	-1.295	0
marriage	-8.64	-2.385	-1.669	-1.295	0

表 2　　ADF 检验结果

差分前数据	1% critical value	5% critical value	10% critical value
D. log of gdp	(0.0000) 0	NA	NA
D. cbr	(0.0003) 1	(0.0397) 3	(0.0901) 4
D. marriage rate	(0.0049) 5	NA	(0.0618) 6
D. divorce rate	(0.0002) 1	(0.0192) 2	(0.0943) 3
	(p - value) number of lag		

（二）建立 VaR 模型

在确定最佳滞后阶数为 1 之后，本文建立了 VaR 模型。VaR 模型是用于分析时间序列数据的最灵活、最有用的统计模型之一，应用这个模型可以看到变量之间的动态关系。通过该模型，我们也可以对未来的生育率进行预测（见表 3）。

表 3　　VaR 模型结果（滞后阶数为 1）

	Coef.	Std. Err.	z	P > z	［95% Conf.］	Interval
L. cbr	0. 508493	0. 096481	5. 27	0	0. 319395	0. 697592
L. gdp	1. 466135	0. 874601	1. 68	0. 094	-0. 24805	3. 18032
L. divorce	-0. 68995	0. 284611	-2. 42	0. 015	-1. 24778	-0. 13213
L. marriage	0. 158164	0. 101014	1. 57	0. 117	-0. 03982	0. 356148
_ cons	-0. 10901	0. 076185	-1. 43	0. 152	-0. 25834	0. 040306

该模型的结果表明，GDP 在滞后一阶时对生育率的影响最大，P 值等于 0. 094，系数在 90% 的置信区间内为正，这意味着生育率是顺周期的。也就是说，国内生产总值增加，第二年的生育率将增加。那可能是因为当在向上的经济周期中男女收入增加时，家庭将有更多的钱养育子女。也就是说，他们在经济繁荣时更愿意拥有更多的孩子。同时，在 95% 置信区间下，离婚率与滞后阶数 1 的生育力呈负相关，P 值为 0. 015。但是与此同时，结婚率的结果在统计上并不显著。从 1838 年到 2017 年的数据来看，英格兰和威尔士的非婚生育的百分比一直在增长。2017 年，有超过 48% 的非婚生婴儿出生。因此，可以解释结婚并不是当今影响生育率的关键因素。

接下来，需要考虑整个模型的稳定性。如表 4 的 VAR 稳定性所示，该圆内的所有特征值均小于 1，这意味着它们均落在单位圆内。由此可以得出，此 VaR 系统是稳定的。

表 4　　稳定性检验

Eigenvalue	Modulus
. 5021956 + . 03940871i	0. 503739
. 5021956 - . 03940871i	0. 503739
-. 1116783 + . 03680552i	0. 117587
-. 1116783 - . 03680552i	1. 117587
All the eigenvalues lie inside the unit circle.	—
VAR satisfies stability condition.	

（三）格兰杰因果检验

格兰杰因果关系检验不是检验普通的因果关系。如果某一变量 X 是另一变量 Y

的格兰杰因，那么 X 有助于预测未来的 Y。表 5 格兰杰因果关系测试的结果说明了格兰杰因果关系检验的结果。GDP 的 P 值和离婚率分别为小于 0.1 和 0.05。因此，这两个变量与生育率的格兰杰因果关系分别在 90% 和 95% 的置信区间内显著。也就是说，我们可以使用这两个变量来预测生育率。结婚率的 p 值大于 0.1，其不是生育率的格兰杰原因。

表 5　　格兰杰因果检验

Granger causality Wald tests				
Equation	Excluded	chi2	df	Prob > chi2
D_ cbr	D. lngdp	2. 8101	1	0. 094
D_ cbr	D. divorcera	5. 8767	1	0. 015
D_ cbr	D. marriagera	2. 4516	1	0. 117
D_ cbr	ALL	7. 1126	3	0. 068

（四）脉冲响应函数分析

脉冲响应函数分析通过给变量一个标准差的冲击，从而观察两个变量之间的动态关系。

图 3 展示了生育率对 GDP 冲击的反应。在受到 GDP 的冲击之后，出生率的响应函数在第一年上升，然后下降到零。这可以解释为 GDP 对生育率产生了积极影响。也就是说，当 GDP 增加时，生育率就会增加。

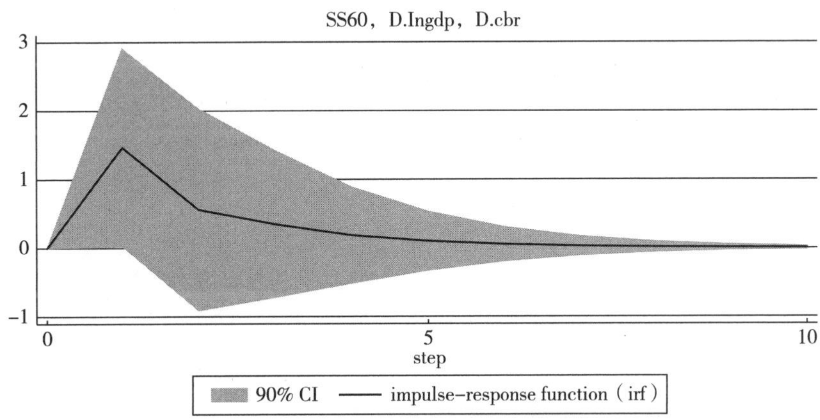

图 3　生育率与 GDP 的脉冲响应

很明显，在离婚率的冲击之后，生育率下降到初始值以下。紧接着，该数字在两年后逐渐上升到零。也就是说，离婚率和生育率具有负相关关系（见图 4）。

总的来说，在一次冲击之后，GDP 对该模型的生育率产生了积极的影响。相反，

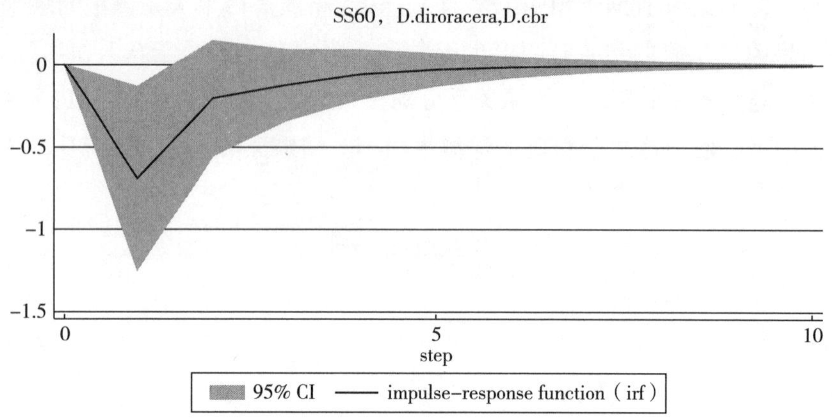

图 4　生育率与离婚率的脉冲响应

离婚率对生育率产生负面影响。虽然第一期 GDP 的 p 值大于 0.05 但小于 0.1，这意味着置信区间为 90% 时，结果是显著的。同样，此处所有婚姻率的结果并不显著，所以不做解释。

（五）预测与比较

根据 VAR 模型，可以使用解释变量来解释和预测生育率。同时，我们可以通过比较预测数字和实际数字来评估模型的可靠性。本文通过使用 2014 年之前的数据建立 VAR 模型来预测未来几年的生育率。如果结果能很好地符合实际的生育率，那么对未来的预测将对我们有良好的参考意义。

通过图 5 VAR 模型中的预测，我们可以清楚地看到生育率的趋势，预测值的波动非常接近实际的生育率观测值，预测值能落在 95% 的置信区间内。也就是说，此模型可以解释现实生活中的真实情况。该图显示了 2017 年以后的生育率一阶差分

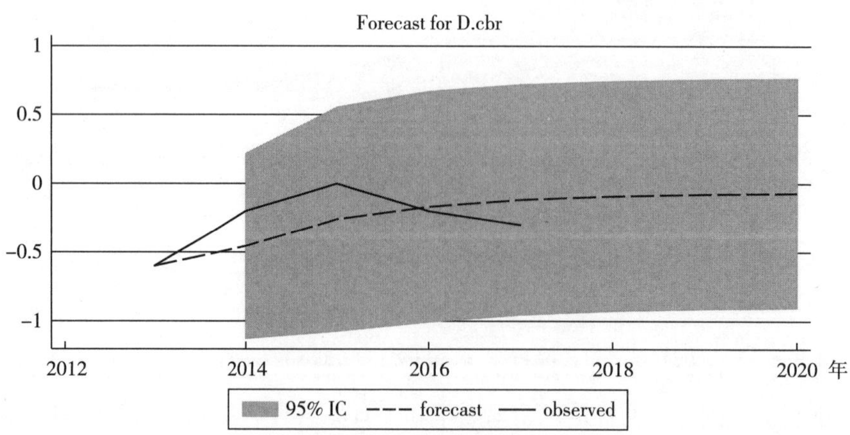

图 5　VaR 预测

值。结果表明，2020 年之前的生育率的一阶差分将为负，这意味着在未来三年内，英格兰和威尔士的生育率将下降。

七、稳健性检验

本文的稳健型检验通过增大滞后阶数来完成。因为滞后阶数越大，丧失的自由度就越多，所以本文未选择更大的滞后阶数，在稳定性检验部分将滞后阶数调为 2。当滞后阶数增大到 2 时，GDP 的 p 值小于 0.05，由表 6 可以得出与滞后阶数为 1 时相同的结论，同样说明生育率的顺周期性。

表 6　　VaR 模型结果（滞后阶数为 2）

	Coef.	Std. Err.	z	P > z	[95% Conf.]	Interval
L. cbr	0.4476683	0.1198629	3.73	0	0.2127412	0.6825954
L2. cbr	0.1292767	0.1052438	1.23	0.219	-0.0769974	0.3355508
L. gdp	1.986628	0.9246961	2.15	0.032	0.1742566	3.798999
L2. gdp	-1.364984	0.9233719	-1.48	0.139	-3.17476	0.4447914
L. divorce	-0.6772566	0.2697265	-2.51	0.012	-1.205911	-0.1486023
L2. divorce	-0.0668581	0.2837476	-0.24	0.814	-0.6229931	0.489277
L. marriage	0.0778963	0.0976248	0.8	0.425	-0.1134447	0.2692374
L2. marriage	-0.2142575	0.0942056	-2.27	0.023	-0.3988971	-0.029618
_ cons	-0.07003	0.0846259	-0.83	0.408	-0.2358937	0.0958337

八、讨论与结论

本文旨在调查 1948 年至 2016 年英格兰和威尔士的生育率与经济周期之间的关系。应用 GDP 数据来衡量经济周期，并使用出生率来显示生育率。通过对整个过程的分析，包括单位根检验，VaR 估计，脉冲响应函数和预测，可以得出经济周期与生育率之间存在正相关的结论。当国内生产总值提高时，生育率也会提高。如脉冲函数结果所示，GDP 对生育率产生积极影响。因此，生育率是顺周期性的。此外，通过更改滞后阶数的稳健性检验也表示结果很可靠。

这一结果不同于 Mocan（1990）的推论，即生育率是逆周期的。可能是因为当 GDP 增加时，家庭的可支配收入增加，更多的人会考虑拥有孩子。经济不景气时，他们将推迟生育孩子的计划。Héctor 和 Miriam（2016）在研究中得出了类似的结果，他们认为这是因为当人们失业后，他们会推迟生育决策。从另一方面来看，当经济状况不利时，一些妇女将进入劳动力市场以增加家庭的收入，这意味着她们当时很可能没有时间考虑怀孕，因为这要花费时间。Andriana（2014）也讨论了这种现象。

在本文中，在90%的置信区间内，GDP的结果显著，但在95%的置信区间内，结果似乎微不足道。这与Cooman和Joshi（1987）的结果相似，即生育率并不是经济的明显周期性指标。学者发现生育率可能是顺周期的也可以是逆周期的，这意味着经济周期可能会在两个不同的方向上影响生育率。因此，这两个效果相互抵消，可能导致结果不是很显著。

如今，抚养孩子的成本越来越高。根据英国经济与商业研究中心的数据，2016年英国父母花费大约231 843英镑抚养孩子，比2013年增长了65%。也就是说，经济因素将主导抚养孩子的趋势。婚姻不是影响生育率的关键因素，不再是怀孕的限制。本文中结婚率的结果也给我们类似的答案。当谈到离婚率时，它将对生育率产生负面影响。原因可能是当人们离婚之后，很少有夫妻会决定要孩子。

总之，国内生产总值的增加将导致生育率的增加。我们可以看到，经济周期对英格兰和威尔士的生育率有积极影响。预测结果表明，未来几年英格兰和威尔士的生育率将下降。显然生育率受经济指标的影响，如果政府想激励生育率，提高生育率、就业率和福利可能是个好办法。

参考文献

[1] Galbraith, V. L., and Thomas, D. S. (1941). Birth rates and the interwar business cycles. *Journal of the American Statistical Association* 36, 465 – 476.

[2] Eltony, M. N., & Al - Awadi, M. (2001). Oil price fluctuations and their impact on the macroeconomic variables of Kuwait: a case study using a VaR model. *International Journal of Energy Research*, 25 (11), 939 – 959.

[3] Cologni, A., & Manera, M. (2008). Oil prices, inflation and interest rates in a structural cointegrated VAR model for the G – 7 countries. *Energy economics*, 30 (3), 856 – 888.

[4] Yule, G. U. (1906). On the Changes in the Marriage – and Birth – Rates in England and Wales during the Past Half Century; with an Inquiry as to their Probable Causes. *Journal of the Royal Statistical Society*, 69 (1), 88 – 147.

[5] Sobotka, T., Skirbekk, V., & Philipov, D. (2011). Economic recession and fertility in the developed world. *Population and development review*, 37 (2), 267 – 306.

[6] Butz, W. P., & Ward, M. P. (1979). The emergence of countercyclical US fertility. *The American Economic Review*, 69 (3), 318 – 328.

[7] Currie, J. and H. Schwandt (2015). Short and Long – Term Effects of Unemployment on Fertility. *IZA DP* No. 9299.

[8] Ben – Porath, V. (1973). Short – term fluctuations in fertility and economic activity in Israel. *Demography*, 10 (2), 185 – 204.

[9] Mocan, N. H. (1990). Business cycles and fertility dynamics in the United States. *Journal of Population Economics*, 3 (2), 125 – 146.

[10] Hyrenius, D. H. (1946). THE RELATION BETWEEN BIRTH RATES AND ECONOMIC ACTIVITY IN SWEDEN 1920—1944. *Bulletin of the Oxford University Institute of Economics & Statistics*, 8 (1), 14 – 21.

[11] Silver, M. (1965). Births, marriages, and business cycles in the United States. *Journal of Political Economy*, 73 (3), 237 – 255.

[12] Kirk, D. (1960). The influence of business cycles on marriage and birth rates. In *Demographic and economic change in developed countries* (pp. 241 – 260). Columbia University Press.

[13] Awad, A., & Yussof, I. (2017). Factors Affecting Fertility – New Evidence from Malaysia. Bulletin of Geography. *Socio – economic Series*, 36 (36), 7 – 20.

[14] Kapounek, S., & Kučerová, Z. (2019). Historical decoupling in the EU: Evidence from time – frequency analysis. *International Review of Economics & Finance*, 60, 265 – 280.

[15] Stock, J. H., & Watson, M. W. (2003). Has the business cycle changed? Evidence and explanations. *Monetary policy and uncertainty: adapting to a changing economy*, 9 – 56.

[16] Hiebert, P., Jaccard, I., & Schüler, Y. (2018). Contrasting financial and business cycles: Stylized facts and candidate explanations. *Journal of Financial Stability*, 38, 72 – 80.

[17] Bellou, A., & Cardia, E. (2014). Baby – boom, baby – bust and the Great Depression.

[18] Doepke, M., Hazan, M., & Maoz, Y. D. (2015). The baby boom and World War II: A macroeconomic analysis. *The Review of Economic Studies*, 82 (3), 1031 – 1073.

[19] Ermisch, J. F. (1980). Time costs aspirations and the effect of economic growth on German fertility. *Oxford Bulletin of Economics and Statistics*, 42 (2), 125 – 143.

[20] Galor, O., & Weil, D. N. (1993). *The gender gap, fertility, and growth* (No. w4550). National Bureau of Economic Research.

[21] Wang, P., Yip, C. K., & Scotese, C. A. (1994). Fertility choice and economic growth: Theory and evidence. *The Review of Economics and Statistics*, 255 – 266.

[22] Sachs, J., & Malaney, P. (2002). The economic and social burden of malaria. *Nature*, 415 (6872), 680.

[23] Galor, O. (2005). The demographic transition and the emergence of sustained economic growth. *Journal of the European Economic Association*, 3 (2 – 3), 494 – 504.

[24] Chen Qiang. (2014). *Advanced Econometrics and Stata Applications* (Vol. 183). Higher Education Press.

[25] UNdata (2019). Total fertility rate (live births per woman). Retrieved from: http://data.un.org/Data.aspx?d=PopDiv&f=variableID%3A54.

[26] Office for national statistics (2017) Births in England and Wales: 2017. Retrieved from: https://www.ons.gov.uk/peoplepopulationandcommunity/birthsdeathsandmarriages/livebirths/bulletins/birthsummarytablesenglandandwales/2017http://data.un.org/Data.aspx?d=PopDiv&f=variableID%3A54.

系统性风险贡献度对商业银行信贷供给影响研究[①]

刘志洋[②]

摘要：本文实证分析表明，当金融体系处于正常状态时，商业银行系统性风险贡献度的增加不会影响其向实体经济输出信贷的功能，但是在极端状况下，系统性风险贡献度越高的商业银行是向实体经济输送信贷越多的银行，因此其是受到系统性风险影响大的商业银行，在风险增加时其对实体经济信贷输出会显著下降。分类别来看，当金融体系正常运行时，商业银行系统性风险贡献度的增加能够降低房地产贷款的发放；但在极端情况时，商业银行系统性风险增加会降低个人住房抵押贷款的发放，而增加房地产行业的贷款，从而有增加银行体系风险的可能。同时，本文实证分析表明，在极端情况时，对商业银行风险贡献越大的商业银行，其短期贷款发放的越多，商业银行消费贷款发放的也越多。

关键词：系统性风险贡献度　信贷供给　流动性创造

一、引言

2008 年金融危机显示，银行业体系系统性风险增加往往与信贷供给的快速上涨密切相关。信贷快速上涨意味企业会出现过度投资行为，继而对金融体系的稳定也产生威胁。当银行业系统性风险爆发时，如果商业银行把系统性风险爆发所产生的社会风险内部化，则商业银行的贷款投放会比没有内部化金融危机成本时降低很多（Meg Adachi - Sato and Chaiporn Vithessonthi，2016）。然而，当商业银行预期一旦金

---

① 本文为教育部人文社会科学研究青年基金项目《货币政策与宏观审慎监管协同机制及有效性检验》（项目编号：19YJC790088）阶段性研究成果。

② 作者简介：刘志洋，东北师范大学经济学院副教授。

融危机爆发，政府会对金融机构进行救助时，商业银行就没有内生化危机成本的动机，因此系统性风险就没有办法约束商业银行的信贷供给行为。

2008 年金融危机爆发后，为了加强银行业系统性风险管理，全球金融监管当局积极推动宏观审慎监管体系建设。在宏观审慎监管的截面维度方面，金融监管当局重点关注的是金融机构的系统性风险贡献度。监管当局根据每家金融机构的系统性风险贡献度，将金融机构划分为不同的系统性重要性区间，以便施加差异化的金融监管，激励金融机构将自身经营所带来的负外部性内生化于自身的经营决策中。因此金融监管当局首先需要确定的是商业银行的系统性风险贡献度能否影响商业银行的信贷供给。如果商业银行系统性风险贡献度较高，而信贷供给下降，则说明商业银行能够内生化其经营所带来的系统性风险导致的负外部性。Meg Adachi – Sato and Chaiporn Vithessonthi（2016）指出，如果商业银行对未来政府救助预期非常强烈，则商业银行没有动机内生化其经营所带来的负外部性，进而对金融体系系统性风险管理并不会产生较好的监管效果。

2017 年中国共产党十九大报告中指出，“健全货币政策和宏观审慎政策双支柱调控框架”“守住不发生系统性金融风险的底线”。实施宏观审慎监管的终极目标是保证金融体系稳定，促进实体经济发展，使得金融体系与实体经济协同向前。对于中国的金融体系来讲，由于银行体系在中国金融体系中居于绝对的核心地位，而信贷又是实体经济增长的重要资金来源，因此有效管理系统性风险，防止信贷快速增长给实体经济和金融体系带来威胁，是当前我国宏观审慎监管的主要任务之一。国内学者普遍认为，银行信贷快速增长会加大银行业的系统性风险（江曙霞等，2006；李文泓和林凯旋，2013；毛泽盛和王元，2015）。诚然，信贷供给会导致银行业系统性风险增加，但当商业银行风险增加时，或者监管机构提醒商业银行风险增加时，风险会反而约束金融机构的放贷行为吗？本文认为，一个稳健的金融体系应当使得金融机构在风险水平较高时，主动降低信贷供给的发放，而不是风险对信贷缺乏约束作用。2008 年金融危机后，金融监管对系统性风险贡献度的关注度非常高，因而商业银行的系统性风险贡献度应成为约束商业银行信贷供给，进而管理系统性金融风险的有效工具。本文拟在测度中国上市商业银行系统性风险贡献度的基础上，研究商业银行系统性风险贡献度对其信贷供给约束的影响，以期为中国实施宏观审慎监管提供参考。

二、相关文献综述

银行业系统性风险的爆发会影响商业银行金融职能的履行。对于银行业系统性风险的含义，Allen 等（2012）指出，金融机构由于存在共同的风险敞口，因此传染风险会在银行体系蔓延，进而会出现流动性危机，最终导致系统性风险爆发。Allen 等（2012）着重强调流动性风险在系统性风险生成过程中的重要角色。他们指出，如果商业银行依靠长期负债来源，则实体经济的总体社会福利不会受到银行业系统性风险的影响；但如果商业银行都依靠短期融资进行经营，则银行业系统性风险会影响对经济体整体的信贷供给。

实证分析表明，银行体系的系统性风险爆发会影响经济体信贷的可获得性。Desai 等（2008）指出，在 25 个爆发危机的发展中国家中，美国跨国公司在发展中国家的子公司在危机中的表现优于本地的公司，其原因是本地公司在危机期间无法获得本国有效的信贷支持，而跨国公司的子公司更容易得到全球金融市场的融资。Blalock 等（2007）对印度尼西亚的研究发现，当本国金融体系风险增加而信贷供给不足时，由国际投资者持有的出口型公司反而会增加自身的工厂投资建设，而本国的出口公司的投资增长会出现下降。与 Desai 等（2008）类似，Blalock 等（2007）也认为这与信贷的可获得程度有关。Lemmon 和 Roberts（2010）实证分析表明，在 1986 年至 1993 年期间，金融体系的冲击会影响企业的债务发行，继而影响企业的信贷可得性。Campello 等（2011）指出，当 2008 年金融危机导致信贷供给中断时，企业需要依靠内部流动性来代替外部流动性，因而影响实体投资。Campello 等（2012）使用 2008 年金融危机期间欧洲国家企业的数据实证分析表明，受到信贷供给冲击小的企业往往在金融危机期间不依靠商业银行提供的信贷承诺。

其实，在金融危机对实体经济信贷需求的影响研究方面，学者们的结论具有不一致性。Aguiar（2005）研究了墨西哥金融危机对实体经济投资需求的影响，发现受金融危机影响大的企业的投资出现了显著下降。然而，Bleakley 和 Cowan（2008）的实证分析表明，企业自身的资产负债匹配会使得企业的投资决策不会受到金融危机的影响。Sebnem Kalemli - Ozcan 等（2010）认为 Aguiar（2005）和 Bleakley 和 Cowan（2008）均没有考虑到企业在全球金融市场的融资能力。Meg Adachi - Sato 和 Chaiporn Vithessonthi（2016）使用十个发达国家和新兴市场国家的 10 231 家微观企业数据，研究商业银行系统性风险对企业投资决策的影响。他们的研究结果发现，在 2008 年金融危机爆发前，商业银行系统性风险的增加往往伴随着企业投资的迅速增长，而在 2008 年金融危机之后，商业银行系统性风险增加导致企业投资的快速降低。在经济体运行中，实体企业面临着短期融资压力，因此企业往往通过借新还旧的方式发行债务，因此企业会暴露在金融市场的流动性风险之下（He 和 Xiong，2012）。Acharya 等（2011）指出，市场突然的流动性冻结会导致企业无法获得信贷支持，即使其没有达到负债的最上限，因此 Iyer 等（2014）指出 2008 年金融危机爆发与金融体系流动性风险向实体企业传导有关。

总之，学者们的研究表明，银行体系系统性风险的增加会影响商业银行的信贷供给，进而影响实体经济信贷的可得性。2008 年金融危机爆发后，全球金融监管当局提出了“系统重要性”的监管理念，通过测算一家商业银行系统性风险贡献度来决定商业银行的系统重要性程度，继而施加差别化的监管，降低系统性风险。然而，在监管当局加强监管的同时，金融机构为了在增加监管成本的情况下提高盈利，也存在过度发放贷款、增加风险承担的可能，因此金融监管当局在施加监管时需要明确每家商业银行系统性风险贡献度与商业银行信贷供给之间的关系。如果系统性风险贡献度越高的商业银行信贷供给量越高，则监管当局可以通过控制信贷的形式加强对商业银行的监管，进而降低系统性风险；如果商业银行的信贷供给与系统性风险贡献度并没有显著的关联，则监管当局需要找到其他影响商业银行系统性风险贡献度的来源。

三、商业银行系统性风险贡献度的测度

本文以中国上市商业银行为研究样本进行实证分析。为了刻画银行体系整体表现，本文使用基于市值加权的银行业指数作为银行体系整体状况的代表，数据来源为 Wind 数据库。本文使用 Garch—DCC 模型求解系统性风险测度过程中涉及的相关系数和变量的标准差。

（一）ΔCoVaR

根据 Adrian 和 Brunnermeier（2011），CoVaR 的定义为当某一家商业银行陷入困境后银行体系的 VaR 值。$\Delta CoVaR_i$定义为当商业银行 i 陷入困境后银行体系的 VaR 值与商业银行 i 正常经营时银行体系 VaR 的值的差值。根据 Acharya 等（2012）以及 Kreis 和 Leisen（2017）的研究，本文假设商业银行 i 股票收益率和银行业指数收益率的期望值为零，则在正态分布假设下，商业银行 i 的 ΔCoVaR 可以表示为：

$$\Delta CoVaR_{it} = \rho_{imt}\sigma_{mt}N^{-1}(q) \tag{1}$$

其中，σ_{mt}为衡量银行业指数收益率的标准差，ρ_{imt}为商业银行 i 与银行业指数的相关系数，N^{-1}（q）表示正态分布在 q 分位点的值。为了有效刻画银行业陷入危机的程度，以及借鉴 VaR 测算的基本做法，本文 q 的取值为 0.01。

（二）MES（Marginal Expected Shorfall）

根据 Acharya 等（2010），商业银行 i 的 MES 可以定义为：

$$MES_i = E[-r_{it} \mid r_{mt} < c] \tag{2}$$

其中 r_i 表示商业银行 i 的股票收益率，r_{mt} 表示银行业指数收益率，c 为刻画银行体系陷入压力情景的变量。根据大智慧中国银行业指数，从 2006 年 8 月到 2017 年末，指数收益率下跌超过 5% 的样本数为 40 余次，因此本文假设 c 的取值为 -0.05 能够代表银行业陷入困境。根据 Kreis 和 Leisen（2017），本文假设 r_i 和 r_m 的期望值为零，则在正态分布假设下，商业银行 i 的 MES 可以表示为：

$$MES_{it} = \sigma_{it}\rho_{imt} E[r_{mt}/\sigma_{mt} \mid r_{mt}/\sigma_{mt} < c/\sigma_{mt}] \quad (3)$$

（三）CES（Component Expected Shortfall）

根据 Banulescu 和 Dumitrescu（2015），CES 的含义是，商业银行 i 对银行体系期望尾部损失（Expected Shortfall）的贡献度，其表达式为：

$$CES_{it} = -\omega_{it}[\sigma_{it}\rho_{it}E(\varepsilon_{mt} \mid \varepsilon_{mt} < c/\sigma_{mt}) + \sigma_{it}\sqrt{1-\rho_{it}^2}E(\xi_{it} \mid \varepsilon_{mt} < c/\sigma_{mt})] \quad (4)$$

其中，ω_{it} 表示商业银行 i 在 t 时刻占银行体系的权重，ε_{mt} 和 ξ_{it} 为 Garch—DCC 模型估计后生成的残差项。c 为刻画银行体系陷入压力情景的变量。本文假设 c 的取值为 -0.05，理由同上。

从 ΔCoVaR、MES 和 CES 三类系统性风险贡献度测度指标的计算方法来看，ΔCoVaR 更偏向于表示金融体系正常状态下商业银行的系统性风险贡献度，而 CES 则偏向于测度商业银行对银行体系处在极端状态下时每家商业银行的系统性风险贡献度。总之，CES 和 ΔCoVaR 偏向于测度商业银行对银行体系系统性风险的贡献。而 MES 则主要关注银行体系系统性风险增加对每家商业银行的影响。

四、样本数据与研究方法

本文的样本期间为 2008 年至 2016 年，数据频率为半年。本文的样本为中国上市商业银行，包括平安银行、宁波银行、江阴银行、张家港农商银行、浦发银行、华夏银行、民生银行、招商银行、无锡银行、江苏银行、杭州银行、南京银行、常熟银行、兴业银行、北京银行、上海银行、农业银行、交通银行、工商银行、光大银行、建设银行、中国银行、贵阳银行、中信银行和吴江银行。由于江阴银行、张家港农商银行、无锡银行、江苏银行、杭州银行、常熟银行、上海银行、贵阳银行和吴江银行上市时间较晚，数据可得性较低，因此本文最终的样本为除去这些商业银行外的 16 家上市商业银行。

截至 2016 年末，在选取的 16 家上市商业银行中，5 家国有大型商业银行的资产总额合计占商业银行总资产的比例为 50.21%，8 家股份制商业银行的资产总额合计占商业银行总资产的比例为 21.49%，3 家城市商业银行的资产总额合计占商业银行总资产的比例为 2.24%，16 家上市商业银行的资产总额合计占我国商业银行总资产的比例达到

73.94%。无论从资产规模还是商业银行发展历史来看，以本文选取的16家上市商业银行作为研究样本来测算我国银行业系统性风险均具有充分代表性。

考虑到每家商业银行的个体经营特征，本文使用固定效应面板数据回归分析进行实证研究，具体模型如下：

$$Credit_{i,t} = \alpha + \theta \times Sysrisk_{i,t} + \rho X_{i,t} + \mu_i + \varepsilon_{i,t} \tag{5}$$

其中，i 表示商业银行，t 表示时间，μ_i 表示商业固定效应。$Credit_{i,t}$ 表示商业银行 i 在 t 时刻的贷款占资产的比值。*Sysrisk* 表示商业银行系统性风险贡献度的变量，包括本文上面所求解的ΔCoVaR、MES 和 CES 三类。由于本文求解的ΔCoVaR、MES 和 CES 为日度数据，而式（5）的回归分析样本为半年度的财务数据，因此本文对ΔCoVaR、MES 和 CES 取半年度平均值。

X 表示商业银行个体特征变量。具体包括：（1）cap 为商业银行 i 在 t 时刻的资本充足率水平，表示商业银行偿付能力风险。资本充足率既有可能促进商业银行的流动性创造，又有可能抑制商业银行流动性创造。（2）由于信用风险是商业银行贷款业务中的重要组成风险类型，因此本文引入不良贷款率（npl），控制贷款信用风险。（3）本文选择净息差（interest）来控制商业银行的盈利能力。（4）在大量研究商业银行经营特征的文献中，规模因素都是学者们主要的考虑因素（比如 Bertay 等，2013）。因此，本文将商业银行资产规模取对数（size）后纳入式（1）。本文数据来源均为 Wind 数据库。

$Credit_{i,t}$ 表示商业银行信贷供给的变量。首先，从总量指标上，本文使用流动性创造占总资产比率（Liquidity Creation，LC）作为表示商业银行向实体经济输出信贷的总量指标。LC 综合考虑了商业银行的资产、负债、所有者权益和表外业务，本文同时测度了表内流动性创造（INRA）以及表内和表外流动性创造之和（INOFFRA）占总资产的比率，具体计算参见 Berger 和 Bouwman（2009）和刘志洋（2016）。Berger 和 Sedunov（2017）指出，LC 在研究银行业促进实体经济发展方面超过了其他流动性指标。流动性创造是商业银行最重要的角色，与实体经济增长息息相关，银行贷款往往被视为经济增长的引擎。

同时，为了进一步增加实证检验的稳健性，本文选择了从各个角度能够表示商业银行信贷结构的细分指标，具体包括：（1）单一借款人占总资产的比率（用 danyi 表示）；（2）前十位借款人占总资产的比率（用 shijia 表示）；（3）企业贷款占总资产的比率（用 qydk 表示）；（4）个人贷款占总资产的比率（用 grdk 表示）；（5）短期贷款占总资产的比率（用 dqdk 表示）；（6）中长期贷款占总资产的比率（用 zcdk 表示）；（7）个人消费贷款占总资产的比率（用 grxf 表示）；（8）个人住房贷款占总资产的比率（用 grzf 表示）；（9）房地产贷款占总资产的比率（用 fdc 表示）。

表1为样本数据的统计性质。从系统性风险贡献度来看，CES和MES均值为正，但绝对值较低，均在零附近。结合CES和MES的定义，这说明当银行体系出现冲击时，平均来看，商业银行股票收益率不会受到较大的影响，即有的商业银行能够有效抵御冲击，而有的商业银行则会受到较大的影响。ΔCoVaR平均值为-0.0648，说明平均来看当商业银行陷入困境后银行体系的VaR值比商业银行正常经营时银行体系VaR的值低6%左右。从流动性供给来看，商业银行表内流动性创造与总资产比率平均为62%，表内表外流动性创造与总资产比率平均为70%。从贷款结构来看，单一借款人占比平均值为4.47%，而前十大借款人占比平均为15%；企业贷款平均占比为35%左右，个人贷款平均占到15%；短期贷款占比约为12%，而中长期贷款占比约为21%；个人住房贷款占比为11%，而个人消费贷款占比不到1%；对房地产行业贷款占比为3%。

表1　　样本数据统计性质

数值	CES	ΔCoVaR	MES	DANYI（%）	SHIJIA（%）	QYDK
均值	0.0018	-0.0648	0.0001	4.4711	15.2241	0.3540
中值	0.0015	-0.0581	0.0000	4.5000	14.8000	0.3543
最大值	0.0077	-0.0308	0.0060	7.1500	20.7200	0.3868
最小值	0.0000	-0.1313	-0.0047	2.6200	12.4600	0.2965
标准差	0.0015	0.0252	0.0015	1.3394	1.7837	0.0223
偏度	1.1838	-0.7428	0.9028	0.5949	1.2609	-0.5283
峰度	4.3465	2.5193	6.9240	2.4595	4.9000	2.9424
数值	GRDK	DQDK	ZCDK	GRXF	GRZF	INRA
均值	0.1511	0.1198	0.2147	0.0087	0.1125	0.6236
中值	0.1486	0.1196	0.2244	0.0079	0.1073	0.6379
最大值	0.2109	0.1550	0.2605	0.0150	0.1729	0.7494
最小值	0.0798	0.0852	0.1634	0.0035	0.0794	0.4015
标准差	0.0268	0.0173	0.0303	0.0038	0.0233	0.0608
偏度	-0.0812	0.0769	-0.1974	0.1927	0.9626	-0.7443
峰度	3.9689	2.4238	1.7787	1.6493	3.5141	3.2818
数值	FDC	cap（%）	npl（%）	size	interest（%）	INOFFRA
均值	0.0322	12.0955	1.1100	28.6858	2.4007	0.7083
中值	0.0352	11.9500	0.9800	28.7077	2.3900	0.7161
最大值	0.0436	24.1200	4.3200	30.8148	3.3400	0.9197
最小值	0.0106	8.1100	0.3500	25.2634	1.3782	0.4811
标准差	0.0063	1.7360	0.4808	1.2459	0.3145	0.0793
偏度	-0.6279	1.6090	1.8039	-0.3508	0.3699	-0.1824
峰度	2.4687	11.7075	10.3067	2.6305	3.6279	3.1106

图 1 为样本内商业银行系统性风险贡献度与商业银行各类贷款发放情况的均值走势图。从图 1 可以看出，CES 指标方差较大，25% 分位点走势和 75% 分位点走势与均值走势距离较远。从图 1 可以看出，中国商业银行体系在 2008 年国际金融危机爆发时风险呈现上升趋势，在 2012 年至 2013 年，中国商业银行系统性风险整体水平较高。从商业银行信贷供给来看，各类型贷款走势波动性都较高，且房地产贷款、个人住房贷款、企业贷款和中长期贷款等类别均在 2012 年至 2013 年左右维持在高点。相对来讲，个人消费贷款的占比最低，但在 2011 年左右出现了较高的波动性，房地产贷款、短期贷款和个人贷款在 2015 年至 2016 年开始经历了快速的上涨（见图 1）。

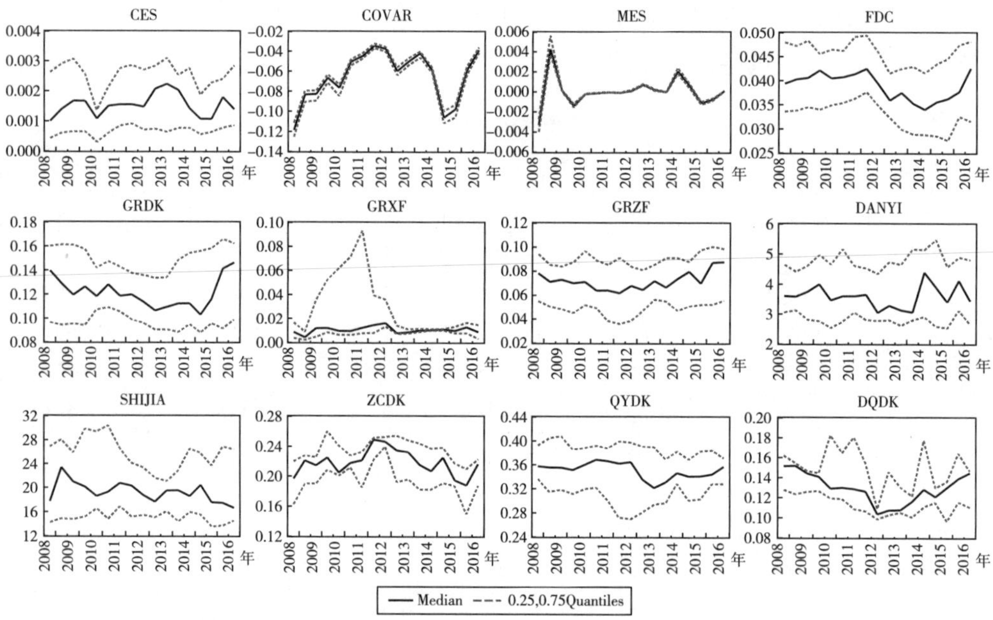

注：虚线表示 25% 和 75% 分位点。

图 1　样本内商业银行系统性风险贡献度与商业银行各类贷款发放情况的均值走势

五、实证结果

本文使用固定效应面板模型进行回归分析。表 2 为商业银行系统性风险贡献度对其总体向经济体输送流动性能力影响的回归结果。从表 2 可以看出，当金融体系处在正常状态时，商业银行系统性风险贡献度增加不会导致其流动性创造功能受到影响，不论是表内流动性创造还是表外流动性创造，CoVaR 的估计系数均不显著。这说明在正常状态下，商业银行系统性风险贡献度的增加不会影响其向实体经济输出信贷的功能。同时，从表2可以看出，CES的估计系数显著为负值，说明在极端状况下，系统性风险贡献度越高的商业银行，其向实体经济输送信贷越多。MES估计系数显著为正，说明受到银行体系系统性风险影响越大的商业银行，在风险增加时对实体经济信贷输出下降得越多。结合MES和CES的回归结果，本文认为在极端状况下，系统性风险贡献度越高的商业银行是向实体经济输送信贷越多的银行，因此其应该是受到系统性风险影响大的商业银行，在风险增加时其对实体经济信贷输出会显著的下降。

表2　　商业银行系统性风险贡献度对流动性创造的影响

影响指标	INRA	INRA	INRA	INOFFRA	INOFFRA	INOFFRA
常数项	1.4370***	1.5339***	1.5879***	2.2476***	2.1824***	2.0941***
$MES_{i,t}$	—	3.4597**	—	—	4.2793*	—
$CoVaR_{i,t}$	-0.2379	—	—	—	—	-0.2463
$CES_{i,t}$	—	—	-6.0556**	-6.5492**	—	—
$cap_{i,t}$	-0.0087***	-0.0091***	-0.0095***	-0.0129***	-0.0124***	-0.0121***
$npl_{i,t}$	0.0297*	0.0434***	0.0391***	0.0321**	0.0372**	0.0224
$size_{i,t}$	-0.0249*	-0.0291**	-0.0294**	-0.0470***	-0.0466***	-0.0425**
$interest_{i,t}$	-0.0168	-0.0054	-0.0153	-0.0244	-0.0125	-0.0261
是否包含固定效应	是	是	是	是	是	是
Adjusted-R^2	0.6641	0.6648	0.6636	0.4880	0.4899	0.4882
样本个数	262	262	262	263	263	263

注：***表示99%水平显著，**表示95%水平显著，*表示90%水平显著。

由于房地产行业在国民经济发展中居于重要地位，且房地产价格常常会成为银行体系系统性风险的来源，因此本文首先研究商业银行系统性风险贡献度是否能够影响商业银行房地产贷款的发放。本文使用两个指标刻画商业银行房地产贷款发放：房地产贷款占总资产比率和个人住房贷款占总资产比率。表2为回归结果。从表3可以看出，在对房地产行业发放贷款的回归中，CoVaR的系数估计值显著为正，说明商业银行系统性风险贡献度增加会降低商业银行对房地产行业发放贷款；CES回归系数显著为负值，说明对银行体系期望尾部损失贡献越高的商业银行房地产贷款发放量就越大。但是对个人住房贷款的回归结果显示，对银行体系期望尾部损失贡献越高的商业银行会降低个人住房贷款的发放。结合表3的回归结果，由于CoVaR的测算考虑的是金融体系正常状态下的系统性风险贡献度，因此本文认为当金融体系正常运行时，商业银行系统性风险贡献度的增加能够降低房地产贷款的发放；但当考虑到商业银行对银行体系尾部极端风险的贡献度时，商业银行会降低个人住房抵押贷款的发放，而增加房地产行业的贷款，从而有增加银行体系风险的可能。而

MES 估计系数不显著，说明受银行体系系统性风险影响大的商业银行不会降低其房地产信贷的供给。

表 3　　商业银行系统性风险贡献度对房地产贷款的影响

影响指标	FDC	FDC	FDC	GRZF	GRZF	GRZF
常数项	0.2160***	0.1660***	0.1746	0.0290	0.0003	0.0203
$MES_{i,t}$	—	—	-0.3801	-1.8057	—	—
$CoVaR_{i,t}$	0.0743*	—	—	—	—	0.0350
$CES_{i,t}$	—	-1.2986*	—	—	3.3842**	—
$cap_{i,t}$	-0.0007	-0.0005	-0.0005	-0.0008	-0.0005	-0.0007
$npl_{i,t}$	0.0035	0.0001	-0.0001	0.0135	0.0158**	0.0168*
$size_{i,t}$	-0.0058**	-0.0040**	-0.0043***	0.0021	0.0022	0.0018
$interest_{i,t}$	0.0003	-0.0010	-0.0017	-0.0095	-0.0040	-0.0043
是否包含固定效应	是	是	是	是	是	是
Adjusted - R^2	0.0862	0.0784	0.0714	0.0187	0.0185	0.0122
样本个数	259	259	259	256	256	256

注：＊＊＊表示99%水平显著，＊＊表示95%水平显著，＊表示90%水平显著。

本文进一步将贷款分为企业贷款和个人贷款。表 4 为商业银行系统性风险贡献度对企业贷款和个人贷款的影响。从表 4 可以看出，CoVaR、MES 和 CES 的回归系数均不显著，说明商业银行系统性风险贡献度对商业银行信贷供给的影响并不区分是企业还是个人。本文进一步将贷款分为短期贷款和中长期贷款，表 5 为回归结果，从表 5 可以看出，商业银行系统性风险贡献度对中长期贷款的影响并不显著，但 CES 对短期贷款影响的估计系数显著为负值，说明当银行体系处在极端情况时，对商业银行风险贡献越大的商业银行，其短期贷款发放的越多。从表 7 对消费贷款影响的回归结果来看，CES 和 MES 估计系数显著为负值，说明当银行体系处在极端情况时，对商业银行风险贡献越大的商业银行消费贷款发放的越多；受银行体系风险影响大的商业银行，消费贷款发放的越多。然而，表 6 的回归结果表明，商业银行的系统性风险贡献度对贷款集中度风险的影响不显著。

表 4　　商业银行系统性风险贡献度对企业/个人贷款的影响

影响指标	QYDK	QYDK	QYDK	GRDK	GRDK	GRDK
常数项	0.5523**	0.6339**	0.5703**	0.1142	0.0886	0.1183
$MES_{i,t}$	—	—	-1.0291	-1.6193	—	—
$CoVaR_{i,t}$	—	0.1272	—	—	—	0.0504
$CES_{i,t}$	0.7894	—	—	—	3.3762	—

续表

影响指标	QYDK	QYDK	QYDK	GRDK	GRDK	GRDK
$cap_{i,t}$	-0.0032	-0.0036*	-0.0033	-0.0045***	-0.0043**	-0.0045**
$npl_{i,t}$	0.0271***	0.0325***	0.0260**	0.0093	0.0114**	0.0130
$size_{i,t}$	-0.0076	-0.0103	-0.0078	0.0019	0.0020	0.0014
$interest_{i,t}$	0.0091	0.0105	0.0063	-0.0011	0.0037	0.0036
是否包含固定效应	是	是	是	是	是	是
Adjusted - R^2	0.2484	0.2515	0.2504	0.1253	0.1256	0.1228
样本个数	260	260	260	260	260	260

注：＊＊＊表示99%水平显著，＊＊表示95%水平显著，＊表示90%水平显著。

表5　　商业银行系统性风险贡献度对短期/个人中长期贷款的影响

影响指标	DQDK	DQDK	DQDK	ZCDK	ZCDK	ZCDK
常数项	1.1829*	1.2104*	1.0339	0.3333	0.2881	0.1567
$MES_{i,t}$	—	—	-0.6294	-0.9215	—	—
$CoVaR_{i,t}$	0.1699	—	—	—	—	-0.2179
$CES_{i,t}$	—	-8.2272**	—	—	3.9737	—
$cap_{i,t}$	0.0046	0.0038	0.0048	-0.0070***	-0.0067***	-0.0069***
$npl_{i,t}$	0.0076	0.0062	-0.0002	-0.0143	-0.0162	-0.0223
$size_{i,t}$	-0.0369*	-0.0365*	-0.0317	-0.0018	-0.0009	0.0042
$interest_{i,t}$	-0.0200	-0.0296	-0.0223	0.0142	0.0188	0.0136
是否包含固定效应	是	是	是	是	是	是
Adjusted - R^2	0.0740	0.1150	0.0628	0.1528	0.1621	0.1680
样本个数	54	54	54	56	56	56

注：＊＊＊表示99%水平显著，＊＊表示95%水平显著，＊表示90%水平显著。

表6　　商业银行系统性风险贡献度对贷款集中度风险的影响

影响指标	DANYI	DANYI	DANYI	SHIJIA	SHIJIA	SHIJIA
常数项	0.0508	0.0415	0.0461	0.8925***	0.8674***	0.9677***
$MES_{i,t}$	—	0.2178	—	—	1.3324	—
$CoVaR_{i,t}$	0.0079	—	—	—	—	0.1137
$CES_{i,t}$	—	—	0.3652	-1.9151	—	—
$cap_{i,t}$	0.0009	0.0010	0.0010	0.0043	0.0045*	0.0041
$npl_{i,t}$	0.0020	0.0018	0.0017	-0.0097	-0.0082	-0.0047
$size_{i,t}$	-0.0010	-0.0007	-0.0009	-0.0241***	-0.0238***	-0.0268***
$interest_{i,t}$	0.0014	0.0019	0.0014	-0.0102	-0.0065	-0.0086
是否包含固定效应	是	是	是	是	是	是
Adjusted - R^2	0.0835	0.0838	0.0837	0.4556	0.4557	0.4559
样本个数	231	231	231	229	229	229

注：＊＊＊表示99%水平显著，＊＊表示95%水平显著，＊表示90%水平显著。

表7　商业银行系统性风险贡献度对个人消费贷款的影响

影响指标	GRXF	GRXF	GRXF
常数项	0.5087	0.4830	0.5714
$MES_{i,t}$	—	—	-3.3175**
$CoVaR_{i,t}$	0.0674	—	—
$CES_{i,t}$	—	-2.5876**	—
$cap_{i,t}$	-0.0018	-0.0017	-0.0017
$npl_{i,t}$	-0.0205	-0.0235	-0.0294**
$size_{i,t}$	-0.0155	-0.0143	-0.0165
$interest_{i,t}$	0.0026	0.0008	-0.0094
是否包含固定效应	是	是	是
Adjusted - R^2	0.0156	0.0205	0.0436
样本个数	78	78	78

注：＊＊＊表示99%水平显著，＊＊表示95%水平显著，＊表示90%水平显著。

六、结论及政策建议

本文研究了商业银行系统性风险贡献度对商业银行信贷供给的影响。本文实证分析表明，当金融体系处于正常状态时，商业银行系统性风险贡献度的增加不会影响其向实体经济输出信贷的功能，但是在极端状况下，系统性风险贡献度越高的商业银行是向实体经济输送信贷越多的银行，因此其是受到系统性风险影响大的商业银行，在风险增加时其对实体经济信贷输出会显著地下降。分类别来看，当金融体系正常运行时，商业银行系统性风险贡献度的增加能够降低房地产贷款的发放；但在极端情况下，商业银行系统性风险增加会降低个人住房抵押贷款的发放，而增加房地产行业的贷款，从而有增加银行体系风险的可能。同时，本文实证分析表明，在极端情况下，对商业银行风险贡献越大的商业银行，其短期贷款发放的越多，商业银行消费贷款发放的也越多。

因此本文认为，监管当局应该有效管理商业的信贷投放，进而防止银行业系统性风险爆发。本文实证分析表明，在正常状态下，商业银行系统性风险贡献度的增加不会影响商业银行向实体经济输出信贷的职能。而在极端状态下，商业银行系统性风险的增加往往伴随着信贷投放的增加，而受系统性风险影响大的商业银行，信贷投放的下降程度也较大。因此本文认为，为了防止由于银行体系系统性风险增加导致的信贷投放波动增加，进而影响实体经济增长的顺周期性问题，监管当局要防止商业银行过度投放信贷，进而降低银行体系的系统性风险，保证商业银行的平稳运行。

参考文献

［1］刘志洋. 商业银行流动性风险、信用风险与偿付能力风险［J］. 中南财经政法大学学报, 2016（3）.

［2］江曙霞, 罗杰, 黄君慈. 信贷集中与扩张、软预算约束竞争和银行系统性风险［J］. 金融研究, 2006（4）: 40－48.

［3］毛泽盛, 王元. 中国信贷波动对金融系统性风险影响的实证研究［J］. 国际金融研究, 2015, 339（12）: 25－33.

［4］李文泓, 林凯旋. 关于用广义信贷/GDP分析我国银行业系统性风险的研究［J］. 金融监管研究, 2013（6）: 13－30.

［5］Adrian, T., Brunnermeier, M. K. CoVaR. National Bureau of Economic Research Working Paper, No. 17454, 2011.

［6］Acharya V, Engle R, Richardson M. Capital Shortfall: A New Approach to Ranking and Regulating Systemic Risks［J］. American Economic Review, 2012, 102（3）: 59－64.

［7］Acharya, V. V., Pedersen, L. H., Philippon, T., Richardson, M. Measuring systemic risk. New York University Stern School of Business Working paper No. 10－02, 2010.

［8］Allen, F., Babus, A., Carletti, E., 2012. Asset commonality, debt maturity and systemic risk. Journal of Financial Economics 104, 519－534.

［9］Acharya, V. V., Gale, D., Yorulmazer, T., 2011. Rollover risk and market freezes. Journal of Finance 66, 1177－1209.

［10］Banulescu G D, Dumitrescu E I. Which are the SIFIs? A Component Expected Shortfall approach, to systemic risk［J］. Journal of Banking & Finance, 2015, 50: 575－588.

［11］BergerA N, Sedunov J. Bank liquidity creation and real economic output［J］. Journal of Banking & Finance, 2017, 81（9）: 1－19.

［12］Berger A N, Bouwman C H S. Bank Liquidity Creation［J］. Review of Financial Studies, 2009, 22（9）: 3779－3837.

［13］Bertay A C, Demirgüç－Kunt A, Huizinga H. Do we need big banks? Evidence on performance, strategy and market discipline［J］. Journal of Financial Intermediation, 2013, 22（4）: 532－558.

［14］Campello, M., Giambona, E., Graham, J. R., Harvey, C. R., 2011. Liquidity management and corporate investment during a financial crisis. Review of Financial Studies 24, 1944 - 1979.

[15] Campello, M. , Giambona, E. , Graham, J. R. , Harvey, C. R. , 2012. Access to liquidity and corporate investment in Europe during the financial crisis. Review of Finance 16, 323 - 346.

[16] He, Z. , Xiong, W. E. I. , 2012. Rollover risk and credit risk. Journal of Finance 67, 391 - 430.

[17] Iyer, R. , Peydró, J. - L. , da - Rocha - Lopes, S. , Schoar, A. , 2014. Interbank liquidity crunch and the firm credit crunch: Evidence from the 2007 - 2009 crisis. Review of Financial Studies 27, 347 - 372.

[18] Kreis Y, Leisen D P J. Systemic Risk in a Structural Model of Bank Default Linkages [J]. Journal of Financial Stability, 2017, https://doi.org/10.1016/j.jfs.2017.05.10.

[19] Lemmon, M. , Roberts, M. R. , 2010. The response of corporate financing and investment to changes in the supply of credit. Journal of Financial and Quantitative Analysis 45, 555 - 587.

[20] Meg Adachi - Sato andChaiporn Vithessonthi. Bank Systemic Risk and Corporate Investment [R]. PIER Discussion Paper, No. 17, 2016.

[21] Sebnem Kalemli - Ozcan, Herman Kamil, Carolina Villegas - Sanchez. What Hinders Investment in the Aftermath of Financial Crises: Insolvent Firms or Illiquid Banks [R]. NBER Working Paper No. 16528 November 2010.

共享理念下的首都旅游业发展研究
——以民宿产业为例

左　今　叶芷函[①]

摘要： 近年来，迅速发展的共享经济为首都旅游业注入了新鲜血液，加速了民宿等新兴产业的兴起。“把生活还给风景，把日子过成诗”的民宿情怀打动了许多消费者的心。然而在民宿蓬勃发展的同时，消费者对于民宿的服务质量、卫生安全状况忧虑倍增。目前，立法的缺失，监管体制的不完善以及在线短租平台的责任不明是造成民宿行业中问题频频出现的三大主要原因。在总结问题与剖析成因的基础上，建议完善立法，统一地方监管机制，发挥平台的自律监管作用，为民宿制定标准以保障消费者权利，促进首都旅游业优质化发展。

关键词： 共享理念　首都旅游业　民宿　监管体制

近年来，北京市一方面推动高质量旅游业的发展，深入挖掘首都自然人文旅游资源，另一方面重视共享经济，鼓励整合闲散资源，盘活存量经济。而在线短租模式下的民宿正是将两大热点结合起来产生的新兴产业。近些年我国的民宿产业发展势头迅猛，相比于传统住宿业客房收入25%～58%增长率，民宿预订市场保持60%以上增速，北京市的客栈民宿数量居于全国各城市首位。许多消费者被民宿的个性化生活形态与生活理念的输出所打动，享受民宿带来的开放自由的社交氛围，“文艺范儿”的情怀成为了民宿最大的卖点。

民宿行业在突飞猛进发展的同时，问题也频频凸显。2018年“在线旅游预订”已经成为北京市市场监督管理局公布的投诉热点领域，在民宿预订方面主要存在“预订民宿或酒店住宿时遭遇拒绝入住、房型与实际宣传不符，卫生条件不合格、随意加价和退订难”等问题。伴随着涉及房屋的质量、房客的人身安全及隐私等问题被层出不穷地披露，如何有效监管与规范民宿行业越来越受到重视。

---

① 作者简介：左今、叶芷函，均就读于北京师范大学。

2014 年以后，随着民宿兴起，我国对民宿的发展研究逐渐增多，但近些年的研究主要集中于从民宿经营的角度提出发展建议，吸引消费者，对于如何规范民宿行业、如何完善监管的研究寥寥无几。然而对于民宿这样一个诸多问题已经暴露的行业，目前最需要的是完善规范与监管体系，使消费者在享受民宿带来的不同体验的同时，避免权利受到侵害。

一、民宿发展的现状

民宿最早起源于欧洲，国外学者认为，“民宿”一般指 B&B（Bed and Breakfast），也有表述为 Family Hotel、House Hotel、House Stay 等。国内学界对“民宿”没有统一的界定，一般是在线短租平台经营的住房产品的总称，指利用自用住宅空闲房间，结合当地人文、自然景观、生态、环境资源及农林渔牧生产活动，以家庭副业方式经营，提供旅客乡野生活的住宿处所。民宿的最大特点是由私有住宅向商业房屋的转换，即住宅“私改商”。而在线短租，作为目前共享住宿的主要方式，是指通过互联网构建一个双边市场交易平台，将房东和房客都集中到这一平台中，通过平台的信息交换，使房主与房客相互匹配，达成交易的一种共享经济模式。

（一）宏观环境：国家给予大力支持

近三年来，共享经济逐渐受到国家重视，民宿作为共享经济大环境下的一个旅游业副产品，也得到了国家的大力支持。三年间，我国发布明确支持共享经济与民宿发展的国家级文件共六份（见表 1）：

表 1　2015—2018 年支持共享经济与民宿发展的国家级文件

时间	名称	颁布机关	内容
2015 年 11 月	《关于制定国民经济和社会发展第十三个五年规划的建议》	中央政治局常委会	提出创新、协调、绿色、开放、共享五大发展理念，这是国家级会议首次明确提出共享概念。 共享经济这一新型经济模式开始逐步受到国家的重视
2015 年 11 月	《关于加快发展生活性服务业促进消费结构升级的指导意见》	国务院办公厅	提出“积极发展客栈民宿等细分业态”，将其定性为生活性服务业，从多维度给予政策支持，推动了民宿合法化
2016 年 1 月	《关于落实发展新理念加快农业现代化实现全面小康目标的若干意见》	中共中央、国务院	提出大力发展休闲农业和乡村旅游，有规划地开发特色民宿等乡村休闲度假产品

续表

时间	名称	颁布机关	内容
2016 年 3 月	《关于促进绿色消费的指导意见》	国家发展改革委、中宣部、科技部等十部门	提出持续发展共享经济，鼓励个人闲置资源有效利用，有序发展民宿出租
2017 年 4 月	《分享经济发展指南（第二次征求意见稿）》	国家发展改革委	鼓励创新监管模式，合理界定不同行业领域分享经济的业态属性，分类细化管理，防止一刀切
2018 年 1 月	《关于实施乡村振兴战略的意见》	中共中央、国务院	对利用闲置农房发展民宿、养老等项目，研究出台消防、特种行业经营等领域便利市场准入、加强事中事后监管的管理办法

资料来源：艾瑞咨询。

（二）行业现状：民宿发展势头迅猛

自国内短租市场兴起以来，蚂蚁、途家网、小猪、木鸟等众多在线交易平台纷纷涌现，发展持续火热。同时，随着旅游业的兴起，游客人数增加，在线短租获得了源源不断的客流，市场规模不断扩大。2016 年我国的在线短租市场交易规模为 87.8 亿元，2017 年交易规模达到 125.2 亿元。相比于传统住宿业客房收入 25% ~ 58% 的增长率，民宿预订市场保持 60% 以上增速，并有持续这种高速增长的趋势。截至 2016 年底，国内民宿预定平台的房源数量累计约 190 万套，行业参与者超过 3 500万人（见图 1）。

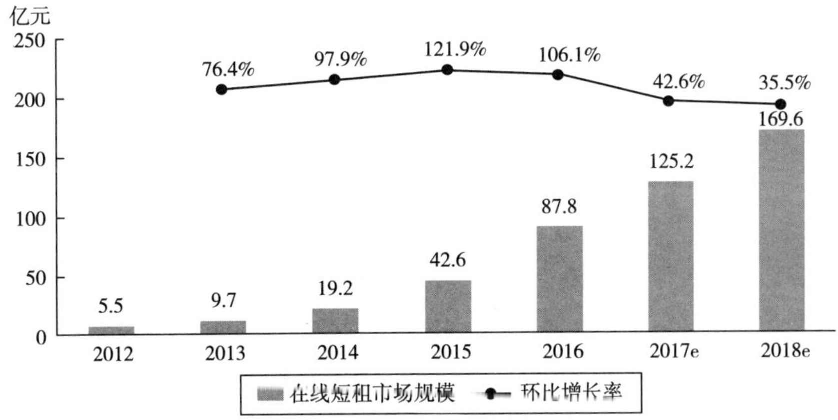

资料来源：艾瑞咨询。

图 1　2012—2018 年中国在线短租市场交易规模及增长情况

二、民宿发展中存在的问题

作为一个新兴领域，目前民宿市场热火朝天的背后仍存在很多不容忽视的问题。据调查，有62.61%的消费者担心房间卫生及消防问题，60.51%的消费者担心人身财产安全问题，54.82%的消费者担心个人隐私问题。与此相对应，2017年我国多地区的消保委公布的投诉数据中都有民宿的身影。

具体来说，民宿发展中存在以下问题：

（一）民宿本身质量参差不齐：无证经营滋生一系列不达标

我国在线短租行业兴起的这几年来，很多民宿都处于“灰色经营地带”。各地方对民宿法律定位不明确、不统一，审核准入制度不完善，北京市也是如此。2016年末相关部门对北京城乡民宿旅游市场做了调查，市旅游委负责人表示，“绝大部分乡村民宿一直在无照经营，由于这些民宿没有进行申报注册，所以很难统计数量，监管十分困难，无照经营的乡村民宿超过九成。”此外，目前北京城共有4 000多所四合院，随着民宿这一共享经济形式的风靡，近几年不少老北京拿出自家闲置的四合院改成招待游客的客房，然而记者赴多家胡同民宿进行探访，发现它们大多不具备经营资质。虽然2018年8月1日，《北京市旅游条例》已经开始实施，其中要求民宿必须进行工商登记，要求市人民政府有关行政部门制定城区民宿和乡村民宿的具体管理规定。按照《北京市制定地方性法规条例》的要求，有关机关应当自法规施行之日起一年内作出规定。但是，一年多过去，民宿的具体管理规定仍未出台，不少民宿仍处于无证无照的状态。

也正是因为多地对于新兴的民宿规制的缺失，对于房东来说，入行的门槛就变得格外低。由于房屋本身的装修以私人居住为标准以及私人经营的性质，很多民宿的消防不达标，卫生也频频出现问题。

（二）消费者维权难：自行解决非可行之道

除了房屋本身门槛低，消费者租住房屋期间一旦权利受到侵害，有效投诉也是一大难题。目前消费者主要投诉的问题有：临时加价、虚假宣传、退房退款难、卫生、消防不达标、存在安全隐患（人身受损伤、财产失窃等）、隐私权无保障等。

案例一：2019年7月5日一位女士在北京花儿连锁精品民宿预订了3天的房间，入住后感觉环境差，没有独立卫生间，公用卫生间十分脏乱。该女士入住一天后与商家协商退款，但遭拒绝，该女士表示“我一看到实际情况就和她说了要退，根本没有影响到她的房间预定”。

案例二：2017年6月，张女士在某短时租赁平台网站上以697元+96元（服务费）的价格预订了一间民宿。但她随后收到房东消息，对方说“十一”期间不是这个价格，要求她加价。张女士与房东协商未果后，打网站客服电话要求网站介入协商解决。客服表示，房东临时要求加价的行为的确不合理，但是建议双方自行协商处理。

案例三：2017年6月12日小白一家四口来北京旅游，提前在途家网上预定了一间民宿，当他们按照房东的路线引导找到住处，推开房门时，却有一阵浓郁的怪味扑面而来，经过寻找发现卫生间的门口有一大滩黄色液体，楼顶还不断有黄色液体在滴下。小白当即与房东联系，房东否认多次后又推说在政府单位上班，不能过来，“一家子只能在一个臭气熏天的屋内等房东，一下心情全转坏”。

案例四：章先生曾在某平台预订了一间短租房，入住后出去吃饭，回来却发现价值6万元的摄影器材被盗。房东虽陪着章先生一起报警，但同时表示：“租房子发生东西被偷的情况，不能怪房东吧”。

案例五：2017年8月10日，一名网友在微博发帖称自己今年2月在民宿预订网站Airbnb上预订了一间民宿，她与男友入住后在浴室和卧室的烟感器内分别发现了两个摄像头。随后该网友报警，高雄当地警方从浴室的摄像头内调出了其男友洗澡的视频。

地方监管不到位，平台投诉机制反馈难是普遍存在的现状。目前多数平台本身对可以上线的房屋设定的门槛低，且对于消费者投诉的要求苛刻，程序复杂且反馈时间长，滋生了许多类似虚假宣传、临时加价的问题，而对此消费者难以提出足够的证据维权。而不同地区对于民宿的定位不明确，对不同类型的民宿负责无法精确到位，甚至有些地区没有对这一领域采取专门监管措施，使得消费者人身安全与财产安全无保障等问题仍频繁出现。

三、民宿发展中存在问题的原因探析

（一）立法供给滞后于行业发展

2017年10月1日，《旅游民宿基本要求与评价》发布，成为了我国国内唯一涉及民宿的国家级文件；2019年7月3日，新版《旅游民宿基本要求与评价》正式生效。虽然这部行业规范的出台弥补了不少民宿行业管理上的空白，具体地规定了旅游民宿的定义、评价原则、基本要求、管理规范和等级划分条件，但其本质仅是针对该行业的推荐性标准，旨在为经营者的行业自律和自治提供基本的规范参考。除此以外，我国目前没有任何针对民宿产业国家级的强制性规定，更没有相关法律法规，对民宿产业的规范力度非常有限，仍处于空白状态的立法给地方制定相应的规章带来了很多不便。可以看到，近三年来，国务院及其直属机构发布了多份促进共享经济和民宿发展的文件，相应地，我国目前有超过一半的省份发布了民宿扶持政策，明确民宿的合法地位，对民宿主给予最高达百万元的补贴等。而缺失的对于规范民宿行业的立法使得地方对于民宿的审核准入、日常管理措施少之又少，因此处于“灰色经营地带”的民宿才能长期存在，质量不达标的民宿才会在在线短租平台上出现。

（二）某些现实性问题处于空白状态

针对民宿业中存在的证照问题、临时加价、虚假宣传、退房退款难、消防卫生不达标、人身、财产安全无保障、平台审核制度不健全、投诉解决机制不健全以及为违法犯罪活动提供给场所等问题，尽管北京市已经颁布了规制标准，防止某些问题的发生，但还是无法完全覆盖以上问题，例如投诉解决机制，放眼全国也只有极少的地方规定中要求设立投诉反馈机制，这就造成了消费者权益受损时维权困难的现状。

（三）平台的责任不明确

1. 平台审核制度落实差

在我国目前应用度较高的几个在线短租平台——Airbnb、途家、蚂蚁短租、小猪短租等都表明有严格的房源审核流程。以途家网为例，该审核包括“身份证审核，房屋上线审核，服务质量审核，线下验真”。然而在实施过程中这些看似严密的流程仍有漏洞，据《北京晚报》报道，一位在多个平台注册的房东表示，“现在平台很多，只有一家实地来看过，其他都没有，照片基本都靠自己上传，修修图也没什么人能看出来，不太过分就行。”对于房屋的服务质量的审核，途家网是通过商服中心对新上线的房东进行电话拜访，这样的审核显然不能达到确保信息真实准确的效果。除此以外，几乎所有平台都没有长期有效的后续审查制度，仅依靠最初的审核准入难以保证民宿房东提供的服务质量。由于民宿房东的经营成本低，不像传统旅馆业对于声誉的重视程度高，因此一旦缺乏有效的审核制度，仅依靠市场产生的自发秩序，很难保证小型民宿的服务质量，因此临时加价、虚假宣传等问题已然成为消费者投诉热点。

2. 平台缺乏有效的纠纷解决机制

针对消费者维权的投诉措施在各平台的落实效果也不乐观。据曾因临时加价而投诉的张女士反映，当她与房东协商未果转而向网站投诉，要求客服介入解决时，客服给出的回应是“房东临时要求加价的行为的确不合理，但是建议双方自行协商处理”。除此以外，某平台近期的评论中显示，不少消费者都因投诉未果而气愤地留言。这反映出我国目前的多数平台缺乏主动解决纠纷的意识，同时也没有健全的投诉反馈制度，收到投诉后不实际解决问题转而将问题遗留给房客和民宿房东双方解决。由于缺乏具有权威性约束性的第三方的协调处理，只能依靠双方的自觉自律，解决纠纷的难度更大且效果甚微，消费者一旦受到侵害，维权之路将十分艰难。

四、解决建议

（一）弥补立法空白

法律本身具有权威性和强制性，是引导和规范一个行业发展的宏观外部环境中最重要的因素，同时也是维护公平、保护权利和确认义务的规范。目前我国国家层面亟须及时制定相关法律作为指导地方立法的风向标，由上自下地落实民宿行业的准入制度、保障消费者权利等措施。

（二）统一地方监督体制

与北京市的监管困境类似，目前我国多地存在的不同法规中规范的内容、标准千差万别，对于基本保证每一家民宿质量合格造成了较大的难度。因此，建立统一的政府监管体制是当前民宿产业发展的关键。但在制定监管体制的同时要考虑不同地区民宿产业的特色和区别，考虑其特有的经营模式和特点，制定出与之相适应的规范。尤其是要明确统一民宿的准入制度，完善的审核准入制度是我国民宿业健康发展的前提，也是从源头上规避风险的有效措施。

具体而言，统一地方监督体制要充分利用各地行业协会的资源，加强沟通，参考现存的地方性规范文件以及行业协会的制度中的标准。实际上，行政机关这种规则制定的模式在20世纪中后期在美国的各领域、行业推行已经很普遍了。自1982年以来，美国行政机关已经发起了67项协商制定规则活动，出台了35项最终的规则。尽管有17个行政机关至少进行过一次协商行政立法，但是环保署到目前为止对该过程的经验最为丰富，其已经制定了12项协商性规则。这种模式通过了解现状与问题，能够有针对性地制定监督体制，使得统一地方监督体制能够最大限度地适应各地具体情况，做到既便于管理又促进发展。

（三）发挥平台的自律监管作用

在国家政策对共享经济的促进以及对民宿产业鼓励创新的大背景下，发挥平台的自律监管作用相较于严格的法律规范而言无疑是更人性化，也更应该受到重视。自律监管的一种体现是将共享经济的信用基础用数据体现，国内的在线短租平台小猪、蚂蚁、木鸟短租和途家等早已对房客推出了类似模式，芝麻信用分达到600分以上即可免押金，那么对于房东而言是否也可以推行类似的信用制度，例如将房客的评价转化成房东的信用积分，与房东在平台上服务费的多少联系起来，以此激励房东提供更优质的服务，积极与房客协商解决住宿中的问题等。

当然，除自律监管以外，在线短租平台也要从源头上完善对房东的审核机制，审核过程公开透明；从反馈投诉机制上积极承担责任，树立良好声誉，保障每一位消费者的权益，同时也促进自身发展。

在北京这样一个文化底蕴深厚的国际大都市，“旅游”是永恒的热词。如今共享经济的崛起势如破竹，民宿作为“互联网＋旅游”模式下的一项共享住宿产业早已能够与传统住宿商业平分秋色。然而不可否认的是，红红火火的民宿行业中总有一些害群之马，破坏消费者对于民宿的想象。因此，民宿发展急需一道防护墙，帮助每一位房客们找到属于他们的美好居住体验。同时，也只有完善的监管体制才能够成为民宿行业发展的底线，帮助首都旅游业在未来向优质化的方向蓬勃发展。

参考文献

［1］戴丽霞．海南乡村旅游民宿发展的法律监管问题研究［J］．农业经济，2016（6）．

［2］新语．北京胡同民宿无照经营存隐患［N］．北京日报，2017－04－06.

［3］陈建鹏．“共享民宿”火了，监管能否跟得上［N］．南方法治报，2017－07－31.

［4］屈畅，袁金萍，丁典．情侣入住台湾民宿，洗澡后发现天花板暗藏摄像头［N］．北京青年报，2017－08－12.

［5］宗媛媛．民宿标准落地“无证”经营者该何去何从［N］．北京晚报，2017－10－31.

［6］李铁柱．民宿没执照临时涨价，新类型旅游纠纷增多维权难［N］．北京青年报，2018－03－25.

［7］［美］朱迪·弗里曼著，毕洪海，陈标冲译．合作治理与新行政法［M］．北京：商务印书馆，2010：53.

业务交流

新时代商业银行机构业务联动效能提升研究

——以农行安徽省分行为例

中国农业银行安徽分行课题组[①]

摘要：在Bank4.0时代背景下，商业银行机构业务迎来了党政军机构改革、消费升级、社会转型、市场分化、同业竞合的新的变革形势。新的变革形势无疑为商业银行机构业务营销带来新的机遇和挑战。本课题以新的变革形势为背景，研究新时代商业银行机构业务联动营销现状，分析存在问题，提出提升联动效能的策略。

关键词：新时代　机构业务　联动效能

一、机构业务联动效能内涵及问题

（一）联动机制的内涵及主要内容

联动效能机制是指在一个组织内部或者组织与组织之间，将拥有不同资源的相关单位和部门，通过信息共享、业务分工、工作协同等方式，开展综合营销服务或整体营销活动，以创造更高服务效能和更大经营效益的业务运维与机构设置模式。从商业银行经营角度来看，联动效能是在业务经营过程中，通过整合内外部相关单位、部门的营销职能，发挥各自产品优势、客户资源和相关财务资源，建立起境内外联动、公私产品联动、前后台跨部门联动、上下级联动、城乡联动，以及与合作伙伴协同联动等业务平台和机制，形成自身整体合力，以较少的投入赢得较大的营

① 作者简介：课题组组长：汪晓健；课题组成员：王汉志、黄晓兰、冯静生、盛林、宋士坤；执笔：冯静生、宋士坤。

销成果，创造更大的竞争优势。

目前，机构业务联动主要涉及联动营销和联动服务两部分内容，联动营销主要包括“跨部门联动”“公私产品联动”“多维度层级联动”“行司联动”四个方面。联动服务包括“下级行请求服务联动”“同级部门协同服务联动”两个方面。

1. 部门联动。机构业务不仅包含“党、政、军、民、学”等传统的行业与客户，还包含“文化、旅游、健康、养老”等新兴幸福产业，涉及客户综合服务，需要由机构业务部牵头，公司业务部、信用卡中心、网络金融部、科技与产品管理部等多部门共同组建业务服务团队，协同作战，才能为客户提供全方位、多要素的金融产品和服务。

2. 公私联动。充分挖掘机构对公产品与零售产品的服务属性，通过资源重组和融合运用，将机构对公营销客户时投入的资源转换为对党政机关工作人员个人服务的技术优势，通过零售产品优质的服务和体验，增强机构对公客户与银行合作黏性，进一步推动机构“两户”建设与实施。

3. 层级联动。层级行包含上下级行和平级行两个方面，不同层级行通过架设横向和纵向两个方向的信息共享渠道，在营销策略、营销方式方面协同配合，不断提升客户信息、营销信息共享度和服务支持效率。

4. 行司联动。是指商业银行与合作伙伴公司在服务同一客户时，因工作职责分工不同，充分发挥各自优势，形成业务同盟，共同为客户提供金融服务。目前，商业银行大都与中国人寿、太平等保险公司开展了银保战略合作。在机构业务客户服务上，可发挥保险公司的资金优势、保障类产品优势，优化银行金融产品组合，联动开展金融服务合作。

5. 下级行请求服务联动。下级行特别是基层营业机构，在客户营销与服务时，常常因为层级不对等、掌握客户第一手需求和较长的业务反馈链条，需要耗费大量的精力去协调、申请各类资源，商业银行各级本部机关需要建立一套积极的服务响应机制，及时解决基层行存在的营销困难。对公重点客户和大项目，要建立本部直营直销机制，提升客户营销与服务层级。

6. 同级部门协同服务联动。商业银行各级行各级部门各司其职，但很多业务需要多个部门协同办理，常常出现客户主管部门与业务主管部门不一致的情况，各业务部门之间需要建立协调运行机制，避免出现过多依靠行长协调、行政命令解决问题的尴尬局面。

（二）当前机构业务联动存在的问题

1. 缺乏制度保障。目前，机构对公客户营销、项目拓展往往需要多部门协同配合、上下级联动、团队跟进、久久为功才能完成，但在实际营销中如何联动、联动到什么程度、如何有效分工协作等缺乏规章制度保障和明确的操作流程，业务联动往往需要业务主管部门主要负责人出面协调，甚至需要行级领导亲自坐镇指挥，依靠行政命令解决联动问题的现象比较普遍。

2. 产品服务板块分割独立。一是产品与服务因业务板块划分相对独立。在机构业务产品创新时，往往首先考虑的是需要哪些部门参与，好不好协调，设计出的产品也大多是拼凑性产品，或者是现有产品的重新排列，很少站在客户角度考虑问题，推出方便客户办理、满足客户全方位需求的产品，直接结果是完整的业务流程被人为分割，客户体验感大打折扣。二是营销部门相对独立。一项产品、服务要赢得市场青睐和客户赞同，形成完美的效果，往往需要多部门共同参与、业务协同，但各部门之间往往因为牵头负责、条线考核、绩效分配等问题，加之同级部门之间也存在一定程度的业务竞争和考核排名，部门本位主义严重，降低了参与联动营销的积极性和主动性。三是营销渠道相对独立。当前商业银行按照流程银行的相关要求，开展了业务流程、组织流程、管理流程以及文化理念重新构建的尝试，但在“横向部门制衡，纵向权利制约”的管理理念下，仍处于部门银行管理阶段，不同产品的营销归属不同的部门管理，而各部门的营销理念、营销策略又不尽相同，客观上会出现重叠、冲突，甚至争抢的现象。

3. 缺乏考评激励措施。近年来，商业银行不断加大分支机构和部门的业绩评价及收入挂钩力度，采用了“系统靠贡献、同业看份额”等相对科学的考核考评办法，也通过重大项目奖励、EVA 创新奖励和产品计价等形式对项目团队及相关人员进行营销激励。但在联动营销考核考评上相对滞后，缺乏有效考评机制，考核措施也相对薄弱，目前还没有较为理想的内部激励考核办法，特别是管理行本部员工不参与产品计价的相关规定，挫伤了本部团队员工开展直营直销和联动营销的积极性。

二、新时代机构业务发展背景分析

党的十九大之后，党和政府不断探索，先后在国家机构改革、军队改革、民生领域等方面加大改革创新，体现了以人民为中心的施政理念。同时，也给商业银行机构业务联动营销带来新机遇。

（一）党政军机构改革，强化资源整合

2018 年 3 月，《深化党和国家机构改革方案》正式发布，本次党和国家机构改革是一场系统性、整体性、重构性的变革。根据《安徽省机构改革方案》，改革后的省级党政机构共设置 60 个，具体是省委机构 17 个（见表 1）、省政府机构 43 个

（见表2）。从省委机构来看，新组建的省监察委员会同省纪律检查委员合署办公，履行纪检、监察两项职责，统筹管理省级党政机关违规违纪涉案资金；组建省委统战部统一领导民族宗教工作，将省民族事务委员会（省宗教事务局）归口省委统战部领导，对全省基督教、佛教等6 000 多所宗教活动场所开展监督与管理。从省政府机构来看，新组建省医疗保障局、省退役军人事务厅、省应急管理厅、省广播电视局、省数据资源管理局等机构，统筹退役军人服务保障体系建设、强化应急资源保障和行动能力建设等，优化政府机构设置和职能配置。新组建的党和政府机构，将带动基本账户、专用账户，以及医保资金、应急资金管理、退役军人补贴资金代发等金融资源，并推动金融资源在商业银行之间调整变动。

表1　　中共安徽省委机构设置情况

一、纪检监察机关（1个）		备注	11	台湾工作办公室	备注
1	纪律检查委员会/监察委员会机关	新组建	12	省直属机关工作委员会	
二、工作机关（13个）			13	巡视工作领导小组办公室	
2	办公厅		14	老干部局	
3	组织部		三、工作机关管理的机关（副厅级）3个		
4	宣传部		15	保密委员会办公室（省国家保密局）	由省委办公厅管理
5	统一战线工作部		16	机要局（省密码管理局）	新组建，由省委办公厅管理
6	政法委员会		17	省精神文明建设指导委员会办公室	新组建，由省委宣传部管理
7	政策研究室		四、设在相关部门的省委议事机构		
	——全面深化改革委员会办公室		1	全面依法治省委员会办公室	设在省司法厅
	——财经委员会办公室	新组建	2	外事工作委员会办公室	设在省政府外事办公室
8	网络安全和信息化委员会办公室		3	审计委员会办公室	新组建，设在省审计厅
9	机构编制委员会办公室		4	教育工作领导小组办公室	新组建，设在教育工作委员会
10	军民融合发展委员会办公室		5	农村工作领导小组办公室	设在省农业农村厅

资料来源：人民网安徽图解。

表 2　　安徽省人民政府机构设置情况

政府组成部门（24 个）		备注	直属特设机构（1 个）		备注
1	办公厅		1	国有资产监督管理委员会	
2	发展和改革委员会		政府直属机构（13 个）		
3	教育厅		1	体育局	
4	科学技术厅	重新组建，加挂外国专家局	2	统计局	
5	公安厅		3	人民防空办公室	
6	民政厅		4	市场监督管理局	新组建，挂知识产权局
7	司法厅	重新组建	5	林业局	新组建
8	财政厅		6	广播电视局	新组建
9	人力资源和社会保障厅		7	医疗保障局	新组建
10	交通运输厅		8	机关事务管理局	
11	水利厅		9	数据资源管理局	新组建，挂政务事务管理局
12	商务厅		10	扶贫开发办公室	新组建
13	住房和城乡建设厅		11	信访局	
14	审计厅		12	地方金融监督管理局	新组建，挂省政府金融工作办公室
15	外事办公室	挂省政府港澳事务办公室	13	政策研究室	
16	民族事务委员会	挂宗教事务局	部门管理机构（副厅级，5 个）		
17	经济和信息化厅	新组建	1	省政府参事室	新组建，由省政府办公厅管理
18	卫生健康委员会	新组建，挂中医药管理局	2	能源局（煤炭工业办公室）	重新组建，由省发改委管理
19	生态环境厅	新组建	3	粮食和物资储备局	新组建，由省发改委管理
20	农业农村厅	新组建	4	监狱管理局	由省司法厅管理
21	自然资源厅	新组建	5	药品监督管理局	由省市场监督管理局管理
22	文化和旅游厅	新组建			
23	退役军人事务厅	新组建			
24	应急管理厅	新组建			

资料来源：人民网安徽图解。

（二）“军改”不断深入，带动账户资源营销机遇

2015年11月和2016年12月，中央军委两次召开改革工作会议，按照军委管总、战区主战、军种组建要求，调整优化结构，发展新型力量，理顺重大比例关系，压减数量规模，在领导管理体制和联合作战指挥体系上推进军队改革取得突破。

从安徽情况来看，一是陆军炮兵防空兵学院合肥本部、国防科技大学合肥校区、陆军装甲兵学院蚌埠校区、陆军军事交通学院蚌埠校区、海军士官学校蚌埠本部等6所安徽部队院校完成机构隶属调整；二是部队医院合并改革，合并组建战区总医院和团级中心医院，纳入联勤保障部队管理。安徽部队医院，901医院（原105医院，合肥）、902医院（原123医院，蚌埠）纳入无锡联勤保障中心管理。

武警方面，按照“军、警、民”分治的原则，自2018年1月1日零时起，武警部队由中央军委集中统一领导，不再列入国务院序列。对武警森林、消防、边防、警卫、黄金、水电部队的隶属关系作了重大调整，分别划归国家应急管理部、公安机关、自然资源部，或组建为相关国有企业，由国务院国有资产监督管理委员会管理。

部队、武警管理体制的改革，联勤保障制度的创建，将催生部队客户账户和资金等金融资源，为商业银行开展金融服务提供难得的发展机遇，有利于改变在工行一家独大的业务格局。

（三）大消费时代来临，幸福产业迅速发展

2016年，李克强总理提出了“幸福产业”的概念。同年11月，国务院办公厅印发《关于进一步扩大旅游文化体育健康养老教育培训等领域消费的意见》，催生幸福产业快速崛起，消费产品日益丰富、消费品质大幅提升、消费方式更加绿色多元。

1. “文化+旅游”赋予新内涵。2018年末，文化和旅游部正式挂牌后，31个省（市）纷纷挂牌成立文化和旅游厅（委）或宣布新的领导班子。旅游从事业属性向产业属性，再到文化属性转变。文化产业与旅游产业的融合，将发挥1+1>2的效果，文化为旅游赋予了更加丰富的内容，为旅游的产业化升级赋予了新内涵。旅游为文化的传播提供了载体，为文化的产业化提供了手段和渠道。

2. 体育产业蓄势发力。跨界融合催生产业新动能——“体育+”多维打开。近几年各地在实践“体育+旅游”模式时，对马拉松、徒步、骑行等户外运动尤为青睐，赛事成为地方经济发展的“戏台子”，体育成为地方发展的新引擎；“体育+科技”：创新体验，优化生活。“全民健身公共积分”在江苏试点，引发业界高度关注。这种“体育+金融+互联网”的举措引入科技金融创新手段，搭建公共服务云平台，利用金融创新工具和产品，对健身人群精准发放积分形式的体育消费补贴，

拉动了体育消费、完善了健身激励机制；“体育＋医疗”：上医治未病，中医治欲病，下医治已病。国家体育总局体育科学研究所成立了“体医融合促进与创新研究中心”，提供体育与健康关系、慢性病管理及科学锻炼指导等研究，针对不同群体的不同问题和需求对症下“药”，这个“药方”即是运动。

3. 健康养老服务业快速崛起。2018 年末，全国医院、医疗卫生机构床位、卫生技术人员的数量分别为 3. 3 万个、840. 4 万张和 952. 9 万人，较 2014 年分别增长 26. 9%、27. 3%和 25. 5%[①]，已建成各类提供住宿的养老服务机构 3 万个，提供养老床位 746. 3 万张，较 2014 年增长 35. 3%；社会保险覆盖面进一步扩大，全国参加基本养老保险 94 240 万人、参加城镇基本医疗保险 134 452 万人；寿险、健康险等商业保险逐步受到人们的关注和青睐，人寿保险公司寿险保费收入 20 723 亿元，占保险公司保费总收入的比重达 54. 5%，保险公司健康险保费收入 6 524 亿元，与 2014 年相比，年均增速 41. 3%，比保费总收入年均增速高出 23. 7[②] 个百分点。

（四）国地税制度改革落地，地方财政资金收缴发生重大变化

2018 年 7 月 20 日，全国省市县乡四级新税务机构全部完成挂牌。这是继 1994 年实行分税制改革之后，我国税务管理体制的又一次重大变革。本次改革的核心是中央和地方收入分成改革，2016 年开始营改增，原来由地税局征收的第一大税种营业税取消，变成由国税局征收的增值税，国地税业务范围此消彼长。国地税合并以后，地方政府的财政收入会大幅度减少，财力越来越集中在中央财政。而地方政府要提供公共服务和公共产品，要实现机构运转，地方政府不得不通过发行地方债等方式来解决，或者是向中央政府争取加大对地方的转移支付力度。因此，地方政府财政资金今后增长的方向更多集中在中央转移支付、地方政府债券和承接中央财政转移支付资金等。

（五）“互联网＋政务服务”加速推进政府管理与服务模式转变

继 2016 年政府工作报告提出“大力推行互联网＋政务服务，实现部门间数据共享，让居民和企业少跑腿、好办事、不添堵”等相关要求后，2018 年 6 月国务院办公厅印发《进一步深化“互联网＋政务服务”推进政务服务“一网、一门、一次”改革实施方案》，加快推进政务服务“一网通办”和企业群众办事“只进一扇门”“最多跑一次”，推进审批服务便民化、政务信息系统整合共享等重要工作部署。并要求到

① 国家卫生健康委员会 . 2018 年我国卫生健康事业发展统计公报 . 官方网站 . 2019－05－22.

② 国家统计局 . 2018 年国民经济和社会发展统计公报 . 官方网站 . 2019－02－28.

2019年底，省级政务服务事项网上可办率不低于90%，市县级政务服务事项网上可办率不低于70%，70%以上政务服务事项实现“一窗”分类受理，企业和群众到政府办事提供的材料减少60%以上，省市县各级100个高频事项实现“最多跑一次”。

三、新时代商业银行机构业务联动发展方向

（一）强化上下联动，抢抓党政机构银行账户管理格局变革机遇

由于历史分工的影响，省市级政府直属预算单位的银行账户主要集中在工、建、中等商业银行。随着城市商业银行发展，部分地市政府更是将财政国库集中支付业务直接交由当地城市商业银行办理。农行在当地党政机构的银行账户较少，合作基础比较薄弱。同时，根据《安徽省省级预算单位银行账户管理办法》相关规定，省级行政和参公管理事业单位只能开立一个基本账户（零余额账户）、一个财政资金专用存款账户，以及党费和工会账户。行政和参公管理事业单位账户是稀缺性金融资源，本轮党和政府机构改革，各级政府将重新组建监察委、医保局、退役军人事务厅（局）等一批政府机构，推动基本账户、国库集中支付结算、专项资金管理等业务在各家银行重新分配，改变现有业务合作银行格局。当前一段时间，机构业务联动的重点是运用农行网点网络和结算优势，为目标客户在职职工个人金融消费、消费信贷、理财提供综合化、一揽子综合服务。

（二）强化产品联动，抓实部队账户和资金营销

一是做好各地军分区客户营销拓展。联动公司业务部、运营管理部、科技与产品管理部，发挥农行银企通——军银快线系统、军区资金监管优势，提供一体化、流程化、便捷化的账户管理和资金结算服务，以及部队专属理财、大额存单等产品，保障部队资金结算。同时，联动零售部门，以优化广大部队指战员个人金融服务为重点，联动营销，拓展个人账户和资金。二是做好武警部队营销对接。2019年是武警改革落地之年，抢抓团级以下部队客户账户和资金管理改革机遇，积极对接农行单位结算卡产品优势，抢抓一批部队客户资源。

（三）强化公私联动，推进学校医院深化合作场景建设

截至2019年6月末，安徽省农行共与60多家医院、32家高校开展银校通、银医通系统合作，初步具备公私联动基础和能力。医生是社会公认的高收入群体，伴随着人民群众对健康需求的不断增长，该部分群体收入及个人财富将保持持续向好

的增长趋势，是商业银行不可多得的贵宾级客户群体。对医院类客户联动的重点是在职职工的代发工资业务、理财业务、掌上银行、网捷贷款等零售产品，核心是提高农行金融产品的渗透率和占有率；对高校来说，最大的潜在价值是数量庞大的在校生，联动的重点是农行掌上银行、个人网银、大学生优卡、MBA 分期等，通过产品和服务培育、稳定潜在优质客户。

（四）强化国库业务联动，催生机构对公存款新渠道

自实行国库集中收付制度改革以来，各级财政国库部门建立单一国库账户体系，将原分散在各预算单位开户银行（通常为商业银行）账户上的财政资金，统一集中到在人民银行开设的国库账户上，统一收归财政国库存款，按照管理层级不同，又分为中央国库存款和地方国库存款。当前，国内外经济发展环境已发生重大变化，积极的财政政策和稳健的货币政策等宏观经济政策实施已基本消除了制约国库现金管理的各种障碍，国库现金管理已经成为中央和地方国库管理内容之一。进入 2019 年以来，中央财政累计开展 2 次合计 1 800 亿元国库现金招标，安徽省也开展 1 次合计 200 亿元招标，其中农行成功中标 31 亿元，有力地促进了机构类对公存款的发展。当前及今后的重点更是了解省级政府国库现金定存招标进程和考核指标体系，在做好普惠金融、抢抓当地大项目、加大金融支持地方经济发展的同时，做好国库现金存款营销，拓宽机构对公存款新渠道。

（五）强化科技联动，推动机构业务数字转型

当前，全球数字化技术革命浪潮风起云涌，“世界面临百年未有之大变局”，金融业正面临来自经济面、行业面、市场面的革命性变化。从银行角度来看，在数字化、信息化改革中，客户需求也在不断变化，同业竞争格局正在重新构建。需要深刻把握数字化革命的大趋势，把握客户数字化、智慧化需求的大潮流。对机构业务来说，就是要充分利用自身网点网络和线上线下一体化的结算优势，借助第三方科技力量，实现客户的资金流、信息流、单据流的有机统一，将客户全场景、全生态、全链条纳入农行搭建的智慧系统，具体表现为智慧政务、智慧财政、智慧社保、智慧公共资金、智慧校园、智慧医疗、智慧应急等十大机构业务“智慧客户”系列产品。

四、机构业务联动效能提升路径

（一）持续传导树立机构业务联动增效理念

1. 树立联动营销的责任意识。通过持续不断的政策引导、业务宣导、考核激

励，在商业银行内设部门树立“干好自身业务营销是主业、协同其他部门营销是主责”的联动意识，提升各个部门联动的责任感和荣誉感，充分发挥整体优势。

2. 培养部门联动的自觉和自发意识。在营销过程中，牢固树立联动理念，充分运用联动手段，跳出“独享、独占、贪功”的狭隘观念，自觉做到跨部门推介客户和业务，积极从机构业务联动营销中获取商机。同时，联动可为行内员工提供更广阔的业务交流学习平台，通过业务信息共享，让上下、左右资源互动，从而学习掌握更多银行产品，接触更多客户，也有助于提高员工综合素质。

3. 形成业务发展的长期意识。通过长期磨合，使联动营销成为一种自发行为，由单一客户营销向综合金融服务，由产品服务向综合价值贡献转变。

（二）以变革为势做好机构业务联动营销

1. 以产品金融向产业金融转变。在产品竞争时期，产品是商业银行竞争的关键抓手，遵循的是快鱼吃慢鱼的竞争模式，“你无我有，你有我新”，产品的竞争力体现为商业银行产品推出的速度，决定了产品的市场份额。这也必然导致了后者追赶前者，不断进行产品模仿，市场中产品同质化现象和价格战问题严重。只有将金融产品嵌入机构业务客户的上下游、资金链、场景生态，形成不可复制的银行服务网络架构，才能稳定银政、银校、银医等机构业务合作，实现由商业银行产品金融向产业金融转变。对于机构业务联动来说，打造机构业务“圈链池”模式，需要商业银行全力参与客户智慧系统建设，通过系统合作将商业银行营销嵌入到客户生产经营、行政服务的每个场景、每个环节、每个角落，做到党政机构事业单位及内设部门、横向单位全覆盖，客户资金链上下游全覆盖，最终形成客户对商业银行金融服务的依赖，筑牢市场竞争的护城河。

2. 从业务构建模式上做好机构业务联动。目前，商业银行的业务定价模式、资源配置及客户营销拓展基本依赖于传统的经验和固有的业务模式。但随着数字化、智能化时代来临，人与人、人与物、物与物之间互联互通，全要素生产效率大幅提高，现有的业务模式只能被动地跟随外界客户需求的变化。客户未来的发展难以预测，机构对公存款、智慧化系统合作等机构业务联动必须由基于客户现在需求向构建模式转变。站在未来看现在，用未来指导现在。要有创新的思维、远见的卓识，强化内外部联动，深化机构业务服务模式创新。

3. 在数字化建设中做好机构业务联动。围绕数字化转型战略导向，抢抓当前全社会、全行业数字化、智慧化、智能化转型升级的战略机遇期，按照“以数据为基础、以客户为中心、以科技为驱动”的原则，深化“对外构建”的全产业链业务布局，通过机构业务联动，最终实现客户需求及时甚至超前响应，产品服务有效供给，资产配置、风险控制智能高效。

（三）实施机构业务三大战略，夯实机构业务效能

1. 实施客户发展战略，夯实机构业务发展基础。

（1）勇于拓展机构类客户与账户。“同业竞争得机构者得天下”。当前，政府对金融资源的分配具有主导地位，抓住了政府实际上就抓住了市场竞争的“牛鼻子”。要想夯实机构业务发展基础，必须将政府作为最大、最优质的客户。通过强化与各级当地的银政合作关系，坚持不懈做好国库授权支付、非税收入收缴等代理资格拓展，做好机构类存款“源头性”营销；紧盯政府机构改革，做好税务局、法院、检察院、医保局等新设立政府机构的资金汇缴和归集账户，做好资金富裕性单位营销拓展；对标同业，积极营销农行住宅专项维修资金系统、公积金系统，强挖他行住宅专项维修资金、公积金资金的市场份额；针对农村改革试点催生的新兴市场，抢抓农村集体资金资产资源管理改革机遇，做好农村集体“三资”账户营销；强化“流量资金”营销，依托农行招投标保证金系统，做好各地公共资源交易中心、招投标中心等客户营销，积极开展招投标保证金、土地出让金等低息资金及账户营销。

（2）精于维护存量客户。借助对公管理 CMM 系统、零售 CRM 系统，筛选出优质对公客户，开展“一对一”综合营销，做好客户走访和维护工作，稳定客户和资金，深挖客户金融需求。在做好存量客户提质增效的同时，做好存量客户上下游产业链客户拓展。通过存量客户“关系树”营销，一抓一条线，一抓一大片。以中高端客户为突破口，结合机构客户实际特点，努力提升客户综合贡献度。

（3）勤于培育新客户。一是积极跟进各市县城镇化进程，依托政府与社会资本合作 PPP 项目信贷政策空间，大力开展县域污水处理、城区供水、棚户区改造、垃圾发电等城镇化和新农村项目营销与储备，在城镇化和新农村建设的项目市场中抢占市场先机，通过项目带动，拓展各拆迁指挥部、项目工程指挥部等一批新机构类账户，抢占项目建设资金。二是利用好农行与高校、医院良好的合作基础，按照总、分行零售产品进校园、进医院等工作部署，积极开展尊师信用卡、教师医生专属理财产品、网捷贷、掌上银行等零售产品营销；对机关事业单位职工群体，重点是代发工资业务营销，加强与财政部门的资源互换；对拆迁类客户群体，重点提供中长期的代理保险、个人理财等保值增值类金融产品营销。

2. 实施创新发展战略，打造机构业务发展的竞争实力。充分利用自身和第三方科技力量，强化农行产品与客户资金流、信息流、单据流等全流程匹配，将客户全场景、全生态、全链条纳入农行搭建的系统之中。

3. 实施服务提升战略，增强机构业务持续发展源动力。一是加强网点建设，优

化网点整体布局。在网点覆盖能力和服务能力不减弱的前提下，根据各地市党政机构建设规划和区域调整，加快推进网点布局调整，加大对新兴市场、新兴城区、新兴中心城镇的金融覆盖，实现网点资源与客户活动密集区、客户资源潜力区、政府机构办公区的有机结合。二是加快技术运用，推进网点智能化水平。积极推进人工智能在网点运用，加大超级柜台、移动超柜等智能机具的投放和部署力度，运用生物识别、人机交互的前沿科技，加快实现网点业务模式智能化进程，提高网点办事效率。三是强化线上线下一体化O2O的服务模式。实现网上银行、掌上银行等线上渠道与网点智能设备、自助设备的交易互动，努力实现网点业务线上化，满足客户多渠道、多场景的需要，结合线下网点智能设备、财富顾问团队及时跟进，增强客户服务体验，建立线上线下一体化的金融服务体系，巩固扩大同业优势。

五、机构业务联动效能提升保障措施

（一）制定机构业务联动工作流程和规章制度

为增强机构业务联动工作的规范性，提高联动效能，应制定机构业务联动营销《工作规范》，以制度方式强化联动工作的职责和相关要求，对联动内容、联动程序、联动部门职责分工进行严格规范。探索实行《联动作业责任书》制度，明确联动行为的内容、需求分工、发起方、参与方、监督方的职责，防止推诿扯皮，切实保障机构业务联动有标准、有抓手、有质量。

（二）建立组织指挥和协调处理机制

实施机构业务联动营销，首要条件是要有高效顺畅的组织，要建立相对稳定的领导小组和办公机构，牵头负责全行机构业务联动工作的筹划、组织与协调。一要适度调整领导层次架构。目前，各商业银行领导之间的分工主要是按照板块和条线形成的，如机构对公与零售之间交叉的情况较少，这在一定程度上不利于信息和资源共享，可以探索对公和零售板块在行领导分管层面适度交叉。二要建立联动服务联席会议制度。由各级行行长担任联席会议主席，其他分管行领导担任副主席，成员单位包括科技、网络、信用卡中心、财务、信贷、资产负债、风险、运营、国际业务等部门。其中机构业务部主要是牵头组织协调，定期提议召开机构业务联动会议，实施联动工作分工、记录、考核与通报。成员单位之间要建立信息共享机制，定期交流产品信息、金融需求信息和客户资料。重点掌握并提供高价值对公客户清单、同业新产品信息、企业高管人员信息及所属企业资金需求信息等，推进行内外资源合理利用，规范和强化部门之间形成合力。三要适当实施跨部门交叉任职。定期安排相关部门人员相互交流任职，在传递自身专业的同时，及时掌握了解其他部门的产品、业务需求、规章制度、发展战略等，最大限度地促进业务和产品交流，推动形成联动合力。四要建立稳订的联动服务团队。抽调商业银行内设部门业务骨干，共同制定财政、社保、公积金、学校、医院等客户综合金融服务方案，满足客户对公和对私的综合金融需求，确保联动工作多部门共同参与、一体化实施。

（三）完善业务联动绩效考评机制

要充分考虑各参与部门或各层级行的利益分配和考核激励问题，激励要正向促进，考核要反向推动。如考核激励不到位，单纯依靠行政方式推动，业务联动缺乏生命力，联动效能也将大打折扣。一要充分调动客户经理的联动营销积极性和主动性。按照“谁联动，谁收益”的原则，对公客户经理若依托对公客户的管理与服务，成功拓展客户的代发工资、职工掌上银行、员工公务卡及信用卡等零售产品，拓展了高端私人银行客户，应全部兑现零售产品计价，跳出产品计价奖励因层级行管理、条线管理、贡献分摊等障碍，实施团队奖励、成员共享，反之亦然。二要把联动营销作为考评基层机构业务质量的重要指标。在县（区）支行综合考评中，增加机构业务联动业务指标，强化政府机构、学校、医院等机构业务客户的平台属性，做好对零售业务支撑作用，以及零售业务在机构业务客户中的渗透率。三要加大业务联动效能考核力度。将营销联动列为商业银行各前台部门、产品部门、后台支持部门的部门工作职责，实行定量与定性的综合绩效考评，并与部门绩效考核挂钩，按年开展测评与公示，激发各部门业务联动营销额内在动力。各级行业务联动联席会议也要加大奖惩力度，对开展业务联动工作不积极不主动、工作推诿扯皮、效率低下、错失营销机遇或能虚作假的相关部门和人员，给予严肃处理。

（四）强化机构业务人才队伍建设

目前，机构对公客户经理队伍人员偏少，综合业务素质参差不齐，部分二级分行还没有单设机构业务部门，也没有专属的工作团队，在机构对公客户细分和交叉营销等方面能力不足，机构业务联动营销效能提升严重受制于人才队伍建设。为开展机构业务联动营销，需要重点做好以下两方面培训工作。一是要强化机构业务产品培训。结合当前党政机构改革、财政收支管理体制等机构业务发展重点，定期组织开展客户经理培训，在机构业务条线培训课程体系的基础上，增加行政事业单位高管人员、在职人员在代发工资、理财、信用卡、ETC、网捷贷等零售产品产品课程，增加对个人客户的信息采集、数据分析、营销技能等培训，鼓励省分行各前台部门客户经理参加聆听，加大结业考试考核力度，全面提升机构业务产品和服务的普及度，全面提升机构对公客户经理队伍的综合素质。二是要大力开展上下级行和同级部门多维度人员交流。在现有人力资源管理的基础上，不改变部门与人员隶属关系，围绕重点项目与客户，在部门之间、前后台之间、上下级层级行之间采取短期的直接的人员互动和交流。如抽调经营行客户经理到省市分行开展短期跟班学习，熟悉业务和相关流程；省市分行相关部门业务骨干也可以到市县行挂职锻炼，就某一客户、项目或重点业务开展阶段性业务推动。同级行的信用卡中心、网络金融等零售部门人员也可短期、脱产到机构业务部门代职，促进不同部门员工对机构业务及相关产品熟知程度，以及提升机构业务人员对其他部门产品的理解，推动部门之间、前后台及上下级行的换位思考。

（五）搭建机构业务联动信息平台

目前，商业银行内部已经建立了完善的OA系统及办公网平台，拥有可以传递公文、链接财务系统、信贷系统、经营分析系统等业务功能。商业银行可以发挥内部办公网平台优势，研发上线机构业务联动服务信息平台，按照机构业务联动特性，实现信息采集、甄别、触发、分发、处理、会议管理、督办、反馈与考评等相关功能，努力打造机构业务客户联动共享信息平台。依托该平台，客户部门可发布联动信息，相关部门可获得联动信息和相关任务安排，并可结合客户需求发布相关联动产品及创新金融服务，提高相关部门联动营销的积极性，提升联动工作效率。搭建机构业务联动信息平台就是要通过系统，打破部门之间、条线之间、上下级行之间的隔离与束缚，整合商业银行内部产品和信息资源，将机构业务联动信息进行统一分类汇总，并跟踪相关部门处理动态、下级行工作进度，以及分析总结联动效果，建立行内开放的共享大型数据资源库，为机构业务联动提供强有力的系统支持。

参考文献

［1］陈宁．我国商业银行投贷联动业务的现状、问题和建议［R］．北京：国务院发展研究中心金融研究所，2018.

［2］卢文华．商业银行投贷联动业务运作模式研究［J］．长春金融高等专科学校学报，2019（2）：40－53.

［3］王海军．商业银行加强公私联动营销的对策和建议［J］．辽宁经济，2015（2）：43－47.

［4］曾波．基层网点联动营销中存在的问题与对策［J］．经济管理，2015(10)：14－16.

［5］王文江．ABC银行阳东县支行的差异化经营策略研究［D］．成都：电子科技大学，2010.

互联网背景下银行业发展趋势探析

罗昊京　赵景兰[①]

摘要：随着科技进步，在新时代、新金融的环境下，近年来各金融机构不断在探索金融业务发展与科技的结合模式，把传统业务从线下模式向线上转移。2014 年中国银行撤销电子银行部，率先成立了网络金融部，开展电子商务等互联网金融创新业务。然而，今年 8 月中国银行在机构调整中取消了网络金融部。本文以此为出发点，剖析中国银行撤销网络金融部的原因，以及金融业未来的发展方向。

关键词：网络金融　金融科技　金融生态

一、中国银行网络金融部的设计及发展

近年来，在科技进步、金融深化、互联网金融变革等一系列因素的综合影响下，越来越多的客户将自己的业务需求从线下模式转移到线上模式；并且，伴随着大数据应用和互联网技术的快速发展，中小企业的资金需求量与日俱增，客户的总体需求也随之发生变化，同时客户更加注重服务的便利性和主动性。银行的本质是为客户提供更多更好的金融服务，面对客户需求的变化，各大银行纷纷开始利用创新思维探索适合社会发展的商业模式。互联网消除了传统银行业和电子商务等行业的壁垒，促使跨界融合不断加深，也推动了银行在互联网领域的改革创新。为此，中国银行已明确将网络金融业务作为当时的一个战略目标，加大传统业务向网络金融业务的转变，并于 2014 年撤销电子银行部，成立了网络金融部，整合线上线下资源，丰富支付、交易、融资等产品，开展电子商务等互联网金融创新业务。

随着中国银行网络金融部的成立，网络金融成为了中国银行业务的重要组成部

① 作者简介：罗昊京，现供职于中国建设银行北京市分行；赵景兰，现供职于中国建设银行建行大学东北学院。

分，并在客户体验、产品覆盖度、交易笔数和金额上有了一定的突破。改革使其在互联网金融实践中取得了显著的成效，但依然存在许多问题，主要集中在两个方面：一是各部门的协调配合不默契，所以在产品推广时，客户只对某一业务部门的某一产品了解而无法全面了解网络金融产品，不利于网络金融业务的整体推进；二是网络金融的产品线不丰富，缺乏较强的创新性，难以对客户形成强大的吸引力，制约了网络金融的市场拓展。

二、中国银行网络金融部撤销的解析

早在五年前，中国银行率先在国内银行界“撤旧换新”成立网络金融部。现如今，中行又走在前面，率先在业内撤销网络金融部。消息传出后便在业界引发热议，有些专家认为独立化网络金融部与业务部门协同发展目的是在数字化转型的浪潮中，能够让金融科技赋能银行业务创新发展，但是同时，管理架构膨胀，利益纷争也愈演愈烈，部门主义盛行，造成组织交叉混乱、多头管理等问题的出现。随着数字化服务与业务产品的不断深度融合，网络金融部不一定要单独存在，其职能一定会融入到业务板块中，融入客户营销、风控与运营的各个环节之中。并且金融科技渗透到各条线部门，压缩银行管理架构，缩减部门间协调沟通流程，会提升业务发展的效率；有部分专家在思考，中国银行的如此行动是否预示着银行业发展的下一个方向，网络金融部是否已经完成阶段性的使命，最终走向消亡？其实这是中行在客户需求和业务发展方向的调整，零售业务和金融科技的深度融合，以适应数字化金融服务的新趋势。表面貌似网络金融部消失了，但是其本质职能是用另外的形式嵌入到了个人金融部等业务部门之中，其本质、初心没有改变；也有一部分专业人士则认为目前银行正处于新的时代，互联网的迅猛发展和数字化转型的迫切需求促使银行不仅要学习互联网企业的技术运用，更要学习其快速迭代的组织机制，互联网技术和金融科技只是工具，撤销网络金融部的设置能加快科技与业务的融合。

三、中国银行撤销网络金融部举动的启示

（一）加快金融科技创新，深入推动数字化转型

伴随着区块链、人工智能、互联网、5G 等技术的快速变革和在金融领域的运用，我们可以看到金融科技成为促使银行向数字化时代转型的关键推动力，银行向数字化转型已是必然的选择。通过数字化、人工智能、金融科技的力量，达到降低

金融业务成本，提升金融业务办理效率，控制金融业务风险，增强金融业务发展质量的效果。中国银行从最早设立电子银行部，到将电子银行部改组为网络金融部，两次均前瞻性地把握了金融科技发展的浪潮，此次撤销网络金融部的组织架构调整，是顺应银行数字化金融服务的新趋势，把科技元素注入业务全流程、全领域，打造线上线下协同、产品创新灵活、运营管理高效的数字化银行。这并没有降低对于互联网发展战略的重视，而是将数字化转型提高到了全行的高度，将金融科技深入融合金融产品的设计、运行、推广、风控等环节，全力推进科技和业务深度融合、内外部跨界融合发展，构建以体验为核心、以数据为基础、以技术为驱动的业务发展模式。金融业内，中国建设银行在金融科技的发展与应用方面更是走在最前沿。中国建设银行早在2018 年就提出了业务发展“三大战略”（金融科技战略、住房租赁战略、普惠金融战略），其中以“金融科技战略”为支撑，构建住房租赁平台，从企业住房租赁到个人住房租赁，全面开拓租赁蓝海；用“金融＋科技”的方式、“数据＋平台”的模式开拓普惠金融市场，为“小微、涉农、双创、扶贫”客群提供金融服务，通过降成本、降风险，从而解决普惠客群的“痛点”，解决金融机构业务发展“痛点”。“三大战略”将金融科技创新深入到业务发展中，将数字化转型渗透到业务模式中。用“金融＋科技”的力量赋能业务发展。因此，“三大战略”中金融科技战略是其他两大战略及未来业务的前提和基础，也成了建行转型升级的重要支撑和抓手。

（二）开启第二发展曲线，搭建全局化金融生态

习近平指出，一个国家、一个民族要振兴，就必须在历史的逻辑中前进、在时代的潮流中发展。当前我国经济结构调整和动能转换已发生了质的变化，金融和非金融的界限越来越模糊，新的时代赋予了金融新的使命，银行业的商业模式也在重塑。面对着外部环境的巨大变化，特别是随着数字化进程的加快，各种新技术和银行业的跨界合作、跨界竞争，迫使银行必须寻求突破。要么成为“消失的银行”，要么开启“第二发展曲线”。例如中国建设银行在此时转变过往“抢存款”的业务方向，从大行的社会责任出发，转向“抢痛点”，针对社会痛点和难点，围绕 B 端（企业）赋能、C 端（消费者个人）突围、G 端（政府）连接三个维度开启转型和重构，采用“软件智慧生态搭建”的方式，提出解决方案，以构建金融生态的模式，解决社会痛点。通过转变营销模式、经营方式，转换思维，从而拓客、获客、活客，建构第二发展曲线，实现数字化、智能化、网络化二次增长的新征程。

随着金融科技的不断创新，特别是党的十九大报告有明确的要求，要加快推进数字中国和智慧社会建设，深化“放管服”改革。2018 年以来，建设银行紧扣时代

的主题，积极打造智慧政务平台，助力云南“互联网+政务服务”建设，并已率先在云南省成功上线“一部手机办事通”，随后又在陕西安康、北京大兴、河北雄安等多地开启智慧政务的“建行模式”。“数据多跑路、群众少跑腿”“并行审批”等，极大地实现了政务办事的“减材料、减环节、减时间、减成本”，社会满意度大幅提升的背后是银行金融科技的跨界发展，建行将以此为契机，不断创新，引领数字化转型的发展步伐。通过G端政府的链接，激活B端企业客户，连接C端消费者个人，通过金融生态的打造，搭建共享平台，融合技术优势和对金融业务的理解，为客户提供个性化、专业化、精准化的产品和服务方案，以引领金融科技的发展方向和潮流。

（三）打破条线壁垒，促进部门融合

中国银行取消网络金融部，并不是取消网络金融与业务的结合，而是把金融科技融入到条线之中，从而避免了条线界限，简化流程，压缩沟通成本，这也是促进部门融合的一项举措。银行内部门之间存在竞争而又合作的关系。中国建设银行总行针对此问题曾经推出了一系列的措施，例如综合利益调整等，通过利益分配机制，促进部门之间、业务条线之间的合作，在很多重大项目中实现了一些效果；在案例宣导中，通过案例的示范效应，提倡公私联动、子公司联动等联动机制。但是并没有根本性地解决问题。

如今中国建设银行开启第二曲线，从社会痛点出发，全局角度“构建软件智慧生态”，这里不仅需要部门之间的配合，而且需要部门之间深度融合。打破银行部门各自为战的现象是战略有效落地的前提。因此，构建部门协同机制显得尤为重要。例如，中国建设银行总行针对商户的管理、服务问题，提出“商户五统一”，避免了各自为战、多头管理、多头营销、重复统计、资源浪费的现象。通过整合全行的力量，统一商户平台、统一服务协议、统一风险管理、统一营销组织、统一支付品牌，全力推动商户业务快速、健康发展。战略落地，需构建协同机制，打破条线壁垒，促进部门融合。从政策制度、管理架构、资源支持方面构建组织协同机制，从产品设计、营销模式、渠道整合、风控措施、业务流程等方面构建运营协同机制。总行由上至下协同机制推进，分支行由下而上条线之间融合，从而提升经营管理效能，实现全行业务发展“动车效应”。

综上所述，随着社会的发展、技术的进步、利率市场化的进程、金融业的变迁、金融使命的重新定位，传统金融业务面临挑战和发展瓶颈，各机构均寻求新的发展方向。金融与科技的结合，金融互联网化的发展，金融生态圈的构建等模式成为各金融机构争相转型的方向，随着近几年大发展，也都取得了不同的成效。伴随着成

绩的同时，也暴露了一些问题。预期中国银行借此契机进行机构调整，撤销网络金融部，将会掀起“金融+科技”发展新模式的另一个高潮。

参考文献

[1] 王广宇．金融科技的未来与责任［J］．南方金融，2017（1）．

[2] 韩萱，姚远．商业银行在 PPP 模式下的机场建设［J］．财经界（学术版），2016（23）．

[3] 王晓丹．互联网金融下小微企业融资模式研究［J］．科技资讯，2016（27）．

[4] 黄锐．金融区块链技术的监管研究［J］．学术论坛，2016（10）．

[5] 网络经济下的金融理论与金融治理［J］．中国商论，2016（31）．

[6] 日本金融监管架构的变迁与启示［J］．金融监管研究，2016（10）．

行政调查适用问题研究

——以人民银行工作履职为视角

唐　超　蔡义博[①]

摘要：行政调查作为人民银行履职工作中运用最为广泛的行政手段，其不确定性与法治央行建设的矛盾不断显现。本文通过分类梳理人民银行行政调查活动，分析制约行政调查规范的原因，希望探索规范人民银行行政调查活动的路径。

关键词：行政调查　工作履职　正当程序　人民银行

一、引言

行政调查是行政机关工作中最为依赖、重要的行政手段，长期广泛应用于社会事务管理活动中，关乎社会大众、行政相对人的切身利益，虽然目前尚未完全界定清楚，但学界大致有三种观点：一是事实行为论，认为行政调查是行政机关在管理活动中做出的对相对人实体权利无关或只涉及相对人程序权利义务的事实行为。二是行政过程论，认为行政调查是在行政主体与相对人相互交涉下动态运行的微观过程。三是附属环节论，认为行政调查是在行政程序开启后、行政决定作出前，行政主体为了查明案件事实依据职权所进行的资料收集、证据调取的活动。可以看出，从行政调查的内涵来看，其界定离不开法律授权、调查对象、发生时间、方式方法、相对人义务、法律后果等要素的支撑，其适用也必然与这些要素密切联系。

① 作者简介：唐超，现供职于中国人民银行拉萨中心支行；蔡义博，现供职于中国人民银行营业管理部。

二、人民银行工作履职下的行政调查概况

（一）人民银行主动作为下的行政调查

根据人民银行法的规定，赋予了人民银行对金融业的调查职责，此调查权与人民银行行政管理职权范围相符，与其他行政职权相比较，实体授权泛化模糊，程序规制缺乏操作指引，给予了人民银行较大的行政自由裁量空间，但行政调查受行政法治的约束是恒定的。

一是作为主要管理手段受合法行政限制。我国金融法律法规多达上百部，其中人民银行法明确赋予人民银行 13 项法定职责，涉及履职工作有 70 余部法律法规，既赋予了广泛的权力，也划定了权力行使的范围，行政调查活动作为行政主体的主要管理手段自然受“一行两会一办”的监管框架直接规制，受分业监管工作的限制，任何金融业监管机构均不得突破监管分工的界限。否则，监管机构之间会引发权力冲突，金融机构也无所适从，导致金融法律秩序的紊乱。

二是作为特殊事实行为受合理行政限制。人民银行作为中央银行，兼具银行属性和行政属性，履职工作与行政调查互为表里。虽然行政调查并不直接产生、消灭、变更直接的行政法律关系，但其也必须受合理行政原则指导，如人民银行以调研之名开展的行政调查活动，通过公函、工作证件等一定规范形式向行政相对人表明身份、告知调查目的，以及收集资料的大致用途，尽到合理的行为告知义务。同时，在可能产生因行政调查引起不利于行政相对人的法律后果的情况下，如将调查获取的资料作为执法证据，也会通过会议反馈、座谈沟通等形式给予行政相对人申辩、救济的权利。否则，行政相对人会产生行政职权滥用的认知假象，发生行政诉讼和行政复议的风险。

（二）人民银行履职不足下的行政调查

近年来，“以人为本”的行政理念不断深化，公民投诉、举报、诉讼等多种维权途径不断畅通，而行政机关因人力资源、科学技术以及职责变化等因素在工作履职中不可避免地会出现履职不足的情况。特别是，《政府信息公开条例》的出台，引发的政府履职不足被不断放大，形成了工作倒逼机制，促进了行政调查活动不断延伸，人民银行也适时出台了《中国人民银行金融违法行为举报处理操作指南》，来规范相关行政调查活动。

一是投诉引发的行政调查受民事权利义务限制。自 2013 年人民银行成立金融消

费权益保护局，开通“12363”金融消费者投诉处理热线以来，人民银行不断受理金融消费者与金融机构的金融消费纠纷，法律关系由原来的双方关系转向三方关系，行政调查被广泛地应用于金融消费纠纷的事实认定、政策适用等个案处理。显然，此类行政调查的目的在于化解金融纠纷，虽然人民银行的立场是保护处于弱势地位的金融消费者，但也不能不受金融消费者与金融机构之间的民事权利义务关系的限制开展行政调查。

二是举报引发的行政调查受金融违法行为限制。举报作为维护社会秩序公平正义的渠道，任何自然人、法人或其他组织均可在发现违法行为事实时向有关行政机关举报，要求行政机关开展履行职责、调查处理违法行为。可见，此类行政调查的目的是是否属于职责范围、是否具有处置权限，举报金融违法行为引起的行政调查必然属于处理金融违法行为的前置程序，人民银行履职无权处置非职权范围内的金融违法行为，根据法律规定也应当移送有权机关处理。

三是信访引发的行政调查受行政履职能力限制。根据《中国人民银行信访工作规定》“人民银行信访工作，是指公民、法人或者其他组织采用书信、电子邮件、传真、电话、走访等形式，向人民银行各级机构反映情况，提出意见、建议或者投诉请求，人民银行依法进行处理的工作”，信访作为维权兜底，信访工作多涉及疑难事项，其行政调查涉及的事实确认、证据收集较一般调查工作难度更大，需要更强的行政履职能力才能较好地完成信访行政调查工作。

（三）特别法规定下的行政调查——以反洗钱行政调查为例

《反洗钱法》第四章专门规定了反洗钱行政调查的内容，明确授予了人民银行作为反洗钱主管部门具有行政调查权，调查对象是可疑交易活动，调查行动必须遵守两人以上、出具调查通知书、出示合法证件等行为方式，调查方法可以采用询问、核查、调阅等各种方法，也特别规定了“临时冻结”的强制措施，以及要求金融机构予以配合并如实提供资料。显然，特别法规定下的行政调查具有差异性的显著特点。

一是作为特别权力受限于特别法专门规定的范围。根据《反洗钱法》等相关规定，其一，反洗钱行政调查权仅赋予了人民银行及其省一级分支机构，地市及以下分支机构没有权力开展此行政调查。其二，调查对象具有明确的指向性，限于对金融机构的管理职责。其二，业务适用的种类较为单一，仅为可疑交易活动，排除了大额交易活动。其四，反洗钱调查能够采用的强制措施也比较固定，仅有临时冻结资金。

二是作为微观过程受制于明确的程序性要求。在反洗钱调查开展过程中，虽然法律规定了金融机构的配合义务，但也同样给予了拒绝权利，反洗钱行政调查是在人民银行与金融机构的对抗和配合中完成的，清晰的权利和义务界限，标准的动作行为，来查获洗钱犯罪的线索。对比人民银行执法检查程序规定的要求，反洗钱行政调查过程较执法检查程序同样严肃。

三是作为特定环节受制于行政管理工作制度。根据《金融机构大额交易和可疑交易报告管理办法》规定，在人民银行与金融机构特定的反洗钱业务管理关系下，反洗钱行政调查与金融机构可疑交易报告管理制度联系密切，人民银行制定可疑交易监测标准，金融机构依据标准向人民银行报告可疑交易线索和相关分析报告，人民银行根据报告情况自主决定启动反洗钱行政调查、核对线索、查阅资料，实现防范洗钱犯罪的共同目的。显然，反洗钱行政调查适用受制于可疑交易监测标准的制定工作金融机构和可疑交易报告工作的开展情况。

四是作为怀疑行为受制于确定的法律效果。在反洗钱行政调查实践中，依赖金融机构报送可疑交易信息引发调查的活动，其根本出发点在于合理怀疑金融机构未履行义务，及时阻止洗钱犯罪的发生。结合调查实践经验，一旦适用反洗钱行政调查，均会发生对金融机构较大的声誉影响，对区域性金融业态产生较大的冲击。在内部决策环节上，前期需要研判金融机构的可疑交易报告，中期要通过各反洗钱监测系统的筛选，最后要形成必要、合理的怀疑报人民银行负责人慎重决策，避免行政权力滥用发生。从结果总结来看，多数反洗钱行政调查的结果是人民银行对金融机构及其高级管理人员的行政处罚。

三、人民银行行政调查存在问题的梳理

（一）行政调查实体规定的缺失

行政调查作为一种行政权力运行的重要方式，其实质是法定权力运用的范围和限度，而现有的金融法制体系对行政调查的规定散见于各具体条文之中，作为一般行政管理手段多表述为“调查”，并未有严格的法律界定。一是行政调查与其他具体行政行为特别是行政检查的界限模糊，行政调查既能因多种理由引起也能单独存续，其产生的行政法律关系多样且模糊。二是行政调查的目的性不明确，导致行政调查作为一项行政权力的界限不清楚，实践中存在大量调查目的与调查行为不匹配、“以研究之名行调查之实”的情况。三是行政调查的结果不确定，导致行政调查容易被误认为行政过程阶段而不生产结果，实践中主动履职下的行政调查多以内部调研报告为结果，也没有相关规定要求必须产生符合调查目的的调查结果，全由开展

行政调查的工作人员自主决定。

（二）行政调查程序规制的不足

根据行政程序的正当要求，广泛的行政调查仅遵循着一般行政工作原则，没有形成特定范式的调查程序规则。一是行政调查启动程序不明，行政调查缺乏立项、审批等内部管理制度，以及启动调查程序的责任人员不清楚。二是行政调查的通知程序多样，存在“公函形式”“电话联系”“走访排查”等方式，各种形式均由工作人员自主选择。三是行政调查的开展过程没有明确标准，在询问记录、调阅资料、证据收集等各个环节缺乏统一的行为标准，也缺乏表明身份、途径、共同认可等客观要求，破坏行政调查的客观性。四是行政调查结果的管理缺失，在实践中行政调查常常不做结论而终止程序，既没有向行政相对人反馈调查结果，也没有开展政务信息公开工作。

四、完善人民银行行政调查工作的对策建议

（一）树立行政调查法治理念

虽然行政调查较法律明确规定的执法检查活动更为任意，但适用行政调查推动工作履职必须遵守依法行政的基本原则。行政调查应当遵守职责法定主义原则，包括主体适格、职权有据、手段合法、程序正当等，以保证行政行为的合法性。同时，行政调查的结果也应当符合法治要求，对行政调查活动开展不合法的行政主体、行政工作人员进行追责，杜绝任意的形式、违法的结果、模糊的责任等情况，以保证行政相对人的合法权益。

（二）梳理行政调查权力规范

在现有的金融法制体系框架内，对调查权力的规范进行纵向和横向清理，厘定调查权力的阶次顺序和区分其他类似权力的适用边界，进而消除行政调查权力规范体系的内部混乱。一是从人民银行法梳理行政调查权力的最高规范，到各部门规章规定行政调查的具体规范，再到如反洗钱领域的特别规范，明确各层级人民银行分支机构的行政调查权力的秩序规范。二是比较类似调查权的其他权力规范，特别是执法检查权力规范，区分权力适用的性质差别、范围差别、强制效力差别等，划定各权力的适用界限，避免出现权力冲突或混淆适用，防范权力秩序的混乱。三是通过明晰行政调查的三大原则，即调查法定、职权主义、当事人参与，确保公益目的

为行政调查的指向，行政相对人在配合义务履行中能有权利制约行政调查权，进而消除内部混乱，保证行政调查的制度稳定。

（三）健全行政调查程序规范

在行政程序法缺位的法治体系下，对行政调查程序进行研判，从外部秩序和内部结构两个方面着手确定科学、合理、高效的程序规范。一是人民银行行政调查应当基于不同行政目的设置分类的启动条件，将明确合法的目的作为启动行政调查的必要条件，限制无明确目的而任意调查的行政行为，将行政调查与走访调研等行为进行区分，防范行政调查的异化。二是细化人民银行行政调查的方式，在使用询问、传唤、验证、调取资料、现场勘验等行政手段中进一步规范操作要求。三是规范行政调查结果的管理工作，杜绝行政调查“重活动轻结果”的现象，对行政调查的结论性结果予以充分披露，以保障被调查人的合法知情权。

参考文献

［1］杨海坤，郝益山．关于行政调查的讨论［J］．行政法学研究，2000（2）．

［2］周佑勇．作为过程的行政调查——在一种新研究范式下的考察［J］．法商研究，2006（1）．

［3］章志远．行政调查初论［N］．中共长春市委党校学报，2007－02－01.

［4］张志勇．行政诉讼受案范与行政行为概念新解——兼论《行政诉讼法》的修改［J］．法治研究，2011（3）．

［5］莫于川．中国行政调查制度的若干问题与完善路向［J］．学习论坛，2011（4）．

［6］孙树志．行政调查的内涵、边界及法律规制［N］．兰州大学学报（社会科学版），2011（6）．

［7］黄学贤．行政调查及其程序原则［J］．政治与法律，2015（6）．

对加强我国本外币汇率政策协调的探究

张大龙[①]

摘要： 近些年来，随着国内市场的进一步开放，加上我国国际收支存在顺差性失衡现象，加强本外币汇率政策协调变得愈发刻不容缓。但因受人民币资本项目不可兑换、利率非市场化、人民币汇率弹性有限以及外在非理性等因素的影响，本外币汇率政策协调存在着一定的困难和问题。本文通过分析我国本外币政策协调的必要性及其存在的主要问题，探讨在市场开放条件下如何加强我国本外币汇率政策协调，并给出相关对策建议。

关键词： 本外币　国际收支　汇率政策　协调　顺差性失衡

随着人民币的国际地位不断提升，客观上中国货币政策外溢性加大；在全球汇率博弈下，我国货币政策的外部影响及内外互动机制更为复杂，完善开放经济货币政策调控体系的重要性进一步凸显。当前我国货币有效性及本外币政策还存在不相协调的问题亟待解决，基于此，深入研究我国本外币汇率政策协调中遇到的困难和问题，按照开放型经济本身规律的要求，切实加强我国本外币汇率政策协调，对我国国民经济稳定健康发展具有重要的意义。

一、我国本外币政策协调的必要性

（一）加强我国本外币政策协调是促进国际收支平衡的需要

当前，我国金融宏观调控和货币政策面临的首要挑战是自主性不足。由于国际收支不平衡状况持续发展，在汇率缺乏灵活性的条件下，中央银行持续大量购买外汇必然会削弱货币政策调整国内均衡的主动性和有效性，使中央银行难以根据总需

① 作者简介：张大龙，供职于中国人民银行盐城市中心支行。

求管理的需要自主调整利率水平。所以要千方百计地促进国际收支平衡。由于国际收支失衡来自多方面的结构性原因，实现国际收支平衡将是长期、复杂和趋利避害的过程，需要统筹兼顾，加强财政、货币、贸易、产业、投资等宏观经济政策的协调配合，采取一揽子结构性政策，从扩大消费内需、降低储蓄率、增加进口、调整FDI优惠、开放市场等方面入手进行结构调整。从中期来看，应引导人民币汇率向均衡方向逐步有序调整。现在汇率在校正国际收支失衡中的作用仍受到一些制约，倘若汇率不向均衡方向有序调整，出口产品结构调整就缺乏必要的压力，经常项目和资本项目盈余的趋势很难改变。

（二）加强我国本外币政策协调是促进货币信贷平稳增长的需要

当前，中央银行在实施货币政策调控中遇到的突出问题是流动性过剩，而造成市场流动性过剩的主要原因是国际收支双顺差下外汇资金大量流入，导致外汇占款带来的基础货币投放增加。在国内外经济金融形势瞬息万变、新的过剩流动性仍不断产生的情况下，要按照“前瞻性、科学性、有效性”的原则，在继续发挥“窗口指导”作用的同时，注重发挥利率、汇率等市场化和一般性工具的作用，一方面根据市场发育情况和经济金融形势，不断完善有管理的浮动汇率制度，发挥汇率在促进国际收支平衡中的积极作用；另一方面加快推进利率市场化，逐步形成中央银行通过运用货币政策工具引导市场利率的利率调控体系，合理控制货币信贷增长。

（三）加强我国本外币政策协调是促进金融企业完善法人治理机制的需要

金融企业是中央银行货币政策传导的重要中间环节。金融企业的行为是否市场化，是否对中央银行的货币政策操作具有较高灵敏度，是决定货币政策是否有效传导的关键因素。尤其在开放经济条件下，一国货币政策常常要受全球经济波动、国际市场变化和他国货币政策等的影响，这就要求金融企业必须真正实现经营行为的市场化和国际化。而要做到这一点，最核心的问题就是要建立完善的法人治理机制，强化董事会的约束力，注意发挥利益相关者的约束作用，真正使金融企业成为“资本充足、内控严密、运营安全、服务和效益良好”的现代金融企业，强化货币政策传导的微观基础。

（四）加强我国本外币政策协调是促进直接融资和间接融资协调发展的需要

功能完备、结构合理的金融市场是货币政策有效发挥作用的重要依托，也是逐步发挥利率、汇率等价格手段的调节作用，建立市场化调控模式的关键环节。但目前我国金融市场发展还远远不能满足这一要求，还存在着间接融资比重过高、直接融资比重过低的问题，而且近几年还有加重的趋势。发达国家企业的直接融资和间接融资大体保持3:7的比例，而我国企业融资中80%以上来源于银行贷款，股票和企业债券的融资比重不到20%。所以，必须要大力发展直接融资，拓宽货币市场和资本市场之间的连接通道，提高资本市场传导货币政策的效率，进一步提升金融体系合理配置资源的功能，促进真实资金价格信号的形成。

（五）加强我国本外币政策协调是防范资产泡沫的需要

当前，我国面临着国际收支失衡和人民币贬值的“双重”压力。一方面国际收支持续大额顺差容易转化为外汇储备与货币总量的持续高增长，助长过度投资和资产价格膨胀。另一方面随着我国综合国力的增强，劳动生产率和全要素生产率显著提高，劳动力成本上升相对缓慢，人民币贬值有逐渐上升的趋势。国际经验表明，倘若过于担心贬值对经济的负面影响，用牺牲货币政策独立性的方式来维持汇率水平，结果不但汇率控制不住，而且会造成国内货币环境恶化，并进一步发展可能导致严重的资产泡沫和币值不稳，最终会对经济社会发展全局造成负面影响。所以要高度防范资产泡沫风险。

（六）加强我国本外币政策协调是防范通货膨胀的需要

各国实践表明，通货膨胀对经济可持续增长是有害无益的，维护价格稳定才是中央银行货币调控在最大限度上支持充分就业与经济增长等多目标间协调一致的根本途径。未来我国价格走势的上行风险仍不容忽视，通货膨胀压力依然存在。所以统筹兼顾就业、经济增长和价格稳定等宏观调控目标，需要进一步突出和重视价格稳定和防范通货膨胀的作用，将其放在最为优先的位置上，不断增强中央银行维护价格稳定承诺的可信度。倘若偏离这个目标，则会给经济的长期发展埋下隐患。所以要注意突出价格稳定目标，加强政策的前瞻性与科学性，切实防范可能的通货膨胀风险。从政策目标、政策手段以及政策传导机制等方面看，本外币政策之间存在很大差异，但本外币政策之间的互动与协调是随着一国经济开放程度的加深而加强的。现在我国经济越来越多地融入国际社会，中国人民银行在如何保持人民币汇率稳定并控制基础货币投放方面面临的压力日渐加大，货币政策面临着内外两难的艰难抉择，如何协调货币政策和外汇政策之间的关系成为亟待解决的课题。

二、我国目前在本外币政策协调管理方面存在的主要问题

（一）本外币管理模式自成体系，联合管理机制缺位

当前的外汇管理手段基本是按本外币分置的，两者平行作业、互不相交。而企业和个人资金交易常常是本外币共存的，外币资金可以通过结汇方式转换成人民币进行交易，人民币也可通过购汇转化成外汇进行支付。由于本外币联合管理机制的缺位，难以对外汇与人民币资金交易信息进行全程跟踪，不利于分析和监测，更难以对异常违规资金流动进行有效查处。

（二）本外币管理信息分割，难以实现有效监管

一是人民币和外汇反洗钱相关监测系统未能实施联网监测，人民币和外汇大额和可疑资金交易信息分别由不同的路径和系统上报，对本外币大额和可疑资金交易数据信息缺乏有效整合，对于在多家银行及分支机构进行本外币拆零交易逃避大额监测行为，难以有效监管。二是人民银行“银行账户管理信息系统”“大额现金交易系统”等，以及外汇管理局“外汇账户管理信息系统”“国际收支统计申报系统”等系统只限于对信息的采集、汇总和上报，缺乏必要的信息综合加工、利用、整合和反馈机制，对违规行为缺乏快速、敏捷的反应。三是对本外币账户信息缺乏联动管理，导致对外汇资金与人民币资金流动环节管理上存在割裂现象。企业开立外汇账户须经外汇局进行真实性审核，而其人民币账户只须向当地人民银行提供工商营业执照等有效证件即可开立，一旦外汇资金结汇后划转到其他企业人民币账户，立即脱离了外汇管理局的监管，该人民币账户也未能受到实时的监督，使得外汇收付、结售汇交易及与之相应的人民币资金流动信息缺乏必要的相互印证分析，资金活动的各个环节被割裂开来。

（三）本外币协调管理缺乏制度安排，联合管理功效弱化

一是政策法规缺位。现有的外汇管理政策与人民币管理政策对本外币协调管理内容不够明确，致使本外币联动管理无法可依。如外汇管理局对结汇要求提供结汇资金用途证明等材料，但对结汇人民币资金未按规定用途使用的无法进行有效查处与管理。二是制度安排缺位。外汇管理部门与人民银行之间的本外币协调管理机制不健全，尽管近几年建立了反洗钱领导小组及联席会议制度等，但是在具体实施过

程中，远远没有达到本外币联合管理的要求。三是本外币管理人员缺乏必要的交流和整合，综合管理不到位。长期以来，基层人民银行外汇业务人员与人民币业务人员缺乏相互沟通，造成了人员和业务的相互隔离，复合型人才比较缺乏，本外币综合管理力量相对薄弱。

（四）货币政策和外汇政策不协调，管理配合缺位

货币政策主要通过政策发布影响或引导金融及经济活动，而外汇政策更多是通过对具体行为进行监督来规范金融、经济活动。但有时货币政策制定没有考虑外汇政策的配合，致使国家宏观调控政策在执行中被淡化。同时，部分外汇政策出台滞后，缺乏前瞻性，对货币政策的配合“修补”作用有限。比如，近些年来国家采取宏观调控政策，限制钢铁、水泥等过热行业的投资行为，对人民币业务进行限制的效应是显著的，但是由于缺乏外汇政策强有力的协调配合，在地方政府招商引资政策的吸引下，大量的外资、外债流入被调控的行业，从而弱化了国家宏观调控效果。

（五）货币政策操作被动跟随外汇储备调整

1994 年“汇改”后，尤其在 2001 年加入世界贸易组织（WTO）以后，经常项目顺差显著扩大。在汇率相对固定的情况下外资不断流入，国际收支的“双顺差”格局直接导致人民银行以外汇占款的形式被动投放基础货币。从近年基础货币的来源结构看，人民银行外汇占款成为基础货币供应的主渠道，货币供给出现内生性，极大地冲击了货币政策的主动性。为此，中国人民银行搭配使用公开市场操作及存款准备金等对冲工具，回收银行体系过剩流动性，但是流动性水平过高的压力仍难以得到根本性的缓解。随着银行体系流动性增加，中央银行票据的大量发行和存款准备金的调整，也对商业银行的经营行为乃至金融体系的运行效率造成一定影响，人民银行的对冲成本在事实上不断加大。

三、加强和完善我国本外币政策协调的对策建议

（一）采取灵活的货币政策，逐步实现利率市场化

通过利率政策调节，调整利差使之与国际货币市场上的利率水平接近，在短期资金大量流入时可采用发行债券、提高银行准备金率、提高央行贴现率等措施，协调好稳定汇率与投放基础货币增量的关系，与此同时运用财政政策抵销增加货币供应带来的通胀压力，维持均衡汇率。此外，在发展完善市场利率体系，建立以 SHI-

BOR 为代表的短期市场基准利率和以国债收益率曲线为代表的中长期基准利率体系基础上，放松利率管制，推动金融机构自主定价，加大贷款利率下浮幅度，提高利率的灵活性。

（二）加强对国际间资本流动的监测和对投机性流资抵御，逐步建立与其他国家货币政策的协调机制

与其他发达国家央行所面临的情况一样，随着金融全球一体化的日益加深，资金在国际间的流动会越来越频繁，规模也越来越大。央行应该加强对资本的国际流动的监测，同时建立与其他国家货币政策的协调机制，将开放经济中资本流动对国内经济的冲击降到最低限度。

（三）保持人民币汇率动态稳定，加快汇率机制平衡转轨

人民币逐渐国际化后，中国资本项目逐步开放，“三元悖论”问题将更加突出。实现汇率的动态稳定将减少政策成本，并能建立外部冲击与国内经济间的缓冲带，有利于中国开放条件下的金融稳定，较好地保持货币政策的独立性。具体而言，这种汇率的动态稳定应将汇率的短期小幅波动与长期动态稳定结合起来。在确保货币政策自主性的条件下，实现人民币汇率制度由有管理的浮动汇率制向更加灵活的浮动汇率制转换。

（四）强化央行对货币币值预期管理，树立政策调整的规则形象

应积极发挥汇率与利率的经济杠杆调控功能，以名义汇率和名义利率作为控制变量，使名义利率逐渐靠近市场中的自然利率，以减少名义利率调整对实际利率的扭曲，使名义汇率向均衡汇率收敛，以调整汇率错位所导致的偏离。通过提高名义控制变量变化的可预测性，促进市场一致预期的形成，为中央银行在货币市场与外汇市场的后续调控创造政策空间。

（五）以保持币值稳定作为本外币政策协调的基点

对国内通胀的压力和对国际上输入性的通胀风险仍然要保持高度的敏感，应根据经济发展情况相机而动，实现短期调控政策和长期发展政策的有机结合。以保持币值稳定作为开放经济货币政策协调的基本出发点，通过执行稳健货币政策，实现中国物价水平的有效调控，提高政策灵活性、针对性和前瞻性，为最终中国实体经济的转型提供必要的时间和稳定的金融环境。

（六）妥善处理好利率市场化、汇率市场化和资本项目开放之间的次序安排

本外币政策协调过程中需要把握好资本项目自由化推进节点，要与利率市场化和汇率形成机制改革相匹配，与人民币国际化相适应。应在加快推进国内利率市场化改革的基础上，加快人民币汇率形成机制改革、外汇储备管理体系改革、资本流出管理改革和推进对外直接投资，进而加快推进人民币国际化和资本流入管理。

（七）逐步放松外汇管制

市场汇率机制的建立是由国家高度控制外汇体制向由各种外汇持有主体自主经营外汇体制转变的过程。所以从这一角度分析，人民币市场汇率的构建过程也就是我国外汇管制逐步放松的过程。在这一逐步放松的过程中，为尽可能降低金融服务贸易自由化对我国外汇市场和人民币汇率的冲击，一定要充分运用GATS的有关规定。宏观的外汇管理政策要有连贯性，具体操作则要灵活多变。要研究政策工具的相互配合和反周期操作问题，减轻可兑换过程中资本流出的负面影响。每一步改革措施的出台，不必确立时间表，要适应当时国内外经济环境变化的要求，因时因地制宜。

（八）中央银行逐渐将直接干预为主变为间接调控为主

外汇市场的最终目的应该是让市场参与者自由地交易，使外汇交易中心的作用增强。中央银行通过外汇平准基金对外汇市场交易活动进行间接调控管理，将人民币汇率交由银行和企业定价成交，实现市场汇率和合理的汇率水平，提高人民币汇率的市场化程度。授权央行管理外汇平准基金，负责对外汇平准基金的投资决策，对外汇平准基金的运作业绩负责。进行外汇平准基金日常性运营工作，可根据一定标准，将部分外汇储备、中央银行票据、国债等资产划入外汇平准基金。货币当局根据短期、中期和长期汇率管理需要，运用外汇平准基金对外汇市场进行适度调控，实现短期汇率向中期汇率靠拢，中期汇率向长期汇率靠拢的有浮动的管理模式。

参考文献

［1］凌奎才．开放经济下人民币汇率制度的选择分析［D］．苏州大学，2006.

［2］丁志杰．基于本外币政策协调的人民币汇率改革思路［J］．金融与经济，2005（1）．

［3］郑航滨．建立人民币汇率调控的本外币政策组合机制［N］．福建金融管

理干部学院学报，2004(4).

［4］江春. 论人民币汇率政策思路的重大转变［J］. 财经科学，2008(1).

［5］闫卫军. 论 IMF 下的汇率义务与我国人民币汇率制度和汇率政策的合法性［J］. 政治与法律，2008(6).

金融科技的发展趋势及我国银行业的应对措施

陈　志[①]

摘要：近年来，金融科技发展迅猛。本文将金融科技公司划分为市场颠覆者、传统金融机构、大型技术生态圈、基础设施提供者四种类型，并结合这四类金融科技公司的发展，分析了全球金融科技发展的八大趋势。面对金融科技的发展和挑战，本文最后总结了我国商业银行运用金融科技的探索与实践，并提出了相应的建议。

关键词：金融科技　金融科技公司　趋势　措施

一、金融科技的相关概念

金融稳定理事会（FSB）2017 年 6 月发布的《金融科技对金融稳定的影响》报告中将金融科技（FinTech）定义为金融服务中的技术创新，这种创新可能会产生新的商业模式、应用程序、流程或产品等，并将对金融服务的提供产生相应的、重要的影响。

金融科技活动可归纳到五类金融服务中：第一，支付、清算和结算领域。主要包括面向个人客户的小额零售类支付服务（如 PayPal、支付宝等）和针对机构客户的大额批发类支付服务（如跨境支付、外汇兑换等）。第二，存款、贷款和资本筹集领域。主要包括 P2P 网络借贷和股权众筹，即融资方通过互联网平台，以债权或股权形式向一定范围内的合格投资者募集小额资金。第三，保险领域。主要包括保险行业信息科技风险、金融科技促进普惠保险发展等问题。第四，投资管理领域。主要包括智能投资顾问和电子交易服务，前者是运用智能化、自动化系统提供投资理财建议，后者是提供各类线上证券、货币交易的电子交易服务。第五，市场基础设施领域。既包括客户身份认证、多维数据归集处理等可以跨行业通用的基础技术

① 作者简介：陈志，现供职于人民银行咸宁市中心支行。

支持，也包括分布式账户、大数据、云计算等技术基础设施。

二、目前金融科技公司的四种类型

研究金融科技的发展趋势，首先必须要分析金融科技公司的类型。麦肯锡将金融科技公司分为四类：市场颠覆者、传统金融机构、大型技术生态圈、基础设施提供者（见表1）。

类型一：市场颠覆者（FinTechs）。这类金融科技公司是指试图使用全新方法和创新科技进入金融服务领域的新入市者、初创公司和颠覆者。它们意图打造类银行的经济模式，获客成本是其主要挑战。

类型二：传统金融机构（Fintechs）。这类金融科技公司是指正在通过重大技术投资改进服务、应对竞争威胁和捕捉投资合作机会的传统金融机构。

类型三：大型技术生态圈（finTechs）。这类金融科技公司是指由通过金融服务巩固客户关系的技术公司所构成的大型生态圈。它们的公司规模优势可以规避类型一中提到的获客成本挑战，因此可以直接进入金融服务领域（如蚂蚁金服），也可以与老牌企业合作（如苹果支付）。

类型四：基础设施提供者（fintechs）。这类金融科技公司是指向金融机构销售基础设施的供应商，帮助金融机构变革技术推动，实现数字化和现代化，改进风险管理和客户体验。这四种类型的金融科技公司面临着截然不同的商业前景。一是从能力差异化的角度来看，基础设施供应商型金融科技公司的成功概率可能要高于市场颠覆型金融科技公司，因为后者必须解决获客成本这个问题才能实现业务模式扩大。二是随着金融科技在各大市场逐步推进，传统金融机构型金融科技公司面临的主要挑战可能来自大型技术生态圈型金融科技公司，后者的举措将构成一定定价和利润率压力。除此之外，还有不少金融机构大力投资构建数字化产品和技术能力，转型成为技术驱动型金融科技公司。

表1　　金融科技公司的四种类型

<table>
<tr><td rowspan="5">主导因素</td><td>技术主导型</td><td>fintechs</td><td>finTechs</td></tr>
<tr><td rowspan="4">金融服务主导型</td><td>面向金融机构进行销售，帮助金融机构变革技术推动实现数字化、现代化的基础设施提供商，如FNZ，Marqeta</td><td>利用金融服务来加强与用户关系的大型技术生态系统，如腾讯、蚂蚁金服</td></tr>
<tr><td>FinTechs</td><td>Fintechs</td></tr>
<tr><td>采用新方法、新技术进入金融服务领域的新进入者、初创公司和市场上其他竞争者，如SOFI，Transferwise</td><td>大量投资技术以提升自身竞争力的现有金融机构，如中国平安</td></tr>
</table>

资料来源：麦肯锡：中国银行业CEO季刊［J］.2018（4）。

三、全球金融科技的八大发展趋势

（一）各地区实现市场颠覆的难度不一

一是在市场颠覆型金融科技公司中能做到销量和收入临界规模的较少，而实现盈利的则更少。新成立的创业公司获客成本太高，而对那些试图强势进入贷款业务的企业来说，资本成本和资产负债表规模限制可能非常大。二是与其他行业类似，无论是小公司还是大型科技公司，在市场规模、结构和监管要求等方面面临的地区差异深刻影响企业的颠覆力。我国的监管体制更宽松，这也促成了蚂蚁金服等科技巨头构成的生态系统直接进入，重塑了财富和资产管理模式，这在美国是很难做到的。事实上，对于那些被动应对的传统企业来说，监管是一种很有力的保护措施。三是由于各国内部以及欧盟等区域集团内部监管较为复杂，可能会造成颠覆者在区域内“赢家通吃”的局面。因此，金融科技企业需要在每个地区加大投资合规，而不是试图“一步走向全球”。例如汇款业务，某欧盟成员国的监管审批可以在其他27个欧盟成员国通用，此举能鼓励许多英国初创的跨境支付公司率先向邻近的欧盟国家扩张，省下监管开支。向美国扩张除了需要额外的监管投入，还需要获得各州政府的汇款许可，导致在美国扩张的欧洲运营商面临更加烦琐的监管流程。四是随着金融科技市场的日益成熟，那些已成功在区域立足的颠覆者最终将会瞄准国际市场。颠覆者在进入新市场前必须适应新的市场动态和政府法规，承认地区差异，谨慎选择合适进入的“战场”。

（二）人工智能代表的是有意义的迭代进化，而不是巨大的飞跃

一是人工智能及其在金融科技领域的应用已经引起了广泛的关注。然而，并没有多少可推广应用的独立人工智能的案例。相反，更多的是像机器学习这样的高级建模技术对金融科技中的传统分析技术进行补充。人工智能前景光明，但可能更像是一种迭代进化，而不是以新数据源和方法为行业带来大步跃进的技术。二是许多市场颠覆者声称已经实现人工智能分析替代海量数据来源，覆盖手机号码到社交媒体，但尚未取代传统的信用承保方法。在许多情况下，类似还款历史的传统标记在预测信用方面仍然要优于社交网络聊天记录，尤其是在信用记录和信用机构体系较成熟的市场。消费贷款平台越来越多地采用迭代式机器学习方法稳步改进业绩，而不是一步跨越到新的人工智能方法。三是最终在短期内能够推广和盈利的获胜者可能不是那些建模方法最新、算法最复杂的公司，而是那些有能力把先进分析和独特

数据源与现有业务基础相融合的公司。

（三）执行力和可靠的商业模式将逐渐超越单纯引进技术

一是金融科技创业公司一直将“把事情做完”奉为箴言，最优秀的创业公司已发展为可以快速交付产品和营销活动的执行机器，无须进入新的技术领域。数据驱动的迭代加上早期和持续的用户测试，为这些企业创造了强劲的产品市场。二是虽然引入新技术振奋人心，但执行的复杂性和需求的不确定性意味着交货时间漫长，几乎没有机会确认业务模式。以跨境汇款市场为例，该市场一直由大型老字号企业主导。如西联汇款（Western Union）是一家业务遍布全球的公司，金融科技公司在国际汇款这个市场上大力宣传，但却仍然没有一家基于区块链的转账公司做到能与Transfer Wise 匹敌的规模，后者在传统支付框架上建立了数字业务。作为业内最成功的颠覆者之一，Transfer Wise 重点关注良好的用户体验和独特的营销活动，实现快速增长并成功颠覆该领域。又如 2016 年，高盛的在线借贷平台 Marcus 以意外搅局者的身份进入了消费金融领域。时至今日，这家刚创办两年的公司面向美国民众放出的贷款总额已经超过了 30 亿美元。在如此优异成绩的背后，高盛持续关注平台发展，利用成熟的数字销售、营销技巧以及传统的计分方法，助其在短时间内成为领先的消费金融提供商。

（四）资金选择更谨慎，业务基本面审查更严格

一是投身金融科技创业热潮多年后，投资者越来越谨慎。尽管总体融资仍处于历史高位，但全球各地的科技投资者越来越重视规模和利润成长性较好的成熟企业。根据 Tech Crunch 数据显示，尽管风险投资总额有所增加，但 2017 年早期，金融科技创业公司的投资交易数量只有 6 000 笔左右，较 2014 年的峰值 1.3 万笔减少了一半以上。在融资门槛不断上升的环境下，盈利模式不清晰的公司正面临着风险。二是一些知名资金雄厚的金融机构尚未开发出可持续的商业模式，可能需要快速找到一条收入更可观的道路，以便未来继续吸引资本，这一点在挑战型数字银行中尤为明显。一些公司已经筹集了大量资金，但仍难有效盈利。还有一些公司由于许可证和监管方面的复杂性，在经过一段较长的开发期后，仍未能开发出经常账户产品。三是许多小规模市场颠覆者需要长期、大量的基础设施投资方能产生收入，而要消费者真正接受创新的商业模式需要时间。不少公司已充分意识到这一趋势，并迅速采取应对措施，通过创新手段寻找替代资金来源。如一家名为 Ripple 的基于区块链技术的金融科技公司成立于 2012 年，迄今为止已募得 9 400 万美元融资。Ripple 的自有专利加密货币 XRP 可以作为传统风险投资和私募股权融资模式的替代资金来

源，虽然尚未在行业内大规模普及，但 Ripple 积极主动地通过大量“概念验证”展示其加密货币的能力，而桑塔德银行（Santander）最近就发布了一款基于 Ripple 的跨境支付应用。

（五）良好的用户体验不足以构成安全网

以前银行的网站比较烦琐，又没有移动设备兼容版本，给市场颠覆者创造了一个很好的机会。新晋公司可以通过开发一款可用性强的应用，以良好的用户体验（UX）赢得客户。然而这种黄金时机并非一成不变。大多数的金融机构已完成零售用户体验转型，它们的移动应用设计一流，功能全面。良好的用户体验已经是一种常态，客户需求正逐渐转向越来越多样的金融科技产品。如 Robinhood 推出了一款能够简化股票交易的零佣金移动应用，简单易上手、用户体验极佳。一开始，公司通过用户账户现金余额投资获得收入，此后公司不断创新，在 2016 年底推出了“Robinhood Gold”付费服务产品，每月最低只需 10 美元，即可开通保证金和非正式交易时间外交易功能，深受客户青睐。当然，仅靠简单、易用和免费还不够，新晋初创企业必须不断推出更有力的防御措施与老牌企业抗衡。

（六）传统金融机构开始逆袭反击

传统金融机构已经开始用各种方法改进其产品或服务。如富国银行（Wells Fargo）最近增加了一项业务预测功能，对账户信息和客户行为进行分析后，可通过多达 50 余项提示为客户提供量身定制的财务指导和洞见。高盛推出的消费贷款平台 Marcus 或许是投行进军数字领域的最著名案例。智能投顾也是老牌企业反击的一个领域，瑞银在部分市场推出智能理财平台 Smart Wealth，进军提供简单理财服务的智能投顾领域。2017 年，摩根士丹利在美国推出了数字财富管理平台 Access，最低投资门槛为 5 000 美元，美林银行也于同年推出了类似产品。嘉信理财（Charles Schwab）和先锋集团（Vanguard）是最早一批积极应对“智能投顾”趋势的金融机构，它们利用一些客户资源在过去几年迅速发展。

（七）市场颠覆者与传统金融机构合作越来越多

一是与市场颠覆者合作是银行提供产品服务和客户服务方式的关键。如大摩与 OnDeck、Roostify 和 Symphony 合作就是很好的例子。荷兰国际集团（ING）是另一家通过合作创新的银行。该银行为比利时的一家初创企业启动了金融科技村（Fintech Village）加速器项目，并委派一名全球金融科技主管专职负责监督推进相关战略。2017 年，ING 成立了资金总额达 3 亿欧元的 ING Ventures 基金，专注于金融科技投资，并在过去三年与115家初创公司开展合作，同时与其投资的公司建立战略合作关系。如通过投资借贷平台 Kabbage，ING 将其业务与该平台相结合，在欧洲各国推出中小企业贷款服务。二是各方均可通过这种合作模式进行能力互补从而受益。创业公司有更快的反应速度和更高风险承受能力，在应对市场变化时更加灵活多变；大型生态系统参与者基于核心互联网业务拥有庞大的黏性客户群，适合开展交叉销售；老牌金融机构虽然长期积累了大量客户数据，但对待核心业务却更加谨慎——随着金融业部分领域越来越规范，老牌企业的合规和监管能力将更有价值。

（八）中国金融科技生态圈日益强大

一是我国金融科技生态圈的结构与欧美差异巨大。欧美市场颠覆者通常只关注一个垂直领域，比如支付、借贷或财富管理。例如美国的 PayPal 和 Stripe 主攻在线支付；Betterment 和 Wealthfront 专注数字财富管理；LendingClub 和 SoFi 则提供另类借贷服务。相比之下，我国领先金融科技公司通常是科技巨头生态系统的一部分，其生态系统覆盖整个价值链。例如，阿里巴巴的蚂蚁金服提供一站式 B2C 金融科技解决方案，其产品包括针对在线支付的支付宝、针对投资的余额宝、针对数字银行和借贷的网商银行。同样，腾讯也通过财付通、微众银行等提供全方位的数字金融服务。这些生态系统功能强大，可帮助科技巨头获得大量数据，进一步开发完善产品服务。例如基于用户群生活方式和消费习惯提供定制服务，基于社交媒体档案（腾讯的微信应用程序）或消费行为（阿里巴巴的天猫和淘宝网）完善风险评估等。二是我国独立的金融科技公司相对较少，但仍有一定实力。在移动支付领域，拉卡拉远落后于支付宝和财付通，但其估值高达16亿美元。专注于金融科技借贷的机构趣店和拍拍贷均于2017年上市，IPO 市值分别为79亿美元和39亿美元。三是未来有两大关键因素将推动我国互联网金融的发展。一方面，大型生态系统参与者会坚持把科技作为金融服务产品发展的关键推动力，并提供“金融科技即服务”产品，推动国内众多中小金融机构的数字化发展。另一方面，政府监管的加强会逐渐把规模较小、不合规或竞争力较弱的企业淘汰出局。过去一年，我国加强了对支付、P2P 贷款到智能投顾等行业的控制，预计这一趋势还将持续。行业将在未来一到两年内进一步整合，这对试图主导市场的大型科技公司来说很有利。

四、我国商业银行运用金融科技的探索与实践

为更好地适应金融科技的发展趋势，近年来，我国银行业着力通过金融科技为

银行全面赋能，从2018年银行年报来看，各银行机构围绕运用金融科技做了大量工作①。

（一）运用金融科技助力服务实体经济

从银行年报来看，金融科技在为银行带来业务增量的同时，在推动金融服务实体经济上均发挥了积极作用。比如在破解民营小微企业融资难、融资贵等方面，银行通过创新金融工具实现了更为精准和有效的信贷审批。通过线上银行功能的拓展，扩大了普惠服务的领域和覆盖面，提升了金融资源的使用效率。如建行创新推出"区块链金融精准扶贫平台""金融扶贫撮合平台"，依托"善融商务"平台，开展消费电商扶贫。截至2018年末，"善融商务"平台累计入驻扶贫商户3 878户，2018年实现扶贫交易额100.07亿元；又如农行利用金融科技推出"惠农e通"平台，截至2018年末，该平台贷款余额超1 000亿元，覆盖716万农户，上线商户超267万户。

（二）运用金融科技探索发展智能风控

2018年，银行业在打好防范和化解金融风险攻坚战中无疑扮演了主力军的作用。金融科技有助于各家银行实现智能风控，精准有效处置客户信用风险。银行业年报显示，多家银行在利用金融科技推动智能风控升级方面都有所探索。如光大银行应用大数据和科技金融技术，研发建设了阳光预警平台，实现了对公司及零售信贷客户的预警监测功能。又如招商银行为批发金融业务搭建风险大数据平台，整合15类外部数据和客户3年内的交易数据，建立公司客户关系图谱和智能预警体系。企业客户智能预警系统上线9个月，对潜在风险企业客户的预警识别准确率达73.05%。

（三）银行加速金融科技方面的布局

目前，多家银行已将金融科技作为眼下和未来发展的核心战略。一方面，抓紧成立金融科技子公司。2018年4月，建行宣布成立金融科技子公司，民生银行则在5月成立民生科技有限公司，高调发力金融科技。加上此前已成立金融科技子公司的兴业银行、招商银行和光大银行，目前拥有金融科技子公司的银行已达5家。另一方面，积极与互联网巨头合作。2018年，农业银行、邮储银行两家国有大行于同一天分别与腾讯公司签署了《全面合作协议》和《全面深化战略合作协议》。事实

① 资料来源：2018年上市银行年报，经整理得。

上，中行、农行、工行、建行、交行这五大行2017年均与互联网公司展开了合作。建设银行、中国银行分别携手阿里、腾讯开展合作，工商银行、农业银行也先后联姻京东、百度，交通银行则与苏宁、苏宁金融签订了战略合作协议。

五、我国商业银行应对金融科技挑战的措施

（一）转变经营理念

银行业传统的经营理念与现代金融科技的发展一定程度上存在矛盾，商业银行须积极应对外部的市场变化，及时转变发展思路，以客户需求为出发点，借助技术手段实现个性化、智能化的服务。营业网点的多少曾是传统银行业竞争能力的一个衡量指标，但在当今线上渠道发展迅猛、网点柜面客户减少的经营现状下，银行应根据实际情况，权衡经营业绩、社会责任等多方面因素，撤并相关物理网点，将人力、财力用到可以带来增长潜力的业务。

（二）完善金融基础设施建设

商业银行要实现与金融科技的深度融合，实现其专业性、即时性、普惠性的特征，最基本的前提条件就是拥有与之相适应的、成熟完善的金融基础设施。具体而言，要在软件和硬件两方面同时努力。软件方面，需要强大的数据挖掘与计算、分布式存储、批量化处理、先进的人工智能等能力；硬件方面，需要信息网络设施设备、高性能计算机与云端服务器、大容量存储器等。

（三）进一步优化风险管理模式

目前大部分银行已经对数据分析高度重视，并将其纳入风险管理体系当中，为银行运作提供有力保障。下阶段，商业银行应充分利用金融技术，通过大数据分析技术以及区块链技术建立完善的风险管理体系，提高金融业务的发展性和安全性。同时，风险管理部门需要针对信贷资金流动情况设立数据分析模型，若发现数据异常，要及时采取相关策略，尽可能地规避金融风险。

参考文献

［1］刘江涛．防范金融科技风险的二维逻辑——基于监管科技与科技驱动型监管视角［J］．金融发展研究，2019（5）．

［2］南京市农村金融学会课题组．金融科技创新与银行经营模式的重构［J］．

现代金融，2019（3）.

［3］汪蔚菁．金融科技发展特征与商业银行应对措施［J］．杭州金融研究学院学报，2018（7）.

［4］于佳．论金融科技对商业银行的影响与应对措施［J］．新金融，2019（1）.

［5］Financial Stability Board：Financial Stability Implications from FinTech，june 27，2017.